婚庆服务礼仪

主　编：王晓玫

副主编：史康宁　李燕芳　崔　杰

参　编：李倩一　万俊杰　王　楠

　　　　赵　莲　哈　曼　李　绚

中国社会出版社

图书在版编目(CIP)数据

婚庆服务礼仪/王晓玫主编. --北京：中国社会出版社，2012.10
（高职教育社会管理和社会服务类专业系列教材）
ISBN 978-7-5087-4178-9

Ⅰ.①婚… Ⅱ.①王… Ⅲ.①结婚—礼仪—基本知识 Ⅳ.①K891.22

中国版本图书馆CIP数据核字（2012）第226673号

婚庆服务礼仪

主　　编：王晓玫
责任编辑：牟　洁
出版发行：中国社会出版社　　　　邮政编码：100032
通联方法：北京市西城区二龙路甲33号
　　　　　编辑部：（010）66063028
　　　　　发行部：（010）66085300　　（010）66080300
　　　　　　　　　（010）66083600
　　　　　邮购部：（010）66061078
网　　址：www.shcbs.com.cn
经　　销：各地新华书店
印刷装订：中国电影出版社印刷厂
开　　本：170mm×240mm　1/16
印　　张：19.75
字　　数：270千字
版　　次：2012年10月第1版
印　　次：2012年10月第1次印刷
定　　价：38.00元

高职教育社会管理和社会服务类专业系列教材

前　言

现代婚姻庆典服务业是伴随着改革开放、国家经济发展和人民生活水平的提高产生的，已经有二十多年的历史。随着婚姻服务行业的兴起，专业的婚礼职业人也应运而生，诸如婚礼策划师、婚礼主持人、婚礼场布技师、婚礼督导师、婚礼摄像摄影师、婚庆公司职业经理人等等，越来越专业化。

婚庆行业的发展和婚庆行业职业人的分工和细化，如何更好地为婚礼当事人提供更加优质、细致、有品位的婚庆服务，如何提高每场婚礼的品位，如何将婚庆服务的职业道德、职业标准落实到每一个婚庆服务人员中，是每一个婚庆公司和婚庆人所思考的问题。礼仪作为一种调整人际关系的道德行为要求，是人类社会为维系社会正常生活而共同遵循的最简单、最起码的道德行为规范。掌握婚庆礼仪服务方式，用规范、标准的礼仪引导婚庆服务人员的服务方式，是提高婚庆服务人员素质的非常有效的方式。

北京社会管理职业学院作为全国第一个设立婚庆服务与管理专业的大专院校之一，我们一直致力于编写婚庆服务方面的专门著述，在已经编写出版了《婚庆服务概论》、《婚礼策划师实务》的专业书籍之后，经过民政管理系婚庆教研室全体教师的共同努力和中国社工协会婚庆行业委员会总干事史康宁先生以及著名礼仪培训师李燕芳老师的积极支持和帮助下，我们编写完成了婚庆服务的专业教材《婚庆服务礼仪》。

《婚庆服务礼仪》作为反映高职教育教学改革理念的实用教材，是以婚庆服务工作过程导向课程开发的一次有益尝试。它是以“礼”为核心，根据婚庆行业服务工作中所涉及的礼仪活动确定了婚庆服务人员服务形象礼仪、各类婚庆服务人员行业服务礼仪、中西方传统婚俗礼仪、婚庆服务对象（新人）礼仪和婚宴礼仪五大学习领域，分为婚庆服务礼仪基本知识概述、婚庆服务人员仪表、仪态礼仪、婚庆服务人员交际礼仪规范、婚庆服务人员的语言礼仪规范、各类婚庆服务人员的服务礼仪、中国传统婚俗礼仪与西方婚俗礼仪、婚礼新人礼仪、婚宴礼仪共八个学习项目内容。每一项目包括学习目标、核心技能、实训教学和技能检测等。既有理论性又有实操性，使学生在做中学，在学中做，学做结合，切实提高婚庆服务实践操作能力。

本书由王晓玫、史康宁、李燕芳负责统稿、审稿，本书的参编人员及分工如下：

项目一、项目二：由王晓玫、李燕芳、李绚负责编写。

项目三、项目四：由崔杰负责编写。

项目五：由王楠、万俊杰、王晓玫、李倩一负责编写。

项目六：由赵莲负责编写。

项目七：由李倩一、万俊杰负责编写。

项目八：由崔杰、哈曼负责编写。

《婚庆服务礼仪》可作为高职高专院校相关专业学生的礼仪教材，也可作为婚庆服务行业的培训教材，同时，也是婚庆从业人员提高礼仪素养和交际能力的自我训练的参考书，它还可以是各级各类组织进行服务礼仪岗位培训的创新型教材。

作者在撰写本书过程中，参阅了大量的相关资料，吸收了婚姻庆典服务、民俗学、美学等方面专家的研究成果，在此一并表示感谢。

当然，本书对于婚庆服务礼仪方面的理论和实务进行有益的研究和探索，仍有值得商榷的地方，期望广大读者提出意见批评指正。

王晓玫

二〇一二年十月

目　录

项目一　婚庆服务礼仪基本知识概述

【学习目标】

通过本章的学习，你应该能够：

1. 掌握（礼、礼貌、礼节、礼仪、现代礼仪、婚庆服务礼仪）的含义；

2. 掌握婚庆服务礼仪的基本原则。

【本章概览】

婚庆服务人员首先必须了解和掌握婚庆服务礼仪的相关概念、基本原则和职业素质及职业道德，核心目标是了解婚庆服务礼仪的相关概念，掌握婚庆服务礼仪的基本原则以及职业素质和职业道德。为了实现本目标，需要完成两项任务。第一，掌握婚庆服务礼仪的八项基本原则；第二，掌握婚庆服务职业素质要求和职业道德要求。

【核心技能】

敬人三“A”原则的实施　商务活动的黄金规则

【理论知识】

知识点一　婚庆服务礼仪的相关概念

礼，本意为敬神，今引申为表示敬意的通称。是表示尊敬的言语或动作，是人们在长期的生活实践与交往中约定俗成的行为规范。

一、礼的含义

礼的含义比较丰富，一般来讲有四层含义：

一是指敬意，“礼”的繁体字为“禮”。《辞海》中对礼的解释是：本谓敬神，引申为表示敬意的通称。如敬礼、礼貌。

二是指礼仪，即为表示敬意而隆重举行的某种仪式。如典礼、婚礼、丧礼。

三是泛指社会交往中的礼貌和礼节。

四是特指制度，即奴隶社会或封建社会等级森严的社会制度和道德规范。

礼有的时候又引申为礼物。如送礼、礼品、礼单。

随着历史的发展，“礼”的内涵已经有了延伸和扩展，在许多场合它已成为“礼貌”、“礼节”、“礼宾”、“礼仪”等的代名词。因此，礼是表示敬意的通称，它是人们在社会生活中处理人际关系并约束自己行为以示他人的准则。礼属于道德的范畴，是社会公德中极为重要的部分。道德是由社会经济基础决定的一种社会意识形态，是一个社会用来调整人们之间以及个人和社会之间关系的行为的总和。所以，礼渗透于人们的日常生活中，体现着人们的道德观念，确定着人们交往的准则，指导着人们的行动。在社会生活中，人人以礼相待，互尊、互爱、互谅，并成为自觉的行动，这是社会文明进步的表现。

二、礼貌

礼貌是指人与人之间和谐相处的意念和行为，是通过言谈举止表示对别人尊重与友好的体现，是人与人之间在接触中，向交往对象表示敬意和友好的行为准则。是个人在待人接物时所表现出来的道德修养（如恭敬、和顺、谦让）。

礼对人们交往时的基本要求是：诚恳、谦恭、和善和有分寸，做到待人“诚于中而形于外”。礼貌是一个人在待人接物时的外在表现，它主要通过礼貌语言和礼貌行为来表现对他人的谦虚和恭敬。在日常工作与生活中，礼貌表现在人们的举止、仪表、语言上，表现在服务的规范、程序上，表现在对客人的态度上。一个微笑，一个鞠躬，一声“您好”，一句“祝您旅途愉快”，这些都是礼貌的具体表现。

礼貌可分为礼貌语言和礼貌行为两个部分。

礼貌语言是一种有声的行动，如在婚庆服务中策划师接待客户过程，从问候客户开始，到谈单成功（或不成功），到送别客户，礼貌用语是各项接待工作的重要手段。在婚礼策划师接待服务过程中常用的礼貌用语是“请”字当头、“谢谢”不断，见面问“您好”、送别说“再见”，客户说“谢谢”要说“不客气”，做得不好要说“对不起”，等等，这些都是尊重客人在语言运用上的表现。

礼貌行为是一种无声的语言，如婚庆服务人员在婚庆服务过程中微笑、点头、致意、欠身、鞠躬等行为，传递的是热情、欢迎、友善、尊重等信息。

三、礼节

礼节是指人们在社会交往过程中表示出的尊重、祝颂、致意、问候、哀悼等惯用的形式和规范。

礼节是礼貌的具体表现形式，是礼貌在语言、行为、仪表等方面的具体规定。礼节是人们在日常生活中，特别是在交际场合相互表示尊敬、祝颂、问候、致意、哀悼、慰问以及给予必要协助和照料的惯用形式，是社会文明的组成部分。从形式上看，它具有严格的仪式；从内容上看，它反映着某种道德原则，反映着对他人的尊重和友善。例如，在某人生日那天，他的亲戚、朋友、同事、同学对他说一句“生日快乐”，或给他送上生日贺卡，或送上一束鲜花，或送上一个生日蛋糕，等等，这都是礼节；在宴会服务时，服务员送茶、斟酒、上菜、送毛巾等按照先宾客后主人、先女宾后男宾等程序进行，这也是礼节。

在国际交往中交际礼节也是各式各样的，日常见面礼节就有鞠躬礼、点头致意礼、举手注目礼、握手礼、吻手礼和接吻礼等。虽然现代社会的交际礼节有从简及趋向一致或相通的趋势，但是，各国人民的文化特征是客观存在的，使用起来就存在着各国、各地区、各民族的不同习惯。因此，应十分注意不同礼节的具体运用，在交往时必须注意尊重对方，以避免出现“失礼”的行为。

礼节是礼貌的具体表现形式，是人们内在素养的品质外化。

四、礼仪

礼仪作为一种调整人际关系的道德行为要求，是人类社会为维系社会正常生活而共同遵循的最简单、最基本的道德行为规范。对个人而言，礼仪是一个人思想水平、文化修养、交际能力的外在表现；对于社会而言，礼仪是精神文明建设的重要组成部分，是社会文明程度、道德风尚和生活习俗的反映。从礼仪的历史沿革看，现代社会的礼仪主要是在人际交往、社会交往和国际交往中，为表示尊重和友好的一系列行为、道德、社会规范和惯用形式。

狭义的礼仪通常是指举行的合乎社交规范和道德规范的仪式，即指人们在社会交往中由于受历史传统、风俗习惯、宗教信仰、时代潮流等因素的影响而形成，既为人们所认同，又为人们所遵守，以建立和谐关系为目的的各种符合礼的精神及要求的，在较大或较隆重的场合，为表示重视、尊重、敬意等的行为准则或规范的总和。例如，在接待外宾元首时鸣放礼炮；外宾到达宾馆时，礼宾人员在宾馆门前列队站立、微笑、鼓掌等。

礼仪可以从以下几个不同的角度进行诠释：

（1）从个人修养的角度来看，礼仪是一个人的内在修养和素质的外在表现。也就是说，礼仪即教养，体现了人们对交往礼节的认知和应用。

（2）从道德的角度来看，礼仪是为人处世的行为规范、标准做法和行为准则。

（3）从交际的角度来看，礼仪是人际交往中使用的一种艺术，也可以说是一种交际方式。

（4）从民俗的角度来看，礼仪是在人际交往中必须遵守的律己敬人的习惯形式，也可以说是在人际交往中约定俗成的待人以尊重、友好的习惯做法。简言之，礼仪是待人接物的一种惯例。

（5）从传播的角度来看，礼仪是一种在人际交往中进行相互沟通的技巧。

（6）从审美的角度来看，礼仪是一种形式美，是人的心灵美的必然的外化。

换言之，礼仪在层次上要高于礼貌、礼节，其内涵更深、更广。礼仪，实际上是由一系列的、具体的、表现礼貌的礼节所构成的。它不像礼节一样只是一种做法，而是一个表示礼貌的系统完整的过程。

礼、礼貌、礼节、礼仪，它们之间既有联系，又有区别。

其联系是：

（1）礼包括礼貌、礼节、礼仪，其本质都是表示对人的尊重、敬意和友好。

（2）礼貌、礼节、礼仪都是礼的具体表现形式。

其区别在于：

（1）礼貌是礼的行为规范。

（2）礼节是礼的惯用形式。

（3）礼仪是礼的较隆重的仪式。

五、服务与优质服务

服务是指为他人做事，并使他人从中受益的一种有偿或无偿的活动。服务不是以实物形式而以提供活劳动的形式满足他人某种特殊需要。

（一）服务特点[①]

服务具有以下四个特征。

---

① 佚名．什么是服务．百度百科．baike. baidu. com/view/133203. htm 2011 - 12 - 15

1. 无形性

服务是无形的。在购买服务之前，它们看不见、尝不到、摸不着、听不见、唤不到。想要“整容”的人在购买之前是看不到整容结果的，在精神病医生的诊所内看病的人，不可能先知道医疗结果。新人要求婚庆服务公司承办婚礼并不能马上看到婚礼效果。购买者必须信任服务的提供者。服务提供者这时必须想办法让购买者看到服务的良好结果，增强客户购买信心。第一，服务提供者可以增加服务的有形性。比如，外科整容医生可以为病人事先出示图样，表明病人整容后所发生的变化；再如，婚礼策划师可以出示婚礼的设计图片和效果图为新人描述婚礼效果。第二，服务提供者可以强调服务带来的好处，而不只是描述服务的特点，如婚礼策划师可以向客户强调让婚庆公司承办婚礼会给当事人带来许多便利和专业服务。第三，服务提供者可以为其服务制定品牌名称，以增加客户的信任感，如“曼捷凯斯特”清洁服务，“联合航空公司红地毯服务”。第四，服务提供者可以利用一个名人来为服务创造信任感，如赫茨公司用了 O. J. 辛普森的声誉，苹果公司利用了乔布斯的声誉。

2. 不可分性

服务与其来源是不可分的，不管这种来源是人或是机器。但有形产品是存在着的，不论其来源是否呈现。例如，新人要求由甲婚礼主持人提供婚礼主持，得到的服务价值和主持者是分不开的。如果到了婚礼现场婚庆公司告诉新人甲婚礼主持人将不能为新人主持婚礼，而由乙婚礼主持人来代替。这种替代的服务和原来安排的服务就不是相同的服务。这意味着能够购买甲婚礼主持人服务的新人要受到服务品质或愿望的限制。

3. 易变性

服务是非常易变的，因为它们依赖于由什么人提供服务，在何时何地提供服务。服务购买者意识到服务具有高度的易变性，并且他们会在选择服务提供者前经常向其他人提及这一问题。服务公司可以采取两个措施来开展质量控制。第一个措施是，为选择和培训良好的服务人员进行投资，对他们进行培训，最重要的是进行礼仪培训。航空公司、银行和饭店在提供优质服务方面花了大量资金来培训它们的雇员。人们在每个香格里拉饭店都能看到同样友好的和乐于提供帮助的服务人员。第二个措施是，通过建议和申诉制度、客户调查和采购比较来检查客户是否感到满意，从而找出服务中的问题并加以改进。

4. 时间性

服务不能贮存。许多医生为什么会指责病人误了约定时间呢？这是因为服务的价值恰恰在病人没到场的那段时间内存在。当需求处于稳定状态时，服务的时间性算不上是个问题，因为在服务之前就能容易地配备好服务人员。当需求上下波动时，服务公司就碰到了难题。比如，婚庆公司服务的时间性和季节性非常强，每年的 4—6 月份和 9—10 月份是婚礼高峰期，其他时间一般是婚礼淡季，所以，婚庆公司要根据淡旺季配备相关的服务人员。

（二）优质服务

优质服务，简称优服。指在符合行业标准或部门规章等通例的前提下，所提供的服务能够满足服务对象的合理需求和适常期许值，保证一定的满意度。

“优质服务”的分类与标准：

优质服务可以根据服务体验与要求的差别，由低到高进一步细分为满意度服务、舒适度服务、惬意度服务。不同层级的服务，对服务的要求不同。该分类法由顾正仪最早于 2005 年明确划分并予以归纳定义。

1. 满意度服务

一般是要求能够满足服务对象提出的要求，以服务对象的合理要求基本满足，不产生或增加新的负面情绪为基本要求。

2. 舒适度服务

是在满足服务对象要求的基础上，从多方面使服务更臻完善，以最小化服务对象的负面情绪，并获得服务对象一定好评为基本要求。

3. 惬意度服务

则是从服务对象的角度和利益出发，既满足客户的服务需求，也能够周到细致地考虑到客户所未考虑到的现在时需求和将来时需求，并预见性地提供相应的服务。以赢得服务对象的信赖、忠诚度和高度评价为要求。

优质服务竞争和产品设计、产品质量的竞争一样，是市场经济环境下商业竞争，尤其是服务行业竞争的主要领域和手段。随着我国第三产业的发展壮大和政府职能从管理型向服务型转化，优质服务不仅限于企业、社会团体、民间组织等非权力机构组织，也成为包括党政机关事业单位在内的各行各业的各项考核考评的重要指标和参考依据，因而具有越来越重要的价值和意义。

六、现代服务礼仪的含义

现代服务礼仪是属于职业礼仪的一种，它是指在各种服务工作中形成的，并得到共同认可的礼节和仪式，是服务人员在对客服务中恰当地表示对客人的尊重和与客人进行良好沟通的技巧和方法。

（一）现代服务礼仪有以下几个特征

1. 国际性

礼作为一种文化现象，它跨越了国家和地区的界线，为世界各国和地区人民所共同拥有。在讲文明、懂礼貌、相互尊重的原则基础上形成的完善的礼节形式，已为世界各国和地区人民所接受并共同遵守。

随着国际交往的不断增进，各个国家、地区和社会集团所惯用的一些礼仪形式，为世界范围内的人们所共同接受和经常使用，逐渐形成了一些更加规范化、专门化的国际礼仪。现代礼仪兼容并蓄，融会世界各个国家的礼仪之长，使现代礼仪更加国际化、更加趋同化。

2. 民族性

俗话说："十里不同风，百里不同俗。"礼仪作为约定俗成的行为规范，在拥有共性的同时，又表现出一种较为明显的民族、国别的差异性。不同国家、不同民族由于其各自历史文化传统、语言、文字、活动区域不同，由于各自的人民在长期历史过程中形成的心理素质特征不同，使各个民族、各国家的礼仪，都带有本国家本民族的特点。比如，北京和天津距离很近，但是北京的风俗是上午 12 点前结婚，而天津则是下午结婚。

3. 传承性

礼仪是一个国家、民族传统文化的重要组成部分。它的形成和完善是历史发展的产物。其一旦形成，便会长期沿袭、经久不衰。比如中国的传统婚礼仪式，已经历经千年。

4. 时代性

礼仪作为一种文化范畴，具有浓厚的时代特色。任何时代的礼仪由于其时代的特性和内容，往往就决定了它的表现。礼仪随时代的发展而发展变化，比如现在时兴的婚礼既不是完全中式传统婚礼也不是完全西化的西式婚礼，而是两者的结合，是中西合璧式的婚礼。

（二）现代服务礼仪的基本要求

在婚庆服务接待过程中，客户的需求除了物质条件（温馨、浪漫的婚礼现场布置和赏心悦目的环境）外，更重要的是在精神和心理上的满足。婚庆服务工作的特殊性就在于服务具有有形性与无形性相结合的特点。无形服务是指服务人员的行为举止和言谈举止中的非物质方面的因素，主要表现在职业道德、工作态度、礼貌修养、心理因素等方面。可以说，在婚庆服务产品中，有形的物质产品是服务质量的基础，而无形服务则是服务质量的可靠保证。提供优质的“无形”产品，以达到最有效的服务，并不是轻而易举的事情。

尤其是婚庆服务行业是面对面与客户（新人）打交道的行业，注重礼仪对婚庆服务人员来说具有特别重要的意义。婚庆服务工作与礼貌、礼节和礼仪行为有着密不可分的联系。要使优质婚礼服务的“产品”得以实现，前提必须是规范的礼节操作规程，礼貌的待客态度、完美的礼仪服务。

现代服务礼仪的基本要求如下①：

在服务中一流的婚庆服务人员应当做到：“SERVICE”—— 全方位、高标准的要求。在英语中，服务为“Service”，有人认为，构成这个词的每一个字母，都代表着对接待人员的行为规范的一种要求。

“S”——Smile（微笑） 其含义是服务人员应该对每一位客户提供微笑服务。

---

① 佚名．百度百科．baike. baidu. com/view/2040757. htm 2011－11－30

“E”——Excellent（出色） 其含义是服务人员应该将每一个程序、每一次微小的服务都做得很出色。

“R”——Ready（准备） 其含义是服务人员应该随时准备好为客户服务。

“V”——Viewing（看待） 其含义是服务人员应将每一位客户都看做是需要提供优质服务的贵宾。

“I”——Inviting（邀请） 其含义是服务人员应该在每一次服务结束时，主动邀请客户再次光临。

“C”——Creating（创造） 其含义是每一位服务人员应设法精心创造出客户能享受其热情服务的氛围。

“E”——Eye（眼光） 其含义是服务人员应始终以热情友好的眼光关注客户，适应客户心理，预测客户要求，及时提供有效的服务，使客户时刻感受到服务人员在关心自己。

七、婚庆服务礼仪的含义

婚庆服务礼仪是属于服务礼仪的一种，它是指在婚庆服务工作过程中形成的，并得到共同认可的礼节和仪式，是婚庆服务人员在对婚礼新人服务中恰当地表示对新人及其家人的尊重和与新人进行良好沟通的技巧和方法。

运用和掌握婚庆服务礼仪有以下目的：

（一）可以提升个人的素养。比尔·盖茨讲：“企业竞争，是员工素质的竞争。”进而到企业，就是企业形象的竞争，教养体现细节，细节展示素质。婚庆服务人员具有良好的礼仪素质可以吸引客户，提高自身的竞争力。

（二）方便个人的交往应酬。在婚庆服务中会遇到不同的人，对不同的人如何进行交往是要讲究艺术的，比如夸奖人也要讲究艺术，不然的话即使是夸人也会让人感到不舒服。所以，婚庆服务人员具有良好的服务礼仪可以为婚礼新人提供更周到细致的服务。

（三）有助于维护公司形象。在婚庆服务交往中个人代表整体，个人形象代表公司形象，个人的所作所为，就是本公司的典型活体广告。一举一动、一言一行，此时无声胜有声。

知识点二　婚庆服务礼仪的基本原则

婚庆服务礼仪的基本原则就是从事婚庆服务过程中应当遵循的基本准则，也是从事婚庆服务的基本要求。

一、遵守职业道德的原则

具体职业的职业道德是指从事某一具体职业的人，在其工作岗位上所必须遵循的与其职业活动紧密联系的行为尊重，它本身受到个人素质与自我良心的制约。任何一种相对完善的市场经济秩序，主要都是由经济伦理的第一层次——职业道德以及经济信用所构成的。二者皆为人们的行为准则，使人们的交往有一定的道德底线。

遵守职业道德的原则，要求婚庆服务人员树立正确的人生观和价值观，充分认识婚庆服务工作在市场经济条件下的重要意义。认真钻研业务，加强职业修养，通过在工作岗位上的经验积累和锻炼，使自己在思想、业务上达到一定的水准，养成对服务对象负责任的基本态度。通过自己的一言一行，传达出婚庆行业业务人员对服务对象的尊重、体贴、关心。让婚礼新人满意服务人员为其打造的婚礼，实现婚庆服务业的服务宗旨，即婚庆服务开始于新人的需求，结束于新人的满意。

二、尊重与友好原则

孔子说：“礼者，敬人也。”这是对礼仪的核心思想高度的概括。所谓尊重的原则，就是要求婚庆服务人员在服务过程中，要将对客户的重视、恭敬、友好放在第一位，这是礼仪的重点与核心。

因此在婚庆服务过程中，首要的原则就是敬人之心常存，掌握了这一点，就等于掌握了礼仪的灵魂。在人际交往中，只要不失敬人之意，哪怕具体做法一时失当，也容易获得服务对象的谅解。

尊重，包括两个方面："自尊"和"尊重"他人。自尊，就是在各种场合都要尊重自己，维护自己的尊严，不要自暴自弃。尊重，就是要尊重他人的生活习惯、兴趣爱好、人格和价值，只有尊重别人才能得到别人对自己的尊重。

友好原则。就是要求亲和友善地对待别人，这样才能带来与客户间心灵的共鸣，精神的寄托，思想的交融。

三、第一印象原则

当人们到了一个新环境当中，与素不相识的人初次见面一定会给对方留下某种印象，这在心理学上叫做"第一印象"。从"第一印象"所获得的主要是关于对方的表情、姿态、仪表、服饰、语言、眼神等方面的信息。它虽然零碎、肤浅，却非常重要。因为在先入为主的心理影响下，第一印象往往能对人的认知产生关键作用。

研究显示：初次见面的最初 4 分钟，是印象形成的关键期。请记住一点，每个人对其他人印象的 90% 都来自于见面的最初 4 分钟，而这其中有 60%—80% 的评价都取决于无声的肢体语言。美好的第一印象是一笔无价的财富，也是婚庆服务打开局面最好的武器。

四、真诚与适度原则

婚庆服务礼仪所讲的真诚的原则，就是要求在婚庆服务过程中，必须待人以诚，只有如此，才能表达对客人的尊敬与友好，才会更好地被对方所理解、所接受。与此相反，倘若仅把礼仪作为一种道具和伪装，在具体操作礼仪规范时口是心非、言行不一，则是有悖礼仪的基本宗旨。

所以真诚原则是对人对事的一种实事求是的态度，是待人真心真意的友善表现，真诚和尊重首先表现为对人不说谎、不虚伪、不骗人、不侮辱人，所谓："骗人一次，终身无友。"其实表现为对他人的正确认识，相信他人，尊重他人，所谓心底无私天地宽，真诚的奉献，才有丰硕的收获，只有真诚尊重方能使双方心心相印，友谊地久天长。

婚庆服务礼仪所讲的适度的原则，是要求应用礼仪时，为了保证取得成效，必须注意技巧，合乎规范，特别要注意做到把握分寸，认真得体。

这是因为凡事过犹不及。假如做得过了头，或者做得不到位，都不能正确地表达自己的自律、敬人之意。

所谓适度，就是要注意感情适度、谈吐适度、举止适度。只有这样才能真正赢得对方的尊重，达到沟通的目的。在适度原则下，在婚庆服务过程中要注意各种不同情况下的社交距离，也就是要善于把握住沟通时的感情尺度。古话说："君子之交淡如水，小人之交甘如醴。"此话不无道理。在人际交往中，沟通和理解是建立良好的人际关系的重要条件，但如果不善于把握沟通时的感情尺度，即人际交往缺乏适度的距离，结果会适得其反。例如在与新人的一般交往中，既要彬彬有礼，又不能低三下四；既要热情大方，又不能轻浮谄谀。

五、理解与宽容原则

理解与宽容的原则，是要求婚庆服务人员在婚庆服务过程中，既要严于律己，更要宽以待人。要多体谅他人，多理解他人，学会与服务对象进行心理换位，而不要求全责备，咄咄逼人。这实际上也是尊重对方的一个主要表现。

宽容就是心胸宽广。"海纳百川，有容乃大。"能设身处地为别人着想，能原谅别人过失，也是一种美德，被作为现代人的一种礼仪素养。在婚庆礼仪中体现宽容原则，应该从以下几个方面做起。

（一）要做到"入乡随俗"

如中东一些国家，受宗教信仰的影响，禁止女性向家庭成员以外的男人裸露肌肤，严格讲究"男女授受不亲"。对于这些国家的人就应尊重他们的礼仪规范。再比如，北京和天津的结婚时间不同，北京必须在上午12点之前将新娘接到，而天津是12点之后接新娘。

（二）理解他人，体谅他人，对他人不要求全责备

（三）虚心接受他人对自己的批评意见

即使批评错了，也要认真倾听。俗话说："人非圣贤，孰能无过。"

宽即宽待，容即相容，宽容，就是心胸坦荡、豁达大度，能设身处地为他人着想，谅解他人的过失，不计较个人的得失，有很强的容纳意识和

自控能力。中国传统文化历来重视并提倡宽容的道德原则，并把宽以待人视为一种为人处世的基本美德。在婚庆服务过程中，出于各自的立场和利益，难免出现冲突和误解。遵循宽容的原则，凡事想开一点，眼光看远一点，善解人意、体谅别人，才能正确对待和处理好各种关系与纷争，争取到更长远的利益。

六、注意小节原则

小节一般是指在人际交往过程中的举止禁忌。“小节”虽小，但有一些往往会在工作中或有损于个人形象，或有碍于他人活动，甚至还有悖于婚庆服务的礼仪规范和准则，最终对婚庆公司整体形象产生不良影响，因此，不能等闲视之。不拘小节，反映了一个人的行为修养较差。在婚庆服务过程中，婚庆服务人员如果不注意小节，很可能导致功亏一篑。作为婚庆服务人员，注意小节，彬彬有礼，是最起码的服务修养。因此，婚庆服务人员在服务中必须要有饱满的精神状态，服饰整洁，举止得体，表情大方，语言文明。

婚庆服务人员在为新人服务时，身体不宜发出各种异样的声音，如咳嗽、打喷嚏、打哈欠等，遇此情况均应转身掩面而为之。在婚庆服务场合不宜出现私密性较强的不雅动作，如抓耳挠腮、挖耳朵、抠鼻子、揉眼、随意剔牙、修剪指甲、梳理头发、化妆补妆、吃口香糖等。工作场所不能有趴、扶、倚、靠、聚堆闲聊说笑、高声说话等不注意小节的行为。

七、敬人三“A”原则

时时用使人悦服的方法赞美人，是博得人们好感的好方法。

服务业有著名的敬人三“A”原则。即接受（Accept）、重视（Attention）、赞美（Admire）对方，在人际交往中也是很值得借鉴的。善于赞美别人，便能赢得更多的知己，获得更多的友情与帮助，当然这需要心胸宽阔、大度，善于发现别人的优点。

（一）接受对方（Accept）

所谓接受对方，就是尊重对方的想法，不与客户争辩或是抬杠或者在言语上争胜负，尽量换位思考去体谅对方的想法，给予充分的包容。就是这么简单的一点，有时会使对方十分感激。

（二）尊重对方（Attention）

无论是客户还是朋友，尊重之情通过简单的三言两语就会传达出去。体现这种尊重的方式：比如用真诚的态度和表情去问候，使每个听到问候的人都如沐春风；努力记住客户的名字，并在谈话中经常使用尊称，这样很容易使对方的自尊心获得满足，并且知道了在婚庆服务人员心中他的位置如此重要，接下来的交谈自然就会变得顺畅。

（三）赞美对方（Admire）

学会用善良宽厚的目光去体察别人，就总能在对方身上发现闪光点。没有谁喜欢听挖苦的话，人人都喜欢赞美。如果一个人个子很矮但很聪明，那么你就不能强调“你的个子真矮”，而应赞美对方“你真的很聪明，讲的话都很有道理”。

当然，赞美是需要适可而止的，一味地胡乱吹捧、不着边际地夸赞是会令人反感的。

尊重、接受和赞美，这几个词说起来十分简单，要真正做好却不容易。有的人三言两语，就能让人心生喜欢，会觉得他的笑容，说话时的手势和举止，总是透着一股说不出来的吸引力。其实，这样的人无一不具有真诚的交谈品质，他们的这种尊重与诚恳的态度，通过言谈举止传达过来，使服务对象最终被打动。世间许多事情莫不如此，态度比技巧有时更为重要，态度正确了，自然会得到与之相对应的结果。提高语言的表达技巧，并非一朝一夕的速成之事，但是若有一个良好的态度，技巧就不是那么重要了，敬人三“A”的表达态度，会无声无息滋润对方的心田。

八、从事商务服务活动的黄金规则

除了掌握并遵行上述礼仪原则，英国学者大卫·罗宾逊还概括出了从事商务服务活动的黄金规则，具体表述可用“IMPACT”一词来概括，即：Integrity（正直）、Manner（礼貌）、Personality（个性）、Appearance（仪表）、Consideration（善解人意）和 Tact（机智）。

（一）正直

正直是指通过言行表现出诚实、可靠、值得信赖的品质。良好的服务举止的一条黄金规则就是：正直应是毋庸置疑的——不正直是多少谎言也掩饰不了的。

（二）礼貌

礼貌是指人的举止模式。当与他人进行服务交往时，礼貌和风度都可以向对方表明自己是否可靠，行事是否正确、公正。粗鲁、自私、散漫是不可能让双方的交往继续发展的。

（三）个性

个性是指在婚庆服务活动中表现出来的独到之处。例如，可以对婚庆服务活动充满激情，但不能感情用事；可以逗人发笑，但不能轻率轻浮；可以才华横溢，但不能惹人厌烦。

（四）仪表

仪表是指人的外在表现，所有人哪怕是下意识地都会对交往者以貌取人，要做到衣着整洁得体，举止落落大方，这些都是给服务对象保留好印象的至关重要的因素。

（五）善解人意

这是良好的商务服务风度中最基本的一条原则。成功的谈判者往往在会面前扮演一下对手的角色。人们如果事先就想象好即将与之交谈、写信或打电话联系的对方可能有的反应，就能更谨慎、更敏锐地与对方打交道。

（六）机智

婚庆服务中每个人都极有可能对某些挑衅立即作出反应，或者利用某些显而易见的优势；如果婚庆服务人员一时冲动，则会悔之不已。不过本条黄金规则更深的内涵是：有疑虑时，保持沉默。

总之，掌握并遵行礼仪原则，在人际交往、婚庆服务活动中，就有可能成为待人诚恳、彬彬有礼之人，并受到别人的尊敬和尊重。

知识点三　婚庆服务人员的职业素质与职业道德

婚庆服务公司的特殊性及其社会职能，要求婚庆服务工作的从业人员必须具备一定的职业素养，加强职业道德修养，自觉遵守职业道德。婚庆服务的经营和服务不仅展现婚庆公司形象，体现公司精神，同时，还是社会公德和精神文明的具体体现，成为社会精神文明的窗口，其服务水准、精神风貌也是社会文明的缩影，是社会风气、经济环境的具体反映。职业素质、职业道德也是职业礼仪的重要内容，职业素质、职业道德包含在职业礼仪中，职业礼仪实际就是职业素质、职业道德的具体体现。

一、婚庆服务人员的职业素质

婚庆服务工作，也是服务的组成部分，作为一名服务人员，应该具备哪些素质，或者需要掌握哪些技能，具备什么样的条件才可以成为一个优秀的婚庆服务人员，这主要体现在对婚庆服务人员的职业素质要求。

现代婚庆经营与服务，要求从事婚庆服务工作的人员必须具备良好的素质，服务人员素质的高低是能否做好婚庆服务工作的关键因素。婚庆服务工作人员应具备的素质主要包括以下几方面：

（一）拥有广博的知识

知识是个人素质的重要组成部分，在社会生活中，人的精力、时间、能力是有限的，而广博的知识可以弥补这些能力的不足。同时，世界上的万事万物是相互联系的整体，博学可以使人在遇到困难时充满自信，多角度全方位的寻找解决问题的方法。

婚庆服务工作涉及方方面面的知识，不仅要掌握诸如婚俗文化知识、婚礼策划知识、婚礼督导知识、婚礼花艺、婚礼化妆和婚礼影像等专业知识，还要掌握语言、社会学、心理学、美学、色彩学、管理学等广泛性知识。只有掌握广博的知识才能在婚庆服务中运用自如，在工作中得心应手。

（二）具备健康的心理素质

在社会飞速发展的今天，人的生活和工作节奏不断加快，人们在社会生活中承受受各种各样的压力，在获得婚庆服务时，希望得到婚庆服务人员的尊重，希望面对诚实、正直而充满善意的婚庆服务人员，而不是面对虚伪、欺诈、充满恶意的婚庆服务人员。

婚庆服务人员的工作任务就是为客户服务。要求婚庆服务人员必须以诚实、热情、积极向上的健康心态投入到婚庆服务工作当中，婚庆服务工作要持之以恒不能情绪化，面对客户要一视同仁，不能亲疏有别、厚此薄彼；要以平和健康的心态处理婚庆服务工作中遇到的各种问题；要以极大的工作热情和积极向上的工作作风完善服务、创新服务。

（三）具有服务于人、为他人着想的奉献精神

婚庆服务业是为公众服务的行业，服务是婚庆服务人员的天职，作为婚庆服务工作者只有具有服务于人、为他人着想的奉献精神才能够真正做好婚庆服务工作。

在婚庆服务业竞争日益激烈的今天，婚庆服务公司只有不断地提高和改进自己的服务质量和服务水平，站在客户的角度，为客户着想，为客户提供方便，才能在市场中站稳脚跟。婚庆公司服务人员作为公司服务工作的执行者，必须牢固树立为客户着想的服务意识，从客户出发为客户服务。要分析客户需求，掌握客户需求变化，及时反馈客户所需。要依据客户的不同层次需要提供恰当的服务。要积极适应市场的变化，改革服务方式，改进服务方法，提高服务质量创新各种婚庆服务模式。

（四）掌握过硬的专业技能和服务技巧

婚庆服务工作不仅是一项公众的社会性工作，而且具有较强的专业性，婚庆服务人员必须学习和掌握过硬的专业技能和服务技巧才能胜任婚庆服务工作。

婚庆服务人员应具备的专业技能包括：（1）相关的知识技能。如管理知识和技能、策划知识和技能、人力资源管理的知识和技能、客户服务的

知识和技能等。（2）婚庆服务技能。包括婚礼策划、婚礼督导、婚礼花艺、婚礼化妆、婚礼主持、婚礼摄影和摄像、婚礼影像后期制作等技能。（3）销售服务技能。包括婚礼产品推销技能、展示技能、接待服务技能、售后服务技能。（4）业务管理技能。包括价格管理技能、质量管理技能、核算管理技能、市场调查与信息管理技能、促销管理技能。（5）客户关系管理技能。包括客户沟通技能与技巧、客户投诉与抱怨处理技能与技巧、客户走访及忠诚客户的维护等技能。

（五）有不断学习，积极向上，努力提高的毅力和恒心

随着社会的不断发展进步，婚庆行业竞争越来越激烈，服务业态以及服务方式、服务手段不断发展变化，婚庆服务人员只有不断地学习提高，才能适应日益发展变化的婚庆服务工作的需要。知识和技能是做好工作的前提，高素质员工是提供高服务质量的必要条件，服务创优是社会发展和企业竞争的需要，只有不断学习才能保证工作需要、才能保证优质服务、才能适应企业的发展需要、才能保证自身素质的提高和自我价值的实现。

（六）要自觉遵守职业道德

职业道德，是指从事一定职业劳动的人们在特定的工作和劳动中以其内心信念和特殊社会手段维系的，以善恶进行评价的心理意识、行为原则和行为规范的总和，它是人们在从事职业的过程中形成的一种内在的、非强制性的约束机制。它也是从道义上要求人们以一定的思想、态度、作风和行为去待人、接物、处世、完成本职工作。

人有人格，大家都敬仰那些人格高尚的人。企业也有自己的品格，人们敬仰那些有着高尚品格的企业，一个没有品格的企业是不受欢迎的，这个品格就是职业道德。一个成功企业大多是一个职业道德建设良好的企业，良好的职业道德是催人奋进的精神动力，是企业健康快速发展的重要保证。

二、婚庆服务人员的职业道德

婚庆服务企业的服务人员必须在婚庆服务工作中自觉遵守职业道德。作为婚庆服务人员必须遵循以下职业道德：

（一）热爱本职工作

热爱本职工作是一切职业道德中最基本的道德原则。婚庆公司的服务人员应正确认识婚庆服务行业，明确自己工作的目的和意义，热爱本职工作，乐于为客户服务，忠实履行自己的职责，并以满足客人的需求为自己最大的快乐；以为客户提供高质量、高水平的优质的婚庆服务为自己的工作目标；遵守公司的规章制度；自洁自律，廉洁奉公，不索要小费，不暗示，不接受客户赠送物品；不议论客户和同事的私事；不带个人情绪上班。

（二）具备团队意识

坚持集体主义。集体主义即团队意识，是职业道德的基本原则。婚庆服务是由一个婚礼服务团队完成的服务工作，所以婚庆服务人员必须以集体主义为根本原则，正确处理个人利益、他人利益、班组利益、部门利益和公司利益的相互关系。要有严格的组织纪律观念，要有团结协作精神，要爱护公共财产。

（三）热情对待客户

要树立全心全意为客户服务的理念。诚恳待客，知错就改。对待客户还要一视同仁，不能对付费多的客户和付费少的客户给予不同的待遇。

（四）严格遵循职业道德标准

热爱本职工作具有奉献精神；坚持客户至上，服务第一；爱护公司和客户财物，珍惜职业荣誉；克己奉公、不谋私利；坚持一视同仁，童叟无欺；遵守商业道德，展开公平竞争。

（五）婚庆服务人员应具有的工作态度和服务态度

1. 工作态度

（1）语言：谈吐文雅，常用礼貌用语，避免俚语。

（2）礼仪：面带笑容，举止、言谈热情有礼。

（3）喜悦：微笑服务，表现出热情、亲切友好的情绪，做到精神集中，情绪饱满，给客户一种轻松愉悦的感觉。

（4）效率：提供高效率的服务，关注工作上的技术细节，急客户所急，为客户排忧。

（5）责任：尽职尽责，严格执行公司制度，遇有疑难问题及时向有关部门反映，求得圆满结果。

（6）协助：各部门之间要互相配合，真诚协助，不得互相扯皮，应同心协力解决疑难，维护公司的声誉。

（7）忠实：忠诚老实，有事必办，不能提供假情况，不得阳奉阴违，诬陷他人。

（8）时间观念：准时上下班，不迟到、早退、不旷工、少请假。

（9）工作作风：头脑机智，眼光灵活，口才流利，动作敏捷，思维清晰，技术过硬。

（10）工作态度：服从安排，热情耐心，和蔼谦恭，小心谨慎，虚心好学。

（11）工作意向：领会技能，不断学习业务知识，遵守规章制度，勤恳踏实工作，明了公司、自己的发展前景。

2. 服务态度

（1）主动：在工作中全心全意为客户服务，自觉地把服务做在客户提出要求之前。

（2）耐心：在工作中热情解答客户提出的问题，做到问多不烦，事多不厌，遇事不急促，严于律己，恭敬谦让。

（3）热情：对待客户要像对自己的亲人一样，工作时面带笑容，态度和蔼，语言亲切，热心诚恳。

（4）周到：客户进入公司要周到服务，处处关心，为客户排忧解难，提供使客户满意的婚礼服务方案。

【本章小结】

1. 礼的含义一般来讲有四层含义：一是指敬意；二是指礼仪，即为表示敬意而隆重举行的某种仪式；三是泛指社会交往中的礼貌和礼节；四是特指制度，即奴隶社会或封建社会等级森严的社会制度和道德规范。

2. 礼貌，是指人与人之间和谐相处的意念和行为，是通过言谈举止表示对别人尊重与友好的体现，是人与人之间在接触中，向交往对象表示敬意和友好的行为准则。是个人在待人接物时所表现出来的道德修养（如恭敬、和顺、谦让）。

3. 礼节是指人们在社会交往过程中表示出的尊重、祝颂、致意、问候、哀悼等惯用的形式和规范。

4. 礼仪作为一种调整人际关系的道德行为要求，是人类社会为维系社会正常生活而共同遵循的最简单、最起码的道德行为规范。

5. 现代服务礼仪是属于职业礼仪的一种，它是指在各种服务工作中形成的，并得到共同认可的礼节和仪式，是服务人员在对客服务中恰当地表示对客人的尊重和与客人进行良好沟通的技巧和方法。在服务中一流的服务人员应当做到："SERVICE"—— 全方位、高标准的要求。在英语中，服务为"Service"，有人认为，构成这个词的每一个字母，都代表着对接待人员的行为规范的一种要求。

6. 婚庆服务礼仪是属于服务礼仪的一种，它是指在婚庆服务工作过程中形成的，并得到共同认可的礼节和仪式，是婚庆服务人员在对婚礼新人服务中恰当地表示对新人及其家人的尊重和与新人进行良好沟通的技巧和方法。

7. 婚庆服务礼仪的基本原则包括：遵守职业道德的原则，尊重与友好原则，第一印象原则，真诚与适度原则，理解与宽容原则，注意小节原则，敬人三"A"原则。

8. 婚庆服务工作人员应具备的职业素质主要包括以下几方面：(1) 拥有广博的知识。(2) 具备健康的心理素质。(3) 具有服务于人为他人着想的奉献精神。(4) 掌握过硬的专业技能和服务技巧。(5) 有不断学习，积极向上，努力提高的毅力和恒心。(6) 要自觉遵守职业道德。

9. 婚庆服务人员的职业道德主要包括：(1) 热爱本职工作。(2) 具备团队意识。(3) 热情对待客人。(4) 严格遵循职业道德标准。(5) 婚庆服务人员应具有的态度，一是工作态度，二是服务态度。

【核心概念】

礼　礼貌　礼节　礼仪　现代礼仪　婚庆服务礼仪　敬人三“A”原则　职业道德

【能力检测】

一、思考题

1. 什么是礼、礼貌、礼节、礼仪、礼宾、现代礼仪、婚庆服务礼仪？

2. 为什么说礼貌行为是一种无声的语言，礼貌语言是一种有声的行动？

3. 请回答婚庆服务礼仪的基本原则是什么？

4. 简述如何理解“第一印象原则”。

5. 简述婚庆服务人员的职业素质和职业道德。

二、实训题

实训项目：初级印象——“自己”

实训目的：给自己一个本真的“我”

实训内容：自我介绍

实训步骤：

（1）教师提出要求。（2）学生自我介绍。（3）教师做好记录。（4）学生自检。（5）教师初级评估打分。

完成任务：

1. 学生完成实训任务。

2. 教师评估合格。

项目二　婚庆服务人员仪表、仪态礼仪

【学习目标】

通过本章的学习，你应该能够：

1. 掌握仪表仪容（面部修饰、头发护理、肢体修饰））基本的要求；

2. 掌握仪态举止（立姿、坐姿、走姿、蹲姿、微笑、手势）等基本要求。

【本章概览】

婚礼服务人员的仪表、仪态礼仪是婚庆服务人员必须具备的基本礼仪，核心目标是了解和掌握仪容、仪表礼仪规范，掌握婚庆服务人员的仪态礼仪规范。为了实现本目标，需要完成十二项任务。第一，掌握婚庆服务人员的着装礼仪规则；第二，掌握婚庆服务人员发型礼仪规则；第三，掌握婚庆服务人员职业淡妆规则；第四，掌握婚庆服务人员仪表与良好的卫生习惯训练与检查；第五，掌握婚庆服务人员立姿规则；第六，掌握婚庆服务人员坐姿规则；第七，掌握婚庆服务人员走姿规则；第八，掌握婚庆服务人员蹲姿规则；第九，掌握婚庆服务人员的礼仪手势规则；第十，掌握婚庆服务人员的注视礼仪规则；第十一，掌握婚庆服务人员的微笑礼仪规则；第十二，掌握婚庆服务人员眼神规则。

【核心技能】

面部修饰方法和技巧　头发护理方法和技巧　肢体修饰方法和技巧　立姿基本要求　坐姿基本要求　走姿基本要求　蹲姿基本要求　礼仪手势规则　微笑的基本要求　眼神规则

【理论知识】

知识点一　婚庆服务人员的仪容、仪表修饰

对于服务业尤其是婚庆服务行业来说，注重仪容仪表应该是婚庆服务人员的一项基本素质，它反映了婚庆服务人员的精神面貌，更代表了婚庆公司的整体形象。

有一位著名的企业总裁讲：“作为一个企业的领导者，为什么要讲形象重要呢？因为，形象就是宣传，形象就是效益，形象就是服务，形象就是生命。在市场经济条件下，形象重于一切。”

在这里，我们主要讨论是个人形象问题，因为，企业形象在很大程度上取决于每一名员工的个人形象。

一、婚庆服务人员仪容、仪表的含义和意义

（一）仪容、仪表的概念

1. 仪容

指一个人的容貌，包括五官的搭配和适当的发型衬托。

就个人的整体形象而言，容貌是整个仪表的一个至关重要的环节。它反映着一个人的精神面貌、朝气和活力，是传达给接触对象感官最直接、

最生动的第一信息。它既可以使人看上去精神焕发、神采飞扬，也可以使人看上去萎靡、疲倦、无精打采。所以，塑造良好的自我形象，首先应当考虑的就是仪容。

2. 仪表

指一个人的外表。它是一个人总体形象的统称，除容貌、发型之外，还包括人的服饰、身体、姿态等。

仪表美是对一个人全方位的评价，是形体美、服饰美、发型美、仪容美的有机组合。是人举止风度的外在体现。一个人的德才学识等各方面的内在修养的外在表现。风度是构成仪表的核心要素。

仪容美的基本要素是貌美、发美、肌肤美，主要要求整洁干净。美好的仪容一定能让人感觉到其五官构成彼此和谐并富于表情；发质发型使其英俊潇洒、容光焕发；肌肤健美使其充满生命的活力，给人以健康自然、鲜明和谐、富有个性的深刻印象。

（二）婚庆服务人员注重仪容仪表的意义

1. 仪容仪表是树立良好公众形象的前提和基础

婚庆服务接待工作的特点是直接面向客户并为其提供服务，这使得其一言一行、一举一动都在客户的关注之下，一句话、一个手势或一次不规范的着装，都将直接影响其公众印象，进而直接影响到公司的整体形象。形象代表档次，档次决定价格，价格产生效益，这是一个连锁反应的循环圈。而这其中，婚庆服务人员良好的仪容仪表恰恰在一定程度上反映了婚庆公司的管理水平和服务水平，是婚庆行业树立良好的公众形象的前提和基础。

2. 注重仪容仪表是婚庆服务人员尊重客户的需要

礼貌服务，其中很重要的一点就是尊重客户的合理需求，并尽可能予以满足。据有关专家分析，在给人的印象中各种刺激所占的百分比是：视觉印象大约占75%，谈吐印象大约占16%，味觉印象、嗅觉印象和触觉印象大约各占3%。婚庆服务人员的仪容仪表能满足客户视觉美方面的需要，同时又使他们感到置身于外观整洁、端庄、大方的服务人员中，自己的身份地位也能得到相应的承认，求尊重的心理也得到满足。

3. 良好的仪容仪表可以缩短婚庆服务人员与客户之间的心理距离

俗话说："爱美之心人皆有之。"美感享受属于人类高层次的心理需求。婚庆服务人员如果具备良好的仪容仪表，会令客户赏心悦目，在脑海中留下深刻的印象，从而缩短彼此交流与沟通的距离。试想，如果客户在婚庆公司接触到的是不修边幅、蓬头垢面、衣着不整、萎靡不振的婚庆服务人员，还会有哪位客户愿意接受此类婚庆服务人员所提供的婚礼服务呢。

4. 良好的仪容仪表是增强自信心的有效手段

优雅、得体的仪容仪表，不仅会使客户赏心悦目，而且还会令自己神采飞扬，从而在心理上滋生出一种自豪感与满足感。人的自信心一方面来自于外界的肯定、赞扬与积极评价，另一方面是来自于良好的自我感觉。好的仪容仪表会带给自己一份好心情，工作起来自然信心倍增，充满活力。

二、婚庆服务人员仪容、仪表的要求

（一）总体要求

1. 规范化、制度化

这一条主要是针对婚庆公司管理者而言，员工的仪容仪表从一定程度上反映了一个婚庆公司的管理水平和服务水平。所以，作为婚庆公司的管理者一定要对婚庆服务人员仪容仪表的要求作出明确规定，并使之规范化、制度化，以提高婚庆公司的整体形象。

2. 整体性

仪表仪容必须符合整体性原则的要求，即仪表仪容要和言谈、举止、修养等相联系、相适应，融为一体。

以外表美而言，它是由姿态的正确、身体的洁净、外表的文雅、指甲的干净、皮肤的健康、牙齿的白净、头发的修整、服饰的配套等各种因素构成的，不注意整体的和谐统一，就不可能使人有真正美的感受。

3. 秀外慧中

仪容仪表要产生魅力，还在于注重外在美和内在美，即仪表美与心灵美的统一，“珠联璧合”、“秀外慧中”就是这个意思，与此相反，就是“金玉其外，败絮其中”，只能使人厌恶，不能产生魅力。

仪表应该是一个人精神面貌的外在表现，其总体要求基本上可以概括为48个字①：

容貌端正，举止大方；

端庄稳重，不卑不亢；

态度和蔼，待人诚恳；

服饰庄重，整洁挺括；

打扮得体，淡妆素抹；

训练有素，言行恰当。

4. 勤于检查

很多公司对员工的仪容仪表制定了一整套规章制度，做到了“有法可依”。而接下来的关键就是能不能严格执行，只有勤于督促和检查，才能做到“有法必依”。

（二）仪容仪表修饰的具体要求

在仪容仪表的修饰方面要注意五点事项：

其一，仪容要干净，要勤洗澡、勤洗脸，脖颈、手都要干干净净，并经常注意去除眼角、口角及鼻孔的分泌物。要换衣服，清除身体异味，有狐臭要搽药品或及早治疗。

其二，仪容应当整洁。整洁，即整齐洁净、清爽。要使仪容整洁，重在持之以恒，这一条，与自我形象的优劣关系极大。

其三，指甲要常剪，头发按时洗理。

其四，仪容应当简约。仪容既要修饰，又忌讳标新立异、“一鸣惊人”，简练、高雅、大方最好。

其五，仪容应当端庄。仪容庄重大方，文雅，不仅会给人以美感，而且易于使自己赢得他人的信任。

---

① 佚名．现代服务礼仪．百度百科．baike. baidu. com/view/2040757. htm 2011 - 11 - 30

三、婚庆服务人员的仪容礼仪

（一）发式礼仪

头发梳理得体、整洁、干净，不仅反映了良好的个人面貌，也是对人的一种礼貌。婚庆服务人员的发式礼仪规范要求主要包括以下几个方面：

1. 头发整洁，无异味

要经常理发、洗发和梳理，以保持头发整洁，没有头屑。理完发要将洒落在身上的碎头发等清理干净，并使用清香型发胶，以保持头发整洁，不蓬散，不用异味发油。

2. 发型大方，得体

男员工头发长度要适宜，前不及眉，旁不遮耳，后不及领，不能留长发、大鬓角，最短不为零；最好不要留络腮胡子和小胡子，因为这些不符合东方男子的脸形。

女员工工作时不留怪异的新潮发型，头发亦不可遮挡眼睛，不要因为过分地强调新潮和怪异，会和客户产生一种隔阂和距离，使人避而远之。

（二）面部礼仪

要注意面部清洁与适当的修饰，为了使自己容光焕发，显示活力，男员工胡须要剃净，鼻毛应剪短，不留长发；女员工适当化妆，但应以浅妆、淡妆为宜，不能浓妆艳抹，并避免使用气味浓烈的化妆品。

（三）指甲礼仪

要经常修剪和护理指甲。不能留长指甲，指甲的长度不应超过手指指尖；要保持指甲的清洁，指甲缝中不能留有污垢。

（四）鼻子和体毛礼仪

鼻毛不能过长，过长的鼻毛，非常有碍观瞻。可以用小剪刀剪短，不能用手拔，特别是当着客人的面。

痰、鼻涕一类的“杂物”应及时清理，清理时，要避开众人眼睛。为了保持鼻腔的清洁，不要用手去挖鼻孔。

体毛必须修整。腋毛在视觉中不美观也不雅观。白领男性和女性应有意识地不穿暴露腋毛的服饰。女性在社交活动中穿着使腋毛外现的服装，必须先剃去腋毛，以免破坏自己的形象。

又黑又粗的体毛，同时需要掩饰。在社交和公务活动中，男性不能穿短裤，不能挽起长裤的裤管。女性在穿裙装和薄的丝袜，如露出腿毛，应先将其剃掉。

（五）个人卫生

做到勤洗澡，勤换衣袜，勤漱口，保持牙齿口腔清洁，身上不能留有异味。口腔有异味，是很失风度的事情。上班前不能喝酒，忌吃葱、蒜、韭菜等刺激性异味食物。每日早晨，空腹饮一杯淡盐水，平时多以淡盐水漱口，能有效地控制口腔异味。必要时，嚼口香糖可减少异味。但是必须注意在他人面前嚼口香糖是不礼貌的，特别是上班时间和与人交谈时，更不应嚼口香糖。

另外，要尽量少抽烟，不喝浓茶。如果长期吸烟和喝浓茶，天长日久，牙齿表面会出现一层“茶锈”和“烟渍”，牙齿变得又黑又黄。在社交场合进餐后一定要剔牙，但切忌当着别人的面剔牙，可以用手掌或餐巾掩住嘴角，然后再剔牙。

（六）化妆礼仪

面容化妆的目的在于使人的精神面貌有焕然一新之感，适度的化妆也是对客人尊重的一种礼貌表现。

1. 婚庆服务人员面容化妆的总的原则

婚庆服务人员特别是女员工一般应进行适当的化妆，这一基本要求，被归纳为“化妆上岗，淡妆上岗”。所谓“化妆上岗”，即要求婚庆服务人员在上岗之前，应当根据岗位及接待礼仪的要求进行化妆。所谓“淡妆上岗”，则是要求婚庆服务人员在上岗之前的个人化妆，应以淡雅为主要风格。

2. “扬长避短”原则

婚庆服务人员应当明确化妆的目的和作用：扬长避短，讲究和谐，强调自然美。面容化妆要根据自己的工作性质、面容特征来化妆。一定要讲究得体和谐，一味的浓妆艳抹，矫揉造作，会令人生厌。

要使化妆符合审美的原则，应注意以下几点：

（1）讲究色彩的合理搭配。色彩要求鲜明、丰富、和谐统一，给人以美的享受。要根据自己的面部肤色，选择化妆品。女士一般希望面部化妆白一点，但不可化妆以后改变肤色，应与自己原有肤色恰当地结合，才会显得自然、协调。因此，最好选择接近或略深于自己肤色的颜色来搽，这样较符合当今人们追求的自然美。

（2）依据自己的脸型合理调配。如脸宽者，色彩可集中一些，描眉、画眼、涂口红腮红都尽量集中在中间，以收拢缩小面积，使脸型显得好看。眼皮薄者，眼线描浓些会显得眼皮厚；描深些，会显得更有精神。涂抹胭脂时，脸型长者宜横涂；脸型宽者宜直涂；瓜子脸则应以面颊中偏上处为重点，然后向四周散开。

（3）强调自然美。如眉毛天然整齐细长，浓淡适中，化妆时可以不描眉；脸形和眼睛形状较好的可不画眼。如果有一双又黑又亮的大眼睛和长长的睫毛，就没有必要对眼睛去大加修饰，因为自然自有一种魅力。

3. 化妆的“3W”原则

即 When（什么时间）、Where（什么场合）、What（做什么）？不同场合化不同的妆容，是得体形象的定位和诠释。

现今的社交礼仪中，化妆是一个基本的礼貌，素面朝天并不会给人以好感，尤其在生病、熬夜、身体不适等情况下，素面往往只会真实表现人的憔悴，精致妆容显示人的美丽和对对方的重视和尊重。但是不分场合的浓妆也是不礼貌的，比如正式商洽签约场合时化前卫冷傲的妆容，会给人傲慢无礼轻浮的印象，而在聚会 Party 中，不施亮彩，淡妆得近于简朴，则又有缺少热情，不合群，有孤傲藐视之嫌。

妆容，对于大多数女性来讲，可以分为“基础妆”和“时尚妆”两种，基础化妆是比较正统的、原则性的，适宜于一些隆重的场合，突出个人的身份和格调。时尚的化妆，则是具备现代气息和包含了“最新”的意思，一方面是前卫醒目的，另一方面也带有个人冒险的性质，是纯粹享受化妆乐趣的选择。故而，不同场合应有相称的妆容，才能显示人的教养和礼貌，为人们的仪态加分。

化妆的浓淡并不是随意的，而是要根据不同的时间、季节和场合来选择。如，白天是工作的时间，一般以化淡妆为宜。如果白天也浓妆艳抹，香气四溢，难免给人的印象欠佳。只有在夜晚的娱乐时间、舞会、聚会，不论浓妆还是淡抹都是比较适宜的。

4. 讲究科学性原则

（1）科学选择化妆品。化妆品一般可分为美容、润肤、芳香和美发四大类，它们各有特点和功用，化妆时必须正确合理地选择和使用，避免有害化妆品的危害。对待任何一种化妆品，都要先了解其成分、特点、功效，然后根据自己皮肤的特点，合理选择试用。经过一段时间后，把选用的化妆品相对固定。这样做既起到美容的作用，又避免了化妆品对皮肤的伤害，以求自然美和修饰美的完美统一。

（2）讲究科学的化妆技法。在化妆时，若技法出现了明显的差错，将会暴露出自己在美容素养方面的不足，从而贻笑大方。因此，婚庆服务人员应熟悉化妆之道，不可贸然化妆。

5. “修饰避人”的原则

即不在公共场合化妆和补妆。在公共场合尤其是在工作岗位上化妆和补妆是极为失礼的。这样做既不尊重别人，也不尊重自己，给人以轻佻、浮夸的感觉，层次不高，毫无修养可言，从而影响个人形象。在西方，一般来说，当街描眉化妆通常会被认为是风尘女子的象征。

6. 不以残妆示人

残妆，指由于出汗之后、休息之后或用餐之后妆容出现了残缺。长时间的脸部残妆会给人懒散、邋遢之感。所以，在上班时婚庆服务人员不但要注意坚持化妆，而且要注意及时地进行检查和补妆。

四、婚庆服务人员着装及饰品佩戴礼仪

（一）穿着的礼仪哲学

1. 穿着的 TPO 原则

TPO 是西方人提出的服饰穿戴原则，分别是英文中时间（Time）、地点（Place）、场合（Occasion）三个单词的缩写。穿着的 TPO 原则，要求人们在着装时以时间、地点、场合三项因素为准。

（1）时间原则。时间既指每一天的早、中、晚三个时间段，也包括每年春夏秋冬的季节更替，以及人生的不同年龄阶段。时间原则要求着装考虑时间因素，做到随“时”更衣。

比如，通常人们在家中或进行户外活动，着装应方便、随意，可以选择运动服、便装、休闲服。而工作时间的着装则应根据工作特点和性质，以服务于工作、庄重大方为原则。

另外，服饰还应当随着一年四季的变化而更替变换，不宜标新立异，打破常规。夏季以凉爽、轻柔、简洁为着装格调，在使自己凉爽舒服的同时，让服饰色彩与款式给予他人视觉和心理上的良好感受。夏天，层叠皱折过多、色彩浓重的服饰不仅使人燥热难耐，而且一旦出汗就会影响女士面部的化妆效果。冬季应以保暖、轻便为着装原则，避免臃肿不堪，也要避免要风度不要温度，为形体美观而着装太单薄。

（2）地点原则。地点原则代表地方、场所、位置不同，着装应有所区别，特定的环境应配以与之相适应、相协调的服饰，才能获得视觉和心理的和谐美感。

比如，穿着只有在正式的工作环境才合适的职业正装去娱乐、购物、休闲、观光，或者穿着牛仔服、网球裙、运动衣、休闲服进入办公场所和社交场地，都是与环境不和谐的表现。我们无法想象在静谧严肃的办公室穿着一身很随意的休闲服，穿一双拖鞋在办公室里工作，或者在绿草如茵的运动场上穿一身笔挺的西装、脚穿皮鞋在奔驰，这样的人肯定被讥讽为不懂穿衣的地点原则。

（3）场合原则。不同的场合有不同的服饰要求，只有与特定场合的气氛相一致、相融合的服饰，才能产生和谐的审美效果，达到人景相融的最佳效果。

例如，在办公室或外出处理一般的公务，服饰应是符合一般的职业正装要求。

在庄重场合，比如参加会议、庆典仪式、正式宴会、商务或外事谈判、会见外宾等隆重庄严的活动，服饰应当力求庄重、典雅，凡是请柬上规定穿礼服的，可以按规定办事。在国外，按礼仪规范，有一般礼服、社交礼服、晨礼服、大礼服、小礼服的区分。在我国，一般以中山装套装、西服套装、旗袍等作为礼服。庄重场合，一般不宜穿夹克衫、牛仔裤等便装，更不能穿短裤或背心。

而且正式场合应严格符合穿着规范。比如，男子穿西装，一定要系领带，西装里面有背心的话，应将领带放在背心里面。西装应熨得平整，裤子要熨出裤线，衣领袖口要干净，皮鞋锃亮等。女子不宜赤脚穿凉鞋，如果穿长筒袜子，袜子口不要露在衣裙外面。

2. 穿着与形体肤色相协调

人的身材有高矮胖瘦之分，肤色有深浅之差，这是上天赋予的，我们不能选择，但我们可以选择服饰的质地、色彩、图案、造型工艺，引起别人的各种错觉，达到美化自己的目的。

比如说，胖人穿横条衣服更会显得肥胖，身材矮小者适宜穿造型简洁、色彩明快、小花型图案的服装，脖子短的人穿低领或无领衣可以使脖子显得稍长。

另外，中国人的皮肤颜色大致可以分为白净、偏黑、发红、黄绿和苍白等几种，穿着必须与肤色在色彩上相协调。肤色白净者，适合穿各色服装；肤色偏黑或发红，忌穿深色服装；肤色黄绿或苍白的人，最适合穿浅色服装。

3. 服饰的色彩哲学

色彩因其物理特质，常对人的生理感觉形成刺激，诱发人们的心理定式和联想等心理活动。色彩还具有某种社会象征性，许多色彩象征着某种性格、情感、追求等等。

黑色，象征神秘、悲哀、寂静、死亡，或者刚强、坚定、冷峻；

白色，象征纯洁、明亮、朴素、神圣、高雅、恬淡、空虚、无望等；

黄色，象征炽热、光明、庄严、明丽、希望、高贵、权威等；

大红，象征活力、热烈、激情、奔放、喜庆、福禄、爱情、革命等；

粉红，象征柔和、温馨、温情等；

紫色，象征高贵、华贵、庄重、优越等；

橙色，象征快乐、热情、活动等；

褐色，象征谦和、平静、沉稳、亲切等；

绿色，象征生命、新鲜、青春、新生、自然、朝气等；

浅蓝，象征纯洁、清爽、文静、梦幻等；

深蓝，象征自信、沉静、平稳、深邃等；

灰色是中间色，可象征中立、和气、文雅等。

服饰的色彩搭配的基本方法一般包括同色搭配法、相似搭配法和主辅搭配法三种。同色搭配法是指把同一颜色按深浅、明暗不同进行搭配，如浅灰配深灰、墨绿配浅绿等等；相似搭配法是指邻近色的搭配，如橙色配黄色、黄色配草绿、白色配灰色等等；主辅搭配法则是指以一种色彩为整体的基调，再适当辅以一定的其他色的搭配。但无论如何，服饰配色都要坚持一条最为基本的原则，即调和。一般来说，黑、白、灰三色是配色中的最安全色，最容易与其他色彩搭配以取得调和的效果。

值得注意的是，服饰色彩还与一个人的身材、肤色等协调一致，比如深色有收缩感，适宜肥胖者穿戴，而浅色的料子有扩张性，身材瘦小者穿上后有丰腴的效果。

（二）男子西装礼仪

西装是一种国际性服装，穿起来给人一种彬彬有礼、潇洒大方的深刻印象，现在越来越多地被用于正式场合，婚庆服务行业更多地以西装为职业装。这里重点来介绍一下男子穿西装的礼仪。

1. 西装的款式

（1）按西装的件数来划分。西装按照件数来分可以分为：两件套包括上装和下装套装；三件套包括上装、下装、西装背心和单件西装。

（2）按西装的纽扣来划分。西装按照纽扣的来分可以分为单排扣西装，包括一粒扣、两粒扣、三粒扣；双排扣西装包括两粒扣、四粒扣、六粒扣。

（3）按适用场合不同来划分。西装按照适用的场合来分，可以分为正装西装和休闲西装。

2. 西装的衬衫

与西装配套的衬衫应为“正装衬衫”。一般来讲，正装衬衫具有以下特征：

（1）面料：应为高织精纺的纯棉、纯毛面料，或以棉、毛为主要成分的混纺衬衫。条绒布、水洗布、化纤布、真丝、纯麻皆不宜作为西装衬衫。

（2）颜色：一般为单一色。白色为首选，蓝色、灰色、棕色、黑色亦可；杂色、过于艳丽的颜色（如红、粉、紫、绿、黄、橙等色）有失庄重，不宜选。

（3）图案：以无图案为最佳，有较细竖条纹的衬衫有时候在商务交往中也可以选择。但是，切忌竖条纹衬衫配竖条纹西装或方格衬衫配方格西装。

（4）领型：以方领为宜，扣领、立领、翼领、异色领一般不宜选择。衬衫的质地有软质和硬质之分，穿西装要配硬质衬衫。尤其是衬衫的领头要硬实挺括，要干净，不能太软，或满是油迹斑斑，否则再好的西装也会被糟蹋。

（5）衣袖：正装衬衫应为长袖衬衫。

（6）穿法讲究：

①衣扣：衬衫的第一粒纽扣，穿西装打领带时一定要系好，否则松松垮垮，给人极不正规的感觉。相反，不打领带时，一定要解开，否则给人感觉好像你忘记了打领带似的。再有，打领带时衬衫袖口的扣子一定要系好，而且绝对不能把袖口挽起来。

②袖长：衬衫的袖口一般以露出西装袖口以外 1.5 厘米为宜。这样既美观又干净，但要注意衬衫袖口不要露出太长，那样就是过犹不及了。

③下摆：衬衫的下摆不可过长，而且下摆要塞到裤子里。我们经常见到某些服务行业的女员工，穿着统一的制式衬衫，系着领结，衬衫的下摆却没有塞到裤裙中去，给人一种不伦不类、很不正规的感觉。

④不穿西装外套只穿衬衫打领带仅限室内，而且正式场合不允许。

3. 领带

领带是男士在正式场合的必备服装配件之一，它是男西装的重要装饰品，对西装起着画龙点睛的重要作用。所以，领带通常被称作“男子服饰的灵魂”。

（1）面料：质地一般以真丝、纯毛为宜。

（2）颜色：一般来说，婚庆服务人员应选用与自己制服颜色相称、光泽柔和、典雅朴素的领带为宜。不要选用那些过于显眼花哨的领带。所以，颜色一般选择单色（蓝、灰、棕、黑、紫色等较为理想），多色的则不应多于三种颜色，而且尽量避免选择浅色、艳色。

另外，在涉外场合，我们与不同国家友人交往时应注意不同的礼仪。一般来讲，与英国人交往时，不要系带条纹的领带。另外，阿拉伯人从来不戴绿色领带，荷兰人从来不戴橙色领带，法国人不戴红、白、蓝三色混合的领带。

（3）图案：领带图案的选择则要坚持庄重、典雅、保守的基本原则，一般为单色无图案，宜选择蓝色、灰色、咖啡色或紫色。或者选择圆点或条纹等几何图案。

（4）款式：不能选择简易式（易拉得）领带。

（5）质量：外形美观、平整、无挑丝、无疵点、无线头、衬里毛料不变形、悬垂挺括、较为厚重。

（6）打法讲究：

①注意场合：打领带意味着郑重其事。

②注意与之配套的服装：西装套装非打不可，夹克等则不能打。

③注意性别：为男性专用饰物，女性一般不用，除非制服和作为装饰用。

④长度：领带的长度以自然下垂最下端（即大箭头）及皮带扣处为宜，过长过短都不合适。

领带系好后，一般是两端自然下垂，宽的一片应略长于窄的一片，绝不能相反，也不能长出太多，如穿西装背心，领带尖不要露出背心。

⑤领带夹：领带夹有各种型号款式，它们的用法虽然各异，功能却一致，无非是固定领带。选择领带夹时，一定要用高质量的。质地粗劣的廉价品不但会损坏领带，而且会降低自己的品位。正确地使用领带夹，要注意夹的部位。一般来讲，对于五粒扣的衬衫，将领带夹夹在第三粒与第四粒纽扣之间；六粒扣的衬衫，夹在第四粒与第五粒扣子之间。还有一条规则，就是系上西装上衣的第一粒纽扣尽量不要露出领带夹。

在西方，现在越来越多的白领人士不用领带夹，他们选择把窄的一片放到宽的一片背部的商标里。因为，无论多么高级的领带夹，使用不当，都有可能损坏领带。

④结法：挺括、端正、外观呈倒三角形。

4. 西裤

（1）因西装讲究线条美，所以西裤必须要有中折线。

（2）西裤长度以前面能盖住脚背，后边能遮住 1 厘米以上的鞋帮为宜。

（3）不能随意将西裤裤管挽起来。

5. 皮鞋和袜子

（1）皮鞋。首先，穿整套西装一定要穿皮鞋，不能穿旅游鞋、便鞋、布鞋或凉鞋，否则会令人发笑，显得不伦不类。其次，在正式场合穿西装，一般穿黑色或咖啡色皮鞋较为正规。需要注意的是，黑色皮鞋可以配任何颜色的西装套装，而咖啡色皮鞋只能配咖啡色西装套装。白色、米黄色等其他颜色的皮鞋均为休闲皮鞋，只能在游乐、休闲的时候穿。

（2）袜子。穿整套西装一定要穿与西裤、皮鞋颜色相同或较深的袜子，一般为黑色、深蓝色或藏青色，绝对不能穿花袜子或白色袜子。

6. 西装的扣子

西装的扣子有单排扣与双排扣之分。单排扣有一粒、两粒、三粒；双排扣有两粒、四粒和六粒。单排扣的西装穿着时可以敞开，也可以扣上扣子。照规矩，西装上衣的扣子在站着的时候应该扣上，坐下时才可以敞开。单排扣西装的扣子并不是每一粒都要系好的：单排扣一粒的扣与不扣都无关紧要，但正式场合应当扣上；两粒的应扣上上面的一粒，底下的一粒为样扣，不用扣。对于两粒扣子的单排扣西装有这么四句话，可以帮助我们记忆："系上面一粒是正规，不系是潇洒，两个都系上是土气，只系下面一粒是流气。"三粒扣子的扣上中间一粒，上下各一粒不用扣。双排扣的西装要把扣子全系上。双排扣西装最早出现于美国，曾经在意大利、德国、法国等欧洲国家很流行，不过现在已经不多见了。现在穿双排扣西装比较多的应当数日本了。

西装背心的扣子。西装背心有六粒扣与五粒扣之分。六粒扣的最底下的那粒可以不扣，而五粒扣的则要全部都扣上。

7. 西装的口袋

西装讲求以直线为美。所以，西装上面有很多口袋为装饰袋，是不能够装东西的。我们知道，男性也有许多小东西，如果在穿西装时不注意，一个劲地往口袋里装，弄得鼓鼓囊囊，那么肯定会破坏西装直线的美感，这样既不美观、又有失礼仪。

上衣口袋。穿西装尤其强调平整、挺括的外观，这就是线条轮廓清楚，服帖合身。这就要求上衣口袋只作装饰，不可以用来装任何东西，但必要可装折好花式的手帕。

西装左胸内侧衣袋，可以装票夹（钱夹）、小日记本或笔。

右侧内侧衣袋，可以装名片、香烟、打火机等。

裤兜也与上衣袋一样，不能装物，以求裤型美观。但裤子后兜可以装手帕、零用钱等。

千万需要注意的是，西装的衣袋和裤袋里，不宜放太多的东西，搞得鼓鼓囊囊的。而且，把两手随意插在西装衣袋和裤袋里，也是有失风度的。如要携带一些必备物品，可以装在提袋或手提箱里，这样不但看起来干净利落，也能防止衣服变形。

8. 男子着西装的“三个三”

商务交往中、正式社交场合，男士着西装如何体现自身的身份和品位，应当遵循“三个三”原则。

（1）三色原则。在正式场合，着西装套装全身上下不超过三种颜色。

（2）三一定律。着西装正装，腰带、皮鞋、公文包应保持同一颜色——黑色。

（3）三大禁忌。西装左袖的商标没有拆，穿白色袜子、尼龙袜子出现在正式场合；领带的打法出现错误（如“男人的酒窝”、长度等）。

（三）女子西装套裙礼仪

女子套裙分为两种基本类型：一为“随意型”套裙，即以女士西装上衣同随便的一条裙子进行自由搭配与组合；二为“成套型”/“标准型”

套裙，女士西装上衣和与之同时穿着的裙子为成套设计制作而成的。严格地讲，套裙事实上指的仅仅是后一种类型。套裙的款式可分为两件套、三件套两种。

1. 套裙的选择

（1）面料：女子套裙面料选择的余地要比男子西装大得多，宜选纯天然质地且质量上乘的面料。上衣、裙子、背心要求同一面料。

讲究均匀、平整、滑润、光洁、丰厚、柔软、悬垂、挺括，不仅要求弹性好、手感好。而且不起皱、不起毛、不起球。

可选纯毛面料（薄花呢、人字呢、女士呢、华达呢、凡尔丁、法兰绒）、府绸、丝绸、亚麻、麻纱、毛涤、化纤面料，绝对不可选皮质面料。

（2）颜色：以冷色调为主，以体现着装者典雅、端庄、稳重的气质，颜色要求清新、雅气而凝重，忌鲜艳色、流行色。

与男士西装不同，女子套裙不一定非要深色。各种加入了一定灰色的颜色都可选，如藏青、炭黑、烟灰、雪青、茶褐、土黄、紫红等。且不受单一色限制，可上浅下深、下浅上深。但需要注意的是，全身颜色不应超过三种。

（3）图案：讲究朴素简洁，以无图案最佳，或选格子、圆点、条纹等图案。

（4）点缀：不宜添加过多点缀，以免琐碎、杂乱、低俗、小气，有失稳重。有贴布、绣花、花边、金线、彩条、扣链、亮片、珍珠、皮革等点缀的不选。

（5）尺寸：包括长短和宽窄两方面。

传统观点认为：裙短则不雅，裙长则无神。欧美国家公司女职员：上衣不宜过长，下裙不宜过短。目前，女子裙子一般有三种形式：及膝式、过膝式、超短式（白领女性超短裙裙长应不短于膝盖以上 15 厘米）。

四种基本形式：上长下长式，上长下短式，上短下长式，上短下短式。

从宽窄的角度讲，上衣可分为松身式、紧身式（倒梯形造型）两种，前者时髦，后者比较正统。

（6）造型：西装套裙一般有四种：

①“H”型。上衣宽松，裙子为筒式。这种造型让着装者显得优雅、含蓄，为身材肥胖者遮丑。

②“X”型。上衣紧身，裙子为喇叭状。这种造型为上宽下松，突出腰部纤细。

③“A”型。上身紧身，下裙宽松式。这种造型体现上半身的身材优势，又适当掩盖下半身身材劣势。

④“Y”型。上身松身式，裙子紧身式，以筒式为主。这种造型可以遮掩上半身短处，表现下半身长处。

（7）款式：衣领多样，衣扣多样（无扣式、单排式、双排式、名扣式、暗扣式），裙子形式多样（西装裙、一步裙、围裹裙、筒式裙、百褶裙、旗袍裙、开衩裙、A字裙、喇叭裙）

2. 套裙的穿法

（1）大小适度：上衣最短齐腰，裙子可达小腿中部，袖长刚好盖住手腕；整体不过于肥大、紧身。

（2）穿着到位：衣扣要全部扣好，不允许随便脱掉上衣。

（3）考虑场合：商务场合宜穿，宴会、休闲等场合不宜。

（4）协调妆饰：高层次的穿着打扮，讲究着装、化妆和佩饰风格的统一。

（5）兼顾举止：穿上套裙后在坐立行走时要注意举止，尤其不能大步流星地走路。

3. 套裙的搭配

（1）衬衫：面料应轻薄柔软（宜真丝、麻纱、府绸、罗布、涤棉），颜色应雅致端庄（宜白色，或单色不鲜艳者），无图案，款式保守。另须注意：衬衫下摆掖入裙内，纽扣系好，衬衫公共场合不能直接外穿。

（2）内衣、衬裙：不外露、不外透、颜色一致、外深内浅。

（3）鞋袜：黑色牛皮为首选，或与套裙颜色一致（但鲜红、明黄、艳绿、浅紫等不宜）。袜子应为单色，肉色为首选，还可选黑色、浅灰、浅棕。

4. 职业女性着裙装"四不准"

在商务交往中，职业女性着裙装最容易出现的贻笑大方的错误：

（1）黑色皮裙不能穿；

（2）正式的高级的场合不光腿，尤其是隆重正式的婚礼庆典仪式；

（3）袜子不能出现残破；

（4）鞋袜不能不配套。

（四）饰品佩戴礼仪

饰品，是指能够起到装饰点缀作用的物件，主要包括服装配件（如帽子、领带、丝巾、手套等）和首饰佩戴（如戒指、胸花、项链、眼镜等）两类。这里主要讲的是婚庆服务人员首饰佩戴的基本原则。

1. 服务人员饰品佩戴总的原则

符合身份，以少为佳。

2. 数量原则

选择佩戴饰品应当是起到锦上添花、画龙点睛的作用，而不应是过分炫耀，刻意堆砌，更不可画蛇添足。对于婚庆服务人员，在佩戴首饰时上限不过三。

3. 质色原则

人际交往中，女士佩戴两种或两种以上的首饰，怎样表现出自己的品位和水准？——"同质同色"，即质地色彩相同。

4. 搭配原则

首先，饰品的佩戴应讲求整体的效果，要和服装相协调。一般穿考究的服装时，才佩戴昂贵的饰品，服装轻盈飘逸，饰品也应玲珑精致，穿运动装、工作服时不宜佩戴饰品。

其次，饰品的佩戴还应考虑所处的季节、场合、环境等因素。这些因素不同，其佩戴方式和佩戴取舍也不同。如春秋季可选戴耳环、别针，夏季选择项链和手链，冬季则不宜选用太多的饰品，因为冬天衣服过多臃肿，饰品过多反而不佳；上班、运动或旅游时以不戴或少戴饰品为好，只有在交际应酬的时候佩戴饰品才合适——展示自己时尚个性有魅力的一面。

5. 扬长避短原则

饰品的佩戴应与自身条件相协调，如体形、肤色、脸型、发型、年龄、气质等。

6. 习俗原则

饰品佩戴要注意寓意和习俗。如戒指、手镯、玉坠等的佩戴。

知识点二　婚庆服务人员仪态礼仪规范

良好的礼仪风范包括一个人的外表和行为举止。除了修饰和着装之外，就是形体语言了，它反映人的动作和举止，包括姿态、体态、手势及面部表情。俗话说："坐有坐相，站有站相，走有走相。"在社交场合，仪态举止相当重要。对于我们服务行业来说，姿态不雅观就是对别人的不尊重，我们不可忽视任何细枝末节，这里主要谈谈关于举止仪态的礼节要求。

一、仪态的含义

仪态，是指一个人举止的姿态和风度。姿态是指一个人身体显现出来的样子，如站立、行走、弓身、就座、眼神、手势、面部表情等。

风度则是一个人内在气质的外在表现。人的内在气质包括许多内容，如道德品质、学识修养、社会阅历、专业素质与才干、个人情趣与爱好、专长等。它主要是通过人的言谈举止、动作表情、立姿、坐相、走态及眼神及服饰装扮等体现出来的。

仪态属于人的行为美学范畴。它既依赖于人的内在气质的支撑，同时又取决于个人是否接受过规范和严格的体态训练。在人际沟通与交往过程中，它用一种无声的体态语言向人们展示出一个人的道德品质、礼貌修养、人文学识、文化品位等方面的素质与能力。仪态的美丑，往往还是鉴别一个人的高雅还是粗俗、是严谨还是轻浮的标准之一。仪态的许多方面，不仅是待人接物、为人处世的礼节规范要求，同时也是一个人的风度。所以，婚庆服务人员无论在工作岗位，还是在社交场合，都应注重仪态美。

二、婚庆服务人员仪态的基本要求

（一）立姿

立姿是生活中最基本的造型动作。可以说，立姿是一个人所有姿态的根本，如果立姿不标准，其他姿势便谈不上优美。

1. 立姿的规范要求

（1）头正。两眼平视前方，嘴微闭，收颌梗颈，表情自然，稍带微笑。

（2）肩平。两肩平正，微微放松，稍向后下沉。

（3）臂垂。两肩平整，两臂自然下垂，中指对准裤缝。

（4）躯挺。胸部挺起、腹部往里收，腰部正直，臀部向内向上收紧。

（5）腿并。两腿立直，贴紧，脚跟靠拢，两脚夹角成60度。

正确的站立能够帮助呼吸和改善血液循环，减轻身体疲劳。尤其是婚庆服务人员，比如说婚礼主持人、婚礼督导师、婚礼化妆师、婚礼摄影摄像师有很多时候是站立服务，更应注意立姿。

2. 立姿步位

婚庆服务人员立姿的步位主要有以下四种：

（1）V字步：双脚呈V字形，即膝和脚后跟要靠紧，两脚张开的距离约为两拳。

（2）丁字步：双脚呈丁字站立，分左、右丁字步。

（3）平行式：男子站立时，可并拢，也可双脚叉开，叉开时，双脚与肩同宽。

（4）前屈膝式：女子的站立时可把重心放在一脚上，另一脚超过前脚斜立而略弯曲。

3. 立姿手位

婚庆服务人员在站立时手放在什么部位，也是礼仪的重要体现，主要有以下几种情况：

（1）叉手（前腹式）。

（2）背手。

（3）背垂手。

（4）其他：指尖朝前轻轻扶在身前的柜台上。

女性的立姿要有女性的特点，要表现出女性的温顺、娇巧、纤细、轻盈、娴静、典雅之姿，给人一种“静”的优美感。

男性的立姿要有男性的气质，要表现出男性的刚健、强壮、粗犷、剽悍、英武、威风之貌，给人一种“劲”的壮美感。

4. 立姿禁忌

对婚庆服务人员来说，站立时最忌讳的是以下几种情况：

（1）东倒西歪。工作时东倒西歪，站没站相，坐没坐相，很不雅观。

（2）耸肩勾背。耸肩佝背或者懒洋洋地倚靠在墙上或椅子上，这些将会破坏自己和公司的形象。

（3）双手乱放。将手插在裤袋里，随随便便，悠闲散漫，这是不允许的。双手交叉在胸前，这种姿势容易使客人有受压迫之感，倘若能将手臂放下，用两手相握在前身，立刻就能让对方感受轻松舒适多了。另外，双手抱于脑后、双肘支于某处、双手托住下巴、手持私人物品皆不合适。

（4）脚位不当。人字步、蹬踏式、双腿大叉都是不允许的。

（5）做小动作。下意识地做小动作，如摆弄打火机、香烟盒、玩弄衣服、发辫、咬手指甲等，这样不但显得拘谨，给人以缺乏自信感觉，而且有失仪表的庄重。

5. 站立姿势的练习

把身体背着墙站好，使你的后脑、肩、臂部及足跟均能与墙壁紧密接触，这说明你的站立姿势是正确的，假若无法接触，那就是你的站立姿势不正确。

（二）坐姿

所谓坐有坐相，是指坐姿要端正。优美的坐姿让人觉得安详舒适，而不是一副懒洋洋的模样。

1. 坐姿的规范要求

坐姿大有讲究。中国古代就有端坐、危坐、斜坐、跪坐和盘坐之分。现代没有太多的讲究，但是坐正是非常必要的。从医学角度来说，正确的坐姿有利于健康；从交际角度来讲，有利于个人的形象；从礼仪角度来讲，是对自己对别人的尊重。

人正确的坐姿，在其身后没有任何倚靠时，上身应正直而稍向前倾，头平正，两肩放松，下巴向内收，脖子挺直，胸部挺起，并使背部与臀部成一直角，双膝并拢，双手自然地放在双膝上，或放在椅子上。这样显得比较精神，但不宜过于死板、僵硬。

背后有倚靠时，在正式社交场合里，也不能随意地把头向后仰靠，显出很懒散的样子。

2. 女子坐姿

（1）落座与起座

女子的坐姿包括落座与起座。落座就是坐到座位的1/3处，起座就是起身离开座位，无论是落座还是起座，都属于人的仪态体姿，都有美的规范要求。

（2）女子的八种优美坐姿

女子八种优美坐姿主要有标准式、前伸式、前交叉式、屈直式、后点式、侧点式、侧挂式、重叠式。其中经常使用的是：

① 标准式。轻缓地走到座位前，转身后两脚呈小丁字步，左前右后，两膝并拢的同时上身前倾，向下落座。如果穿的是裙装，在落座时要用双手在后边从上往下把裙子拢一下，以防坐出皱折或因裙子被打折坐住，而使脚部裸露过多。坐下后，上身挺直，两肩平正，两肩自然弯曲，两手交叉叠放在两腿中部，并靠近小腹。两膝并拢，小腿垂直于地面，两脚保持小丁字步。

② 侧点式。两小腿向左（右）斜出，两膝并拢，右（左）脚跟靠拢左（右）脚内侧，右（左）脚掌着地，左（右）脚尖着地，头和身躯向左（右）斜。注意大腿小腿要成90度，小腿要充分伸直，尽量显示小腿长度。

③前交叉式。在前伸式坐姿的基础上，右脚后缩，与左脚交叉，两踝关节重叠，两脚尖着地。

④侧挂式。在侧点式的基础上，左小腿后屈，脚绷直，脚掌内侧着地，右脚提起，用脚面贴住左踝，膝和小腿并拢，上身右转。

⑤重叠式。重叠式也叫“二郎腿”或“标准式架腿”等。重叠式还有正身、侧身之分，手部也可交叉、托肋、扶把手等多种变化。

二郎腿一般被认为是一种带有不严肃，不庄重的坐姿，尤其是女子不宜采用。其实，这种坐姿常常被采用，因为只要注意上边的小腿往回收，脚尖向下这两个要求，不仅外观优美文雅，大方自然，富有亲切感，而且还可以充分展示女子的风采和魅力。

3. 男子的六种优美坐姿

男子优美坐姿主要包括六种：标准式、前伸式、前交叉式、屈直式、斜身交叉式、重叠式。其中经常使用的是：

①标准式。上身正直上挺，双肩平正，两手放在两腿或扶手上，双膝并拢，小腿垂直地落在地面，两脚自然分开成45度。

②斜身交叉式。两小腿交叉向左斜出，上体向右倾，右肘放在扶手上，左手扶把手。

③重叠式。右腿叠在左腿膝上部，右小腿内收、贴向左腿，脚尖自然地向下垂。

④屈直式。左小腿回屈，前脚掌着地，右脚前伸，双膝并拢。

⑤重叠式。右腿叠在左腿膝上部，右小腿内收、贴向左腿，脚尖自然地向下垂。

4. 坐姿手臂位置的摆放

（1）放在两条大腿上。有三种方式：

① 双手各自放在一条大腿上；② 双手叠放；③ 双手相握。

（2）放在一条大腿上。侧身与人交谈时，宜将双手置自己所侧一方的那条大腿上。

① 双手叠放；② 双手相握。

（3）放在皮包文件上。当穿短裙的女士面对男士而坐，而身前没有屏障时，为避免“走光”，一般可将自己随身携带的皮包或文件放在并拢的大腿上。随后，即可将双手或扶或叠或握于后置于其上。

（4）放在身前桌子上。①双手平扶在桌子边沿上；②双手相握置于桌上；③双手叠放在桌上。

（5）放在身旁的扶手上。①正身而坐时，宜将双手扶在两侧扶手上；②侧身而坐时，则应将双手叠放或相握后，置身体一侧的扶手上。

5. 坐姿注意事项

（1）入座轻缓，起座稳重。入座时走到座位前再转身，转身后右脚略向后退，轻稳入座。着裙装的女士入座时，应将裙子向前拢一下；站立时，右脚先向后收半步，然后站起（“左入左出”的原则）。

（2）女士落座双膝必须并拢，双手自然弯曲放在膝盖和大腿上。如坐在有扶手的沙发上，男士可将双手分别搭在扶手上，而女士最好只搭一边，以示高雅。

（3）女士不要坐满椅子。无论坐在椅子或沙发上，最好不要坐满，只坐满椅子的一半或2/3，注意不要坐在椅子边上，在餐桌上，注意膝盖不要顶着桌子。

（4）最好不要随意跷二郎腿。即使跷二郎腿，也不要跷得太高，脚尖朝天。这在泰国会被人认为是有意将别人踩在脚下，认为是盛气凌人，是一种侮辱性举止。

（5）切忌坐椅时前俯后仰、东倒西歪。

（6）不可摇腿、抖脚。坐立时，腿部不可上下抖动，左右摇晃。这是非常不礼貌的。

（7）忌双脚直伸出去。

（8）忌以手触摸脚部。

（9）忌以脚自脱鞋袜。

（10）忌脚放上桌椅。

（11）忌手部置于桌下。双手应在身前有桌时置于其上。

（12）忌手夹于两腿间或双手抱在腿上。

（13）忌肘部支于桌上。

（14）忌头部靠于椅背。

（15）坐累了如何正确倚靠。坐的时间长了而想靠在沙发背上使可以得，但不可把脚一伸，半躺半坐，更不可歪歪斜斜地瘫坐在沙发上。

（三）走姿

1. 走姿的规范要求

（1）上身挺直，双肩平稳，目光平视，下颌微收，面带微笑。

（2）挺胸、收腹，使身体略微上提。

（3）手臂伸直放松，手指自然弯曲，双臂自然摆动。摆动时，以肩关节为轴，上臂带动前臂，双臂前后摆动时，摆幅以30度—35度为宜，肘关节略弯曲，前臂不要向上甩动。

（4）步幅不要太大，跨步时两脚间的距离适中，以一个脚长为宜，步速保持相对稳定，既不要太快，也不能太慢（60—100步/分钟）。

（5）女士行走时，走直线交叉步，上身不要晃动，尽量保持双肩水平。

2. 职业装的走姿规范要求

（1）穿西装的走姿要求。西服以直线为主，应当走出穿着者的挺拔、优雅的风度。穿西装时，后背保持平正，两脚立直，走路的步幅可略大些，手臂放松伸直摆动，手势简洁大方。行走时男士不要晃动，女士不要左右摆髋。

（2）西服套裙的走姿要求。西服套裙多以半长筒裙与西装上衣搭配，所以着装时应尽量表现出这套职业装的干练、洒脱的风格特点，着西服套裙时要求步履轻盈、敏捷、活泼、步幅不宜过大，可用稍快的步速节奏来调和，以使走姿活泼灵巧。

（3）穿旗袍的走姿要求。旗袍作为东方晚礼服的杰出代表，在世人眼里具有经久不衰的美丽。所以，酒店行业通常将其作为迎宾、引位或者中式宴会厅的职业服装。着这款服装，最重要的是要表现出东方女性温柔、含蓄的柔美风韵，以及身材的曲线美。所以穿旗袍时要求身体挺拔，胸微含，下颌微收；塌腰撅臀是着旗袍的大忌。旗袍必须搭配高跟或中跟皮鞋才走得出这款服装的韵味。行走时，走交叉步直线，步幅适中，步子要稳，双手自然摆动，髋部可随着身体重心的转移，稍有摆动，但上身绝不可跟着晃动。总之，穿旗袍应尽力表现出一种柔和、妩媚、含蓄、典雅的东方女性美。

（4）穿高跟鞋的走姿要求。女士在正式场合经常穿着黑色高跟鞋，行走要保持身体平衡。具体做法：直膝立腰、收腹收臀、挺胸抬头。为避免膝关节前屈导致臀部向后撅的不雅姿态，行走时一定要把踝关节、膝关节、髋关节挺直，只有这样才能保持挺拔向上的形体。行走时步幅不宜过大，每一步要走实、走稳，这样步态才会有弹性并富有美感。

3. 走姿的注意事项

（1）切忌身体摇摆。行走时切忌晃肩摇头，上体左右摆动，给人以庸俗、无知和轻薄的印象，脚尖不要向内或向外，晃着“鸭子”步，或者弯腰弓背，低头无神，步履蹒跚，给人以压抑、疲倦、老态龙钟的感觉。

（2）双手不可乱放。工作时，无论男女走路的时候，不可把手插在衣服口袋里，尤其不可插在裤袋里，也不要叉腰或倒背着手，因为这样不美观，走路时，两臂前后均匀随步伐摆动。

（3）目光注视前方。走路时眼睛注视前方，不要左顾右盼，不要回头张望，不要老是盯住行人乱打量，更不要一边走路，一边指指点点地对别人品头论足，这不仅有伤大雅，而且不礼貌。

（4）脚步干净利索。走路脚步要干净利索，有鲜明的节奏感，不可拖泥带水，抬不起脚来，也不可重如打锤，砸得地动楼响。

（5）有急事莫奔跑。如果碰到有急事，可以加快脚步，但切忌奔跑，特别是在楼里。

（6）同行不要排成行。几个人在一起走路时，不要勾肩搭背，不要拍拍打打。多人在一起走的话，不要排成行。

（7）走路要用腰力。走路时腰部松懈，会有吃重的感觉，不美观，拖着脚走路，更显得难看。走路的美感产生于下肢的频繁运动与上体稳定之间所形成的对比和谐，以及身体的平衡对称。要做到出步和落地时脚尖都正对前方，抬头挺胸，迈步向前。穿裙子时要走成一条直线，使裙子下摆与脚的动作显出优美的韵律感。

4. 走姿的练习

采用头顶书本走路的方法。这对于走路时喜欢低头看地，头部歪向一方，肩膀习惯前后晃动的人，是一种很好的纠正。

（四）蹲姿

婚庆服务人员在拿取低处的物品或拾起落在地上的东西时，不要弯上身、翘臀部，而要使用蹲和屈膝动作。

具体做法是脚稍分开，站在所取物品的旁边，蹲下屈膝去拿，而不要低头，也不要弓背，要慢慢地把腰部低下。这就是蹲姿。

1. 女子的蹲姿

女子下蹲时，左脚在前，右脚稍后，两腿靠紧，向下蹲。因为女子多穿裙子，所以两腿要靠紧。

2. 男子的蹲姿

男子左脚全脚着地，小腿基本垂直于地面，右脚脚跟提起，脚掌着地。右膝低于左膝，右膝内侧靠于左小腿内侧，形成左膝高右膝低的姿态，臀部向下，基本上以右腿支撑身体。

这里需要特别提醒注意的是，下蹲时无论采取哪种蹲姿，都应掌握好身体的重心，避免在客人面前滑倒的尴尬局面出现。

三、婚庆服务人员的礼仪手势

手是传情达意的最有力的手段，正确适当地运用手势，可以增强感情的表达。手势是婚庆服务工作中必不可少的一种体态语言，尤其是婚礼督导师在婚礼现场进行督导时，手势是其不可缺少的体态语言。作为婚庆服务人员手势的运用应当规范适度，且符合礼仪。

（一）礼仪手势的基本规范

手势的规范标准：五指伸直并拢，掌心向斜上方，腕关节伸直，手与前臂形成直线，以肘关节为轴，肘关节既不要成90度直角，也不要完全伸直，弯曲140度左右为宜，手掌与地面基本上形成45度。一般认为：掌心向上的手势有一种诚恳、尊重他人的含义；掌心向下的手势意味着不够坦率、缺乏诚意等；伸出手指来指点是要引起他人的注意，含有教训人的意味。因此，在引路、指示方向等时，应注意手指自然并拢，掌心向上，以肘关节为支点，指示目标。

需要特别注意的是，在任何情况下，不要用拇指指着自己或用食指指点他人，用食指指点他人的手势是极不礼貌的行为，食指只能指物品。谈到自己时应用手掌轻按自己的左胸，这样会显得端庄、大方、可信。

（二）婚庆服务人员在服务工作中的常用礼仪手势

1. “请进”手势

引导客人时，比如引导参加婚礼的来宾时，婚庆服务人员要言行并举。首先轻声地对宾客说“您请”，然后可采用“横摆式”手势，五指伸直并拢，手掌自然伸直，手心向上，肘做弯曲，腕低于肘。以肘关节为轴，手从腹前抬起向右摆动至身体右前方，不要将手臂摆至体侧或身后。同时，脚站成右丁字步。头部和上身微向伸出手的一侧倾斜，另一手下垂或背在背后，目视宾客，面带微笑。

2. “请”的手势

如果右手拿着东西或扶着门时，这时要向宾客做向右“请”的手势时，可以用前摆式，五指并拢，手掌伸直，由身体一侧由下向上抬起，以肩关节为轴，手臂稍曲，到腰的高度再由身前向右方摆去，摆到距身体5厘米，并不超过躯干的位置时停止。目视来宾，面带微笑，也可双手前摆。

3. “请往前走”手势

为宾客指引方向时，可采用“直臂式”手势，五指伸直并拢，手心斜向上，曲肘由腹前抬起，向应到的方向摆去，摆到肩的高度时停止，肘关节基本伸直。应注意在指引方向时，身体要侧向宾客，眼睛要兼顾所指方向和宾客。

4. “请坐”手势

接待宾客并请其入座时采用“斜摆式”手势，即要用双手扶椅背将椅子拉出，然后左手或右手屈臂由前抬起，以肘关节为轴，前臂由上向下摆动，使手臂向下成一斜线，表示请宾客入座。

5. “诸位请”手势

当来宾较多时，表示“请”可以动作大一些，采用双臂横摆式。两臂从身体两侧向前上方抬起，两肘微曲，向两侧摆出。指向前方向一侧的臂应抬高一些、伸直一些，另一手稍低一些、弯曲一些。

6. “介绍”手势

为他人进行介绍时，手势动作应文雅。无论介绍哪一方，都应手心朝上，手背朝下，四指并拢，拇指张开，手掌基本上抬至肩的高度，并指向被介绍的一方，面带微笑。在正式场合，不可以用手指指点点或去拍打被介绍一方的肩和背。

7. 鼓掌手势

鼓掌时，用右手掌轻击左手掌，表示喝彩或欢迎。掌心向上的手势表示诚意、尊重他人，掌心向下的手势意味着不够坦诚、缺乏诚意等。

8. 举手致意手势

面向对方，手臂上伸，掌心向外，切勿乱拜。

9. 挥手道别手势

身体站直，目视对方，手臂前伸，掌心向外，左右挥动。

10. 递接物品手势

双手为宜（至少用右手），递于手中，主动上前（主动走近接物者，坐着时应站立），方便接拿，尖刃内向。

11. 展示物品手势

将物品举至高于双眼之处，这适于被人围观时采用；将物品举至上不到眼部，下不到胸部的区域，这适用于让他人看清展示之物。

四、“界域”控制的礼仪

（一）何谓“界域”

所谓“界域”，即交往中相互距离的确定，它主要受到双方关系状况的决定、制约，同时也受到交往的内容、交往的环境以及不同文化、心理特征、性别差异等因素影响。

人在社会之中总生活在一定空间中，要求保持自我的独立性，不受他人侵犯。因此交往双方要有意识地维持相应地交往距离。

（二）人际交往中的“界域”

美国西北大学人类学教授爱德华·T. 霍尔博尔博士在他的“人体近身学”中提出了四个界域：亲密距离、个人距离、社交距离、公众距离。

1. 亲密距离

亲密距离是指人际交往中的“禁忌距离”，距离在15厘米之内或15—46厘米之间，是人际交往的最小距离，适于至亲、夫妻和恋人之间拥抱、接吻，但不适宜在社交场合、大庭广众面前出现。

2. 个人距离

个人距离是指个人交往的距离，其距离近段在46—76厘米之间，适合握手、相互交谈，其远段在0. 76—1. 2米之间，普通适用于公开的社交场合，这段距离可以使别人自由进入这个交往空间交往。

3. 社交距离

主要适合于礼节性或社交性的正式交往。其近段为1. 2—2. 1米之间，多用于商务洽谈、接见来访或同事交谈等。远段在2. 1—3. 6米之间，适合于同陌生人进行一般性交往，也适合领导同下属的正式谈话，高级官员的会谈及较重要的贸易谈判。

4. 公众距离

远段在3. 6—7. 6米之间，远段则在7. 6米以外，它适合于作报告、演讲等场合。

（二）婚庆服务人员的“界域”

婚庆服务人员的服务总是在一定的空间中进行的，要实现与客户的礼貌交往，应有一个恰当的交往空间，即交往距离。所以，婚庆服务人员与客户保持适度的服务与交往距离是十分必要的。心理学实验表明，人际距离过大，容易使人产生疏远之感；人际交往距离过小，则又会使人感到压抑或是冒犯。婚庆服务人员应当根据不同的工作内容、工作场合和服务对象等具体情况来把握好，大体有以下几种人际距离。

1. 服务距离

服务距离是婚庆服务人员与客户之间所保持的一种最常规的距离。它主要适用于婚庆服务人员应客户的请求，为其直接提供服务之时，比如说为新人讲解婚礼策划书、为新人递送物品等。在一般情况下，服务距离以0.5—1.5米之间为宜。但是，如果是婚礼化妆则不能是这个距离，因为化妆是为新人进行脸部化妆和发型造型，需要近距离才能完成服务。

2. 展示距离

即在客户面前进行操作示范，以便使客户对服务项目有更直观、更充分、更细致的了解。展示距离以1—3米之间为宜。比如展示婚礼道具。

3. 引导距离

引导距离是婚庆服务人员在为宾客带路时彼此间的距离。根据惯例，在引导时，婚庆服务人员行进在宾客左前方1.5米左右为宜。

4. 待命距离

待命距离特指婚庆服务人员在宾客尚未传唤要求自己为之提供服务时，与对方自觉保持的距离。在正常情况下，应当是在3米之外只要服务对象视线所及，可以看到自己即可。

5. 信任距离

信任距离是指婚庆服务人员为了表示自己对宾客的信任，同时也为了使宾客浏览、斟酌、选择或体验更为专心致志而采取的一种距离，即离开对方而去，从对方的视线中消失。采取此距离时必须注意：一是不要躲在附近，似乎是在暗中监视客人；二是不要一去不返，让宾客在需要帮助时根本找不到人。

6. 禁忌距离

主要指婚庆服务人员工在工作岗位上与宾客之间应当避免出现的距离。其特点是双方身体相距过近，甚至有可能直接发生接触，即小于0.5米。这种距离，一般只出现于关系极为亲密的人之间，当然，化妆时除外。

五、婚庆服务人员的注视礼仪

眼睛是人类面部的感觉器官之一，最能有效地传递信息和表情达意。婚庆服务人员在社交活动中，眼神运用要符合一定的礼仪规范，不了解它，往往被人视为无理，给人留下坏的印象。

（一）人际交往中的注视范围

与人交谈时，目光应该注视着对方。但应使目光局限于上至对方额头，下至对方衬衣的第二粒纽扣以上，左右以两肩为准的方框中。在这个方框中，一般有三种注视方式：

一是公务注视，一般用于洽谈、磋商等场合，注视的位置在对方的双眼与额头之间的三角区域。

二是社交注视，一般在社交场合，如舞会、酒会上使用。位置在对方的双眼与嘴唇之间的三角区域。

三是亲密注视，一般在亲人之间、恋人之间、家庭成员等亲近人员之间使用，注视的位置在对方的双眼和胸部之间。

（二）注视角度

在工作中，既要方便服务工作，又不至于引起服务对象的误解，就需要有正确的注视角度。

1. 正视对方

也就是在注视他人的时候，与之正面相向，同时还须将身体前部朝向对方。正视对方是交往中的一种基本礼貌，其含义表示重视对方。

2. 平视对方

在注视他人的时候，目光与对方相比处于相似的高度。在婚庆服务工作中平视服务对象可以表现出双方地位平等和不卑不亢的精神面貌。

3. 仰视对方

在注视他人的时候，本人所处的位置比对方低，就需要抬头向上仰望对方。在仰视对方的状况下，往往可以给对方留下信任、重视的感觉。

4. 兼顾对方

在工作岗位上，服务人员为互不相识的多位宾客服务时，需要按照先来后到的顺序对每位宾客多加注视，又要同时以略带歉意、安慰的眼神环视等候在身旁的宾客。巧妙地运用这种兼顾多方的眼神，可以对每一位服务对象给予兼顾，表现出善解人意的优秀服务水准。

（三）注视时间的长短

视线接触时，一般连续注视对方的时间最好在3秒钟以内。

（四）视线接触的方向

可以分为视线接触三区。

一是上三角区（眼角至额头），处于仰视角度，常用于学生对老师，下级对上级的场合，表示敬畏、尊敬、期待、服从等。

二是中三角区（嘴角以上面部），处于平视、正视角度，表示理性、坦诚、平等、自信等。

三是下三角区（前胸），属于隐私区、亲密区，一般不能乱盯。视线向下，处于俯视角度，表示爱护、宽容。

六、婚庆服务人员的微笑礼仪

（一）微笑的价值

微笑是社交场合最富有吸引力，最有价值的面部表情。它表现着人际关系真友善、诚信、谦恭、和蔼、融洽等最为美好的感情因素，所以它已成为各国和地区宾客都理解的心理性“语言”。

“你今天对客户微笑了没有?”美国著名的希尔顿旅馆的董事长唐纳·希尔顿经常这样问下属。“无论旅馆本身遭遇的困难如何，希尔顿旅馆服务员脸上的微笑，永远是属于旅客的阳光。”

【案例导入】①

号称美国“旅馆之王”的希尔顿，是世界上非常有名气的酒店业者，是国际酒店的第一个管理者，也是最长久的一个。从1919—1976年，57年时间美国希尔顿旅馆从一家店扩展到70家，遍布世界五大洲的各大城市，成为全球最大规模的旅馆之一。50年来，希尔顿旅馆生意如此之好，财富增加得如此之快，其成功得秘诀之一，就在于服务人员微笑的魅力。

美国“旅馆大王”希尔顿于1919年把父亲留给他地1.2万美元连同

① 佚名．婚庆服务礼仪．百度文库．baike. baidu. com/view/2040757. htm 2011－11－30.

自己挣来的几千元投资出去，开始了他雄心勃勃的经营旅馆生涯。当他的资产从1.5万美元奇迹般的增值到几千万美元的时候，他欣喜自豪地把这一成就告诉母亲，想不到，母亲却淡然地说："依我看，你跟以前根本没有什么两样……事实上你必须把握比5100万美元更值钱的东西：除了对客户诚实之外，还要想办法使来希尔顿旅馆地人住过了还想再来住，你要想出这样的简单、容易、不花本钱而行之久远的办法去吸引客户。这样你的旅馆才有前途。"

母亲的忠告使希尔顿陷入迷惘：究竟什么办法才具备母亲指出的"简单、容易、不花本钱而行之久远"这四大条件呢？他冥思苦想，不得其解。于是他逛商店、串旅店，以自己作为一个客户的亲身感受，得出了准确得答案："微笑服务"。只有它才实实在在地同时具备母亲提出的四大条件。

从此，希尔顿实行了微笑服务这一独创的经营策略。每天他对服务员的第一句话是："你对客户微笑了没有?"他要求每个员工不论如何辛苦，都要对客户报以微笑。

1930年西方经济全面危机，也是美国经济萧条严重的一年。在这一年，全美旅馆倒闭了80%。希尔顿的旅馆也一家接一家地亏损，曾一度负债50亿美元。困难时期，希尔顿并不灰心，而是充满信心地对旅馆员工说："目前正值旅馆亏空靠借债度日时期，我决定强渡难关，我请各位记住，千万不可把愁云挂到脸上，无论旅馆本身遭遇的困难如何，希尔顿旅馆服务员的微笑永远是属于客户的阳光。"因此，经济危机中纷纷倒闭后幸存的20%旅馆中，只有希尔顿旅馆服务员的脸上带着微笑。当经济萧条刚过，希尔顿旅馆就率先进入新的繁荣时期，跨入黄金时代。

自称"微笑之邦"的泰国，一切服务工作都是在微笑中进行的。正是由于拥有微笑这一服务制胜的法宝，泰国的"东方大饭店"才多次在世界十佳酒店评比中名列榜首，成为酒店服务行业的一面旗帜。

总之，"微笑"是不见金钱的资本，生意兴隆的法宝，是搞好优质服务的基本保证。

（二）微笑服务的“七个一样”

微笑服务要始终如一，人人重视，要坚持在接待服务的全过程各个环节，落实到每个婚庆服务人员身上，应做到七个一样：

（1）领导在场不在场一个样；

（2）本地客与外地客一个样；

（3）生客熟客一个样；

（4）大人、小孩一个样；

（5）生意大小一个样；

（6）买与不买一个样；

（7）主观心境好坏一个样。

“七个一样”体现了对客人要一视同仁，服务工作一定要遵循“优先为先到的客人服务”（First come，first served）的原则。对年轻美貌的女客人、老年客人、富人、穷人，都应当一视同仁。厚此薄彼最易引起客人的反感，而且违反婚庆服务人员应有的职业道德。

（三）如何正确运用微笑礼仪

1. 掌握好微笑的要领

微笑的基本做法是不发声，肌肉放松，嘴角两端向上略微提起，面含笑意，使人如沐春风。

2. 注意整体的配合

微笑应当与仪表和举止相结合。站立服务，双脚并拢，双手相握于前身或交叉于背后，右手放在左手上，面带微笑，亲切、自然、神气。

3. 力求表里如一

训练微笑，首先要求微笑发自内心，发自肺腑，无任何做作之态，防止虚伪的笑。只有笑得真诚，才显得亲切自然，与你交往得人才能感到轻松愉快。

4. 适当借助技术上的辅助

微笑可进行技术性训练实现微笑礼仪。

第一步：“念一”。

因为人们微笑时，口角两端向上翘起。所以，练习时，为使双颊肌肉向上抬，口里可念着普通话得“一”字音，用力抬高口角两端，但要注意下唇不要用力太大。

第二步：口眼结合。

眼睛会“说话”，也会用眼睛笑，如果内心充满温和、善良和厚爱时，那眼睛的笑容一定非常感人，否则强作眼睛的笑容是不美的。要学会用眼睛的笑容与客户交流。

眼睛的笑容，一是“眼形笑”，二是“眼神笑”，这也是可以练习的：取一张厚纸遮住眼睛下边部位，对着镜子，心里想着最使自己高兴的情景，鼓动起双颊，嘴角两端作出微笑的口型。这时，眼睛便会露出自然的微笑，然后再放松面肌，嘴唇也恢复原样，可目光仍旧含笑脉脉，这是眼神在笑。学会用眼神与客人交流，这样的微笑才会更传神亲切。

第三步：笑与语言结合。

微笑地说：“早上好”、“您好”、“欢迎光临”等礼貌用语。

日本的航空公司的空中小姐，只微笑这一项，就要训练半年。可见，冰冻三尺非一日之寒。每个婚庆服务人员都可以清晨起床后对着镜子冲自己来一个动人的微笑，念一声“一”，这不仅可作为一天的良好开端，也可以琢磨怎样的微笑才使宾客看了舒服。另外，时时保持健康愉悦的心情，遇到有烦恼不要发愁，以乐观的态度正确对待，这样才会笑得甜美，笑得真诚。同时，把自己比作一名出色的演员，当你穿上制服走进岗位时，要清醒地意识到自己已进入角色，进入工作状态，生活中的一切喜怒哀乐全抛开了。

总之，微笑服务是对由语言、动作、姿态、体态等方面构成的服务态度的更高要求，它既是对客人的尊重，也是对自身价值的肯定，它并不是一种形式，而关键是要建立起员工与客户之间的情感联系，体现出宾至如归、温暖如春，从而让客人开心，让客人再来，让单位的竞争实力更上一层楼。

【教学任务】

任务一　婚庆服务人员职业淡妆实训

职业淡妆是对婚庆服务人员仪容仪表的基本要求，通过职业淡妆练习，掌握其技巧。

活动一　讲解实训要求

（一）教师讲解实训课教学内容、教学目的

（二）职业淡妆的基本要求

1. 自然。
2. 适度。
3. 协调。
4. 隐蔽。

（三）面部修饰的基本操作过程

1. 眼部修饰。
2. 眉部修饰。
3. 耳部修饰。
4. 鼻部修饰。
5. 口部修饰。

活动二　教师示范

教师模拟化妆师，抽选一名学生做模特，演示职业淡妆的化妆过程。

活动三　学生训练、教师巡查

（一）学生按照两人一组，分为化妆师和模特，练习化职业淡妆，然后互换角色，相互点评。

（二）教师随时巡查，指导学生。

活动四　实训检测表记分

表 2－1　　职业淡妆实训检测表

考核项目	考核内容	分值	自评分（20%）	小组评分（30%）	教师评分（50%）	实得分
洁面						
护肤						
打粉底						
画眼线						
画眼影						
描眉形						
刷腮红						
涂唇彩						
总分						

任务二　婚庆服务人员发型修饰实训

职业发型修饰是对婚庆服务人员仪容仪表的基本要求，通过发型修饰职业练习，掌握其技巧。

活动一　讲解实训要求

（一）教师讲解实训课教学内容、教学目的

（二）发型修饰的基本要求

1. 头发无异味。

2. 头发无异物。

3. 发型发色庄重。

（三）发型修饰的基本操作过程

1. 梳头。

2. 按摩头皮。

3. 洗发。

4. 吹风。

5. 定型。

活动二　教师示范

教师模拟发型师，抽选一名学生做模特，演示发型修饰的过程。

活动三　学生训练、教师巡查

（一）学生按照两人一组，分为发型师和模特，练习婚庆服务人员发型修饰，然后互换角色，相互点评。

（二）教师随时巡查，指导学生。

活动四　实训检测表记分

表 2－2　　职业发型实训检测表

考核项目	考核内容	分值	自评分（20%）	小组评分（30%）	教师评分（50%）	实得分
梳头						
按摩头皮						
洗发						
吹风						
定型						
总分						

任务三　婚庆服务人员的面部礼仪实训

面部礼仪是对婚庆服务人员仪容仪表的基本要求，通过面部礼仪实训，掌握面部礼仪的基本要求。

活动一　讲解实训要求

（一）教师讲解实训课教学内容、教学目的

（二）面部礼仪的基本要求

1. 面部卫生礼仪

男职工胡须要剃净，鼻毛应剪短，不留胡子；女员工适当化妆，但应以浅妆、淡妆为宜，不能浓妆艳抹，并避免使用气味浓烈的化妆品。

2. 指甲礼仪

不能留长指甲，指甲的长度不应超过手指指尖；要保持指甲的清洁，指甲缝中不能留有污垢。

3. 鼻毛和体毛礼仪

鼻毛不能过长；痰、鼻涕一类的“杂物”应及时清理。

体毛必须修整，同时需要掩饰体毛。

4. 个人卫生情况

做到勤洗澡，勤换衣袜，勤漱口，保持牙齿口腔清洁，身上不能留有异味。

（三）面部礼仪检查的基本操作过程

1. 面部卫生礼仪检查。

2. 指甲礼仪检查。

3. 鼻子和体毛礼仪检查。

4. 个人卫生检查。

活动二 教师示范

教师提前提出实训要求，抽选一名男学生和一名女学生做模特，进行面部礼仪检查，并进行点评。

活动三 学生相互检查、教师巡查

（一）学生按照两人一组，互相检查面部礼仪情况，并相互点评。

（二）教师随时巡查，指导学生。

活动四 实训检测表记分

表 2－3 面部礼仪实训检测表

考核项目	考核内容	分值	自评分（20%）	小组评分（30%）	教师评分（50%）	实得分
面部卫生礼仪						
指甲礼仪						
鼻毛和体毛礼仪						
个人卫生情况						
总分						

任务四 婚庆服务人员的着装礼仪实训

着装是对婚庆服务人员仪容仪表的基本要求，通过着装练习，掌握着装礼仪技巧。

活动一　讲解实训要求

（一）教师讲解实训课教学内容、教学目的

（二）着装的基本要求

1. 服装的三大类别包括：公务，社交，休闲。公务着装要整洁、大方、高雅，西服是一种国际性的公务礼服；社交着装要时髦、流行；休闲着装要舒适、得体。

2. TPO 原则，即着装要符合时间、地点和场合。

3. 服装三要素即色彩、款式和面料，三者只有与个体自身的性别年龄、容貌肤色、身材体型、个性气质、职业身份相适宜。

4. 着装必须注意：一是按规定着装；二是在正式场合不得穿短裤、背心、超短裤、紧身裤等；三是社交活动时，进入室内场所均应摘帽，脱掉大衣、风衣、雨衣等。

（三）着装礼仪的基本操作过程

1. 西装、套装、衬衣穿着检查。

2. 男生打领带实训。

3. 女生系丝巾实训。

4. 鞋袜穿着检查。

活动二　教师示范

（一）教师提前提出实训要求，让学生提前将西装、套装、衬衫准备好。

（二）抽选一名男学生做模特，进行打领带演示。

（三）抽选一名女学生做模特，进行系丝巾演示。

活动三　学生训练、教师巡查

（一）学生按照两人一组，先互相检查西装或套装、衬衫穿着，然后进行打领带或系丝巾实训，并相互点评。

（二）教师随时巡查，指导学生。

（三）训练重点：

1. 衣服穿着必须合体。注意四长：袖长到手腕，衣长至虎口，裤长到脚面，裙长到膝盖。

2. 领带、领结与衬衫口的吻合要紧凑且不系歪。

3. 外观要整洁：忌褶皱、残破、污渍、异味、丢扣。

4. 按要求戴好手套或帽子。

5. 不要戴过多的饰品。

活动四　实训检测表记分

表 2－4　着装礼仪实训检测表

考核项目	考核内容	分值	自评分（20%）	小组评分（30%）	教师评分（50%）	实得分
西装/套装穿着						
衬衫穿着						
领带/领结打法						
系丝巾						
鞋子检查						
袜子检查						
饰品/手套礼仪						
总分						

任务五　婚庆服务人员立姿实训

站立是人们生活交往中的一种最基本的举止。立姿是人静态的造型动作，优美、典雅的立姿是发展人的不同动态美的基础和起点。优美的立姿能显示个人的自信，衬托出美好的气质和风度，并给他人留下美好的印象。立姿是婚庆服务人员仪态的基本体现，通过立姿职业练习，掌握其要求。

活动一　讲解实训要求

（一）教师讲解实训课教学内容、教学目的

（二）立姿的基本要求

1. 头部抬起，目光平视正前方，下颌微微内收。

2. 颈部保持正直，双肩平齐，上体挺拔，腰部直立，呼吸自然。

3. 双臂自然下垂，贴于身体两侧，虎口向前，手指向下自然弯曲。

4. 双腿直立，两膝靠拢。

5. 两脚尖分开，成45 度—60 度夹角。

（三）几种立姿的基本要求

1. 侧立式立姿。抬头挺胸，目视前方，下颌微收，颈部挺直，双肩放松，自然呼吸，腰部直立。

2. 前腹式立姿。身体立直，抬头挺胸，下颌微收，双目平视，嘴角微闭，双脚平行分开，两脚间距离不超过肩宽，一般以20 厘米为宜，双手手指自然并拢，右手搭在左手上，轻贴于腹部，不要挺腹或后仰。

3. 后背式立姿。身体立直，抬头挺胸，下颌微收，双目平视，嘴角微闭，双脚平行分开，两脚之间距离不超过肩宽，一般以20 厘米为宜，双手在身后交叉，右手搭在左手上，贴于臀部。

4. 丁字步式立姿。一脚在前，将脚跟靠于另一脚内侧，两脚尖向外略展开，形成斜写的一个“丁”字，双手在腹前相交，身体重心在两脚上。此姿势仅限女性使用。

（四）立姿训练方法

1. 背靠墙。

2. 两人背靠背。

3. 头顶书本。

4. 对镜训练。

活动二　教师示范

（一）教师播放相关视频资料，并演示几种立姿。

（二）抽选一名学生做模特，进行几种立姿演示。

活动三　学生训练、教师巡查

（一）学生按照背靠墙、两人背靠背、头顶书本、对镜训练等方式进行训练并相互点评。

（二）教师随时巡查，指导学生。

（三）检查细则

1. 站立是否平稳，重心不左偏右移。
2. 是否靠墙或柱子，是否站直了。
3. 双手是否在身前或身后，或插在口袋里。
4. 站立时腰是否直了，是否低头或仰头。

活动四　实训检测表记分

表 2－5　立姿礼仪实训检测表

考核项目	考核内容	分值	自评分（20%）	小组评分（30%）	教师评分（50%）	实得分
基本立姿						
侧立式立姿						
前腹式立姿						
后背式立姿						
丁字步立姿						
总分						

任务六　婚庆服务人员坐姿实训

坐姿文雅、端庄，不仅给人以沉着、稳重、冷静的感觉，而且也是展现自己气质与修养的重要形式。坐姿是对婚庆服务人员仪态的基本要求，通过坐姿练习，掌握其技巧，用优美的坐姿体现安详、舒适、端正、舒展大方。

活动一 讲解实训要求

（一）教师讲解实训课教学内容、教学目的

（二）基本坐姿

1. 入座时，要轻而缓，走到座位前面转身，右脚后退半步，左脚跟上，然后轻轻地坐下。

2. 女子手将裙子向前拢一下。

3. 坐下后，上身直正，头正目平，嘴巴微闭，脸带微笑，腰背稍靠椅背，两手相交放在腹部或两腿上，两脚平落地面。男子两膝间的距离以一拳为宜，女了则以不分开为好。

4. 就座时不要把椅子坐满，应坐椅子的2/3，双膝并拢，手自然放在膝上。

（二）两手摆法

坐时，双手可采取下列手位之一：

1. 双手平放在双膝上。

2. 双手叠放，放在一条腿的中前部。

3. 一手放在扶手上，另一手仍放在腿上或双手叠放在侧身一侧的扶手上，掌心向下。

（三）双腿的摆法

坐时，双腿可采取下列姿势之一：

1. 标准式。

2. 侧点式。

3. 侧挂式。

4. 重叠式。

5. 前交叉式。

（四）几种基本坐姿

1. 女士坐姿：① 标准式；②前交叉式；③侧点式；④重叠式。

2. 男士坐姿：①标准式；②前交叉式；③重叠式。

（五）坐姿实训

1. 入座、离座程序训练。

2. “S”型坐姿训练。

3. 叠膝式坐姿训练。

4. 侧腿式坐姿训练。

5. 交叉式坐姿训练。

活动二　教师示范

（一）教师播放相关视频资料，并示范要点。

（二）教师演示几种坐姿。

（三）抽选一名学生做模特，进行几种坐姿的演示。

活动三　学生训练、教师巡查

（1）两人一组，面对面练习，并指出对方的不足。

（2）坐在镜子前面，按照坐姿的要求进行自我纠正，重点检查手位、腿位、脚位。

（3）每次训练时间为20分钟左右，可配音乐进行。

活动四　实训检测表记分

表2－6　　坐姿礼仪实训检测表

考核项目	考核内容	分值	自评分（20%）	小组评分（30%）	教师评分（50%）	实得分
入座/离座						
女士坐姿	标准式；					
	前交叉式					
	侧点式					
	重叠式					
男士坐姿	标准式					
	前交叉式					
	重叠式					
总分						

任务七　婚庆服务人员走姿实训

走姿是人体所呈现出的一种动态，是立姿的延续。走姿是展现人的动态美的重要形式。走路是“有目共睹”的肢体语言。走姿是婚庆服务人员仪态的基本内容，通过走姿练习，掌握其技巧。

活动一　讲解实训要求

（一）教师讲解实训课教学内容、教学目的

（二）标准走姿的基本要求

1. 抬头、挺胸、收腹，两眼平视，两肩相平、身体要直，两臂自然下垂摆动，两腿直立不僵。

2. 手臂摆幅为 35 厘米左右，双臂外开不要超过 20 度。

3. 步位恰当，男子走平行线，女子走直线。

4. 步幅适度，男子每步约 40 厘米，女子每步约 30 厘米。

5. 速度均匀，正常速度为每分钟 60—100 步。

6. 上下楼梯：头要正、背要直、胸要微挺，臀部要收，膝要弯曲。

活动二　教师示范

（一）走姿训练项目

1. 摆臂训练。

2. 步位步幅训练。

3. 稳定性训练。

4. 协调性训练。

（二）教师演示标准走姿。

教师播放相关视频资料，并示范要点。

（三）抽选一名学生做模特，进行各种走姿训练演示。

活动三　学生训练、教师巡查

（一）学生按照两人一组，练习各种走姿，并相互点评。

训练方法：

1. 头顶书训练法

头顶书是为了使练习者在整体保持平衡的前提下，伸展脊柱，下沉肩膀，从而展现出一种非常优雅的站立姿势和行进姿势。

2. 腿夹纸训练法

腿夹纸方法是为了使两膝盖保持直立、并严，在这个过程中，身体保持挺直状况。

（二）教师随时巡查，指导学生。

活动四　实训检测表记分

表 2－7　走姿礼仪实训检测表

考核项目	考核内容	分值	自评分（20%）	小组评分（30%）	教师评分（50%）	实得分
基本走姿						
平行步走姿						
一字步走姿						
变向走姿（后退步、引导步、前行转身步）						
总分						

任务八 婚庆服务人员蹲姿实训

优雅、有礼的蹲姿是对婚庆服务人员仪态的基本表现，通过蹲姿练习，掌握其技巧。

活动一 讲解实训要求

（一）教师讲解实训课教学内容、教学目的

（二）标准蹲姿

1. 站在所取物品的旁边，蹲下屈膝去拿。抬头挺胸，再慢慢地将腰部放下。

2. 两腿合力支撑身体，掌握好身体的重心，臀部向下。

（三）常见的蹲姿

1. 高低式蹲姿。

2. 交叉式蹲姿。

3. 半蹲式蹲姿。

4. 半跪式蹲姿。

活动二 教师示范

（一）教师播放相关视频资料，并示范要点。

（二）抽选一名学生做模特，进行蹲姿演示。

活动三 学生训练、教师巡查

（一）学生按照两人一组，练习各种蹲姿，并相互点评。

（二）教师随时巡查，指导学生。

活动四　实训检测表记分

表 2－8　　蹲姿礼仪实训检测表

考核项目	考核内容	分值	自评分（20%）	小组评分（30%）	教师评分（50%）	实得分
标准蹲姿						
高低式蹲姿						
交叉式蹲姿						
半蹲式蹲姿						
半跪式蹲姿						
总分						

任务九　婚庆服务人员的礼仪手势实训

手势是通过手和手指活动所传达的信息。不同的手势传递不同的信息。手势是对婚庆服务人员仪态的基本表现，尤其是作为婚礼督导，很多情况下都是通过手势来传达信息，指挥婚礼进程的。通过手势练习，掌握其技巧。

活动一　讲解实训要求

（一）教师讲解实训课教学内容、教学目的

（二）手势礼仪的基本要求

1. 要规范。
2. 要自然亲切。
3. 要协调一致。
4. 避免不良的手势。
5. 避免不卫生的手势。
6. 避免不稳重的手势。

7. 避免对他人失敬的手势。

8. 标准指示手势。手掌自然伸直，手指并拢，拇指自然稍稍分开，手腕伸直，使手与小臂成一直线，肘关节自然弯曲，掌心向斜上方，手掌与地面成45度。

（三）手势礼仪的基本训练项目

1. 引导手势训练。包括：中位手势（横摆式、曲臂式、双臂横摆），高位手势（直臂式），低位式手势（斜摆式），小手势。

2. 递物手势训练。要求：传递物品，双手为宜，主动上前，递于手中，方便接拿，尖、刀刃内向，正面朝上。

3. 接物手势训练。要求：接取物品，目视对方，双手或右手，起身站立，主动走近对方，不抢取物品。

4. 手持物品手势训练。

5. 展示物品手势训练。

6. 打招呼手势训练。

7. 举手致意手势训练。

8. 指示方向手势训练。

9. 鼓掌手势训练。

10. 挥手道别手势训练。

活动二　教师示范

（一）教师播放相关视频资料，并示范要点。

（二）抽选一名学生做模特，进行各种手势演示。

活动三　学生训练、教师巡查

（一）学生按照两人一组，练习各种手势，并相互点评。

（二）教师随时巡查，指导学生。

活动四　实训检测表记分

表 2－9　　手势礼仪实训检测表

考核项目	考核内容	分值	自评分（20%）	小组评分（30%）	教师评分（50%）	实得分
引导手势						
递物手势						
接物手势						
手持物品手势						
展示物品手势						
打招呼手势						
举手致意手势						
指示方向手势						
鼓掌手势						
挥手道别手势						
总分						

任务十　婚庆服务人员的目光礼仪实训

目光是面部表情的核心内容，目光是对婚庆服务人员进行交流的基本方式，通过目光练习，掌握其技巧。

活动一　讲解实训要求

（一）教师讲解实训课教学内容、教学目的

（二）目光礼仪的基本要求

总体要求：适时、自然、表示重视、友好或尊敬。

目光注视的要点：

1. 见面时，要眼睛大睁，以亲切的目光注视对方片刻。

2. 对初次见面的人，还应头部微微一点，行一注目礼。

3. 交谈时，眼睛看对方眼睛或嘴巴的“三角区”，标准注视时间是整个交谈时间的30%—60%。

4. 交谈中，用目光流露出会意的万千情况，使整个交谈融洽、和谐。

5. 眼睛转动的幅度与快慢都不要太快或太慢，一般正常次数为每分钟5—8次。

6. 在集体场合开始发言讲话时，要用目光扫视全场。

7. 交谈和会见结束时，目光要抬起；道别时，仍需用目光注视对方，同时面部表现出惜别的深情。

（三）注视的部位训练

1. 注视对方的双眼。表示自己对对方全神贯注（时间不宜过长，一般以3—6秒时间为宜）。

2. 注视对方的面部。最好是对方的眼鼻三角区，而不要聚集于一处，以散点柔视为宜。

3. 注视对方的全身。同服务对象相距较远时，婚庆服务人员一般应当以对方的全身为注视点，尤其是在站立服务时，往往如此。

4. 注视对方的局部。服务工作中，需根据实际需要而对服务对象的某一部分多加注视，例如在递接物品时，应注视对方的手部。

（四）注视的十种方式

1. 直视。2. 凝视。3. 盯视。4. 虚视。5. 扫视。6. 睨视。7. 眯视。8. 环视。9. 他视。10. 无视。

活动二　教师示范

（一）教师播放相关视频资料，并示范要点。

（二）抽选一名学生做模特，进行各种注视演示。

活动三　学生训练、教师巡查

（一）学生按照两人一组，练习各种注视礼仪，并相互点评。

（二）教师随时巡查，指导学生。

活动四　实训检测表记分

表 2－10　　目光礼仪实训检测表

考核项目	考核内容	分值	自评分（20%）	小组评分（30%）	教师评分（50%）	实得分
柔和、亲切的眼神						
困惑、烦恼的眼神						
激动、兴奋的眼神						
高兴、快乐的眼神						
总分						

任务十一　婚庆服务人员的微笑礼仪实训

微笑是人们对美好事物表达愉悦情感的心灵外露，是善良、友好、赞美的象征。微笑礼仪是婚庆服务人员仪态的基本表现，通过微笑职业练习，掌握其技巧。

活动一　讲解实训要求

（一）教师讲解实训课教学内容、教学目的

（二）微笑礼仪的基本要求

1. 先要放松自己的面部肌肉，然后使嘴角微微地向上翘起，让嘴唇略呈弧形。

2. 在不牵动鼻子、不发出笑声、尤其是不露出牙龈的前提下露出笑容。

3. 微笑的时候以上、下各露出 8 颗牙为宜。

4. 目光柔和发亮，双眼略为睁大，眉头自然舒展，眉毛微微上扬。

5. 微笑要发自内心，并与礼貌用语相结合，如“您好”、“欢迎光临”等。

（三）微笑礼仪的训练项目

1. “三度”微笑练习。包括：“一度”微笑练习，“二度”微笑练习，“三度”微笑练习。

2. 对镜练习。

3. 诱导练习。

4. 夹筷练习。(1) 用门牙轻轻地咬住木筷子；(2) 把嘴角对准木筷子，两边都要翘起，并观察连接嘴唇两端的线是否与木筷子在同一水平线上；(3) 保持这个状态 10 秒；(4) 轻轻地拔出木筷子之后，继续维持那状态。

活动二　教师示范

（一）教师播放相关视频资料，并示范要点。

（二）抽选一名学生做模特，进行各种微笑演示。

活动三　学生训练、教师巡查

（一）学生按照两人一组，练习各种微笑礼仪，并相互点评。

（二）教师随时巡查，指导学生。

活动四　实训检测表记分

表 2 - 11　　微笑礼仪实训检测表

考核项目	考核内容	分值	自评分（20%）	小组评分（30%）	教师评分（50%）	实得分
“三度”微笑	“一度”微笑					
	“二度”微笑					
	“三度”微笑					
展示个人最美的微笑						
夹筷微笑						
总分						

【本章小结】

1. 仪容。指一个人的容貌，包括五官的搭配和适当的发型衬托。

2. 仪表指一个人的外表。它是一个人总体形象的统称，除容貌、发型之外，还包括人的服饰、身体、姿态等。

3. 婚庆服务人员注重仪容仪表的意义包括：仪容仪表是树立良好公众形象的前提；良好的仪容仪表可以缩短婚庆服务人员与客户之间的心理距离；良好的仪容仪表是增强自信心的有效手段。

4. 婚庆服务人员的仪容礼仪包括：（1）发式礼仪；（2）面部礼仪；（3）指甲礼仪；（4）鼻子和体毛礼仪；（5）个人卫生；（6）化妆礼仪

5. 穿着的礼仪哲学。（1）穿着的 TPO 原则分别是英文中时间（Time）、地点（Place）、场合（Occasion）三个单词的缩写。穿着的 TPO 原则，要求人们在着装时以时间、地点、场合三项因素为准。（2）穿着与形体肤色相协调；（3）服饰的色彩哲学。

6. 男子着西装“三个三”原则。（1）三色原则；（2）三一定律；（3）三大禁忌。

7. 职业女性着裙装“五不准”：（1）黑色皮裙不能穿；（2）正式的高级的场合不光腿，尤其是隆重正式的婚姻庆典仪式；（3）袜子不能出现残破；（4）鞋袜不配套；（5）不能出现“三截腿”。

8. 仪态是指一个人举止的姿态和风度。姿态是指一个人身体显现出来的样子，如站立、行走、弓身、就座、眼神、手势、面部表情等。风度则是一个人内在气质的外在表现。人的内在气质包括许多内容，如道德品质、学识修养、社会阅历、专业素质与才干、个人情趣与爱好、专长等。它主要是通过人的言谈举止、动作表情、立姿、坐相、走态及眼神及服饰装扮等体现出来的。

9. 立姿禁忌包括：（1）东倒西歪；（2）耸肩勾背；（3）双手乱放；（4）脚位不当；（5）做小动作。

10. 女子的八种优美坐姿包括：（1）标准式；（2）前伸式（3）前交叉式；（4）屈直式；（5）后点式；（6）侧点式；（7）侧挂式；（8）重叠式。

11. 男子的六种优美坐姿：（1）标准式；（2）前伸式；（3）前交叉式；（4）屈直式；（5）斜身交叉式；（6）重叠式。

12. 走姿的规范要求：（1）上身挺直，双肩平稳，目光平视，下颌微收，面带微笑。（2）挺胸、收腹，使身体略微上提。（3）手臂伸直放松，手指自然弯曲，双臂自然摆动。摆动时，以肩关节为轴，上臂带动前臂，双臂前后摆动时，摆幅以30度—35度为宜，肘关节略弯曲，前臂不要向上甩动。（4）步幅不要太大，跨步时两脚间的距离适中，以一个脚长为宜，步速保持相对稳定，既不要太快，也不能太慢（60—100步/分钟）。（5）女士行走时，走直线交叉步，上身不要晃动，尽量保持双肩水平。

13. 婚庆服务人员在服务工作中的常用礼仪手势包括：（1）“请进”手势；（2）前摆式；（3）“请往前走”手势；（4）“请坐”手势；（5）“诸位请”手势；（6）“介绍”手势；（7）鼓掌；（8）举手致意；（9）挥手道别；（10）递接物品。

14. 所谓“界域”，即交往中相互距离的确定，它主要受到双方关系状况的决定、制约，同时也受到交往的内容、交往的环境以及不同文化、心理特征、性别差异等因素影响。

15. 人际交往中的注视范围，一般有三种注视方式：一是公务注视，二是社交注视，三是亲密注视。

16. 微笑服务的“七个一样”：（1）领导在场不在场一个样；（2）本地客与外地客一个样；（3）生客熟客一个样；（4）大人、小孩一个样；（5）生意大小一个样；（6）买与不买一个样；（7）主观心境好坏一个样。

【核心概念】

仪容　仪表　仪态　举止　界域

【能力检测】

1. 服务人员仪容、仪表修饰的意义和基本要求是什么？
2. 服务人员仪态规范的意义和基本要求是什么？
3. 请回答面部护理的内容及要求？
4. 简要回答（立姿、坐姿、走姿）的要领是什么？

项目三 婚庆服务人员交际礼仪规范

【学习目标】

通过本章的学习，你应该能够：

1. 掌握婚庆服务人员日常交际礼仪的含义和基本要求；

2. 掌握婚庆服务人员办公礼仪的基本要求；

3. 掌握称呼礼仪、介绍礼仪、名片礼仪、握手礼仪、鞠躬礼仪、递物与接物礼仪的基本要求；

4. 掌握接待礼仪、引路礼仪、电梯礼仪、电话礼仪、奉茶倒水礼仪、座次礼仪的基本规范。

【本章概览】

交际礼仪规范是婚庆服务人员必须掌握的规范之一。核心目标是了解和掌握婚庆服务人员的日常交际礼仪规范，掌握婚庆服务人员办公礼仪规范。为了实现本目标，需要完成两项任务：第一，掌握和训练婚庆服务人员称呼礼仪规则；第二，掌握和训练婚庆服务人员办公礼仪规则。

【核心技能】

婚庆服务人员日常交际礼仪 婚庆服务人员办公礼仪

【理论知识】

知识点一　婚庆服务人员交际礼仪规范

婚庆服务人员交际礼仪泛指婚庆服务人员在社会交往活动过程中形成的应共同遵守的行为规范和准则。社交礼仪是在社会交往中使用频率较高的日常礼节。具体表现为礼节、礼貌、仪式、仪表等。社交礼仪是人们在社会生活中处理人际关系，用来对他人表达友谊和好感的符号。

交际礼仪的主要功能，从个人的角度来看，一是有助于提高人们的自身修养，有助于美化自身、美化生活；二是有助于促进人们的社会交往，改善人们的人际关系，有助于净化社会风气。从企业的角度来说，可以塑造企业形象，提高客户满意度和美誉度，并最终达到提升企业经济效益和社会效益的目的。交际礼仪是婚庆企业文化和企业精神的重要内容，是企业形象的主要附着点。大型婚庆公司对于礼仪有高标准的要求，把礼仪作为企业文化的重要内容。所以，学习交际礼仪，不仅是时代潮流，更是提升竞争力的现实所需。

一、婚庆服务人员交际礼仪的重要性和作用

交际礼仪是在社会交往中使用频率较高的日常礼节。一个人生活在社会上，要想让别人尊重自己，首先要学会尊重别人。掌握规范的社交礼仪，能为交往创造出和谐融洽的气氛，建立、保持、改善人际关系。

（一）交际礼仪在人际交往中的重要性

1. 良好的交际礼仪有益于信息交流

交流信息也叫信息资源共享。作为婚庆服务人员需要获取大量信息以供工作参考，由于个人的活动范围有限，直接获取一手信息资源的能力也

就受到很大的限制，而这众多的信息大多是在我们与他人打交道时所获取的。良好的社交礼仪有助于人与人、组织与组织之间的沟通，有利于信息资源的交流共享。

2. 良好的交际礼仪有益于增进感情

良好的交际礼仪可以使婚庆服务人员在人际交往上带来感情上的收获。

3. 良好的交际礼仪有益于建立关系

社交在很多情况下是建立诸如商业合作、情感服务、感情姻缘等关系的纽带。在建立关系的过程中，婚庆服务人员学会跟进关系，避免忘记，可以建立良好的人际网络。日近日密，日疏日远。

（二）交际礼仪的作用

1. 良好的交际礼仪能提高人气

生活事实证明：人际关系好的人，办事容易且顺达。婚庆服务人员要会恰当地利用社交能力调适人际关系，这样才能达到期望的目的和结果。在各种不同的社会条件下，追求和谐亲密的人际关系，是人类的共同本性。不论社会条件如何，人们都是需要交往的。只有通过交往去建立和谐亲密的人际关系，才能同他人友好相处，合作共事。

2. 良好的交际礼仪能形成关系“网络”

职业流动的经常化、人际关系的契约化，促使人们必须不断地面对陌生的交往对象和环境。社会交往的过程，就是交往双方互相认识、互相体验、行为趋同的过程。只有通过交往，才有可能去观察他人、分析他人、了解他人。只有通过社会交往，才能够理解他人的需要、动机、目的、理想和信念。也只有通过交往，他人才能够认识、理解、体验和把握自己。因此，婚庆服务人员有必要通过自己良好的社交能力来建立关系“网络”，让“网络”为自己的工作提供最多的可能性。尤其是婚礼策划师交际礼仪是其与新人交往的重要内容，也是保证谈单成功的重要因素。

3. 良好的交际礼仪能获取信息

社交是人与人智慧的组合。信息是财富，良好的社交能力则是获取这个财富的手段。学会社交，利用社交，就能从对方那里获取“另一半丰富的信息”。不愿获得信息的人等于把自己逐出了财富的家园，等于走上了“夜郎自大”的道路。

4. 良好的交际礼仪能融洽感情

社会交往是实现感情交换的唯一途径。只有通过社会交往，婚庆服务人员才能推销自己的服务方案，同时赢得别人的尊敬。

5. 良好的交际礼仪能消除距离

社交的关键在于消除距离，相互沟通，获得成功。

6. 良好的交际礼仪能创造机会

任何社交都不是盲目的，人们总会在社交的过程中捕捉到成功的条件和因素。因此，成功人士总是在社交与机遇之间寻找必然的联系。

二、婚庆服务人员称呼礼仪规范

称呼，主要是指人们在交往过程中彼此的称谓语，它表示着人与人之间的关系。婚庆服务人员在接待工作中，了解对方的身份，正确恰当地使用称呼，既可以显示出接待人员的修养和风度，也是向客户表示尊重的一种礼仪。

（一）国内常用称呼礼仪

1. 称职务

根据交往对象的职务、职称称呼，以表示尊敬，如李经理、赵书记、陈处长等。对于法官、教授、医生等专业人士，因其在社会中很受尊重，可以直接以职称作为称呼，如王教授、梁医生等。

2. 称姓名

称呼较为随便，不受限制。如，老王、小马等。

3. 称身份特点

对陌生人和初次交往者，按照其身份特点进行称呼。如称工人为“师傅”，学术界文化界的人互称“老师”；非正式场合，根据年纪称“大叔”、“大妈”等。

4. 通用称呼

一般来说，在接待工作中，对于男士通常称“先生”，未婚女士称

“小姐”，对于知道其婚姻状况的女子也统称“小姐”（尤其是在涉外场合）。

表3－1　　　　称呼分类表

类型	技巧	具体方法
职务性称呼	以交往对象的职务相称，以示对对方的尊敬，如经理、科长等。适用于极为正式的场合	称职务； 在职务前加上姓氏； 在职务前加上姓名
职称性称呼	如果对方具有职称，可以直接以其职称相称。如老师、律师等。适用于正式场合	只称职称； 在职称前加上姓氏； 在职称前加上姓名
性别性称呼	对于从事商界、服务性行业的人，一般可按其性别称呼“小姐”、“女士”或“先生”	“小姐”是称未婚女性，在某些场合要慎用；可以加上姓氏，如“王小姐” “女士”是对成年女性的称呼
姓名性称呼	在工作岗位上称呼姓名，一般限于同事、熟人之间。适用于一般场合	直呼其名； 只呼其姓，加“老”等字； 只称其名，不呼其姓

（二）称呼的禁忌

1. 忌使用错误的称呼

常见的错误称呼一般是误读或是误会。误读是念错对方的姓名，这样是很不礼貌的。为了避免这种情况发生，就一定要做好先期准备，必要时要向他人虚心请教。误会，是对对方的情况不了解，作出了错误的判断。例如对被称呼的年纪、辈分、婚否以及与其他人的关系作出了错误判断。比如，将未婚妇女称为“夫人”。

2. 忌使用不通行的称呼

有些称呼，具有一定的地域性。比如山东人喜欢称呼“伙计”，但南方人认为“伙计”肯定是“打工仔”。中国人把配偶经常称为“爱人”，在外国人的意识里，“爱人”是“第三者”、“情人”的意思，所以要入乡随俗，在哪里就遵从哪里的习惯。

3. 忌使用不当的称呼

对对方的称呼要谨慎、恰当。如果对方是公司的董事长，而你称他为

“经理”，就会贬低对方的地位，是很无礼的。

4. 忌使用庸俗的称呼

有些称呼在正式场合不适合使用。例如，“兄弟”、“哥们儿”等一类的称呼，虽然听起来亲切，但显得格调不高。

5. 忌称呼外号

对于不太熟悉的人，不要自作主张给对方起外号，更不能用带侮辱性的外号去称呼对方。也不能随便拿别人的姓名乱开玩笑。

三、婚庆服务人员介绍礼仪规范

介绍是人与人相互认识的桥梁，是人们开始交往的第一步。介绍也是日常接待工作中必不可少的一个环节，是人际交往和接待工作中相互了解的基本方式。

（一）自我介绍

在社交活动中，如果想结识某个人或某些人，而又没有人引见，可以自己充当自己的介绍人，把自己介绍给对方。

确定自我介绍的具体内容，要兼顾实际需要、所处场景，要具有鲜明的针对性，不要“千人一面”。有时可以把自己的姓名同名人的姓氏或是常用名词相结合，以增强别人的记忆。比如，姓名是“周英”的，就可以介绍为：周总理的“周”，英雄的“英”。

自我介绍有三点需要注意：

（1）先递名片，再作介绍，这样可以加深印象。

（2）时间要简短，尽量在1分钟之内。

（3）内容要规范，介绍“四要素”：单位、部门、职务、姓名。

特别注意：第一次介绍时单位名称要用全称，不用简称，以免产生误解。但如果介绍人在场，自我介绍会被认为是不礼貌的。

（二）他人介绍

由他人作介绍，自己处在当事人位置。如果你是身份高者、年长者，应立即与对方热情握手；如果是身份低、年轻者，应根据对方的反应而作出反应。如对方伸手，应立即回握。作为被介绍者，应当表现出结识对方的热情。要正面对着对方，双目应该注视对方，切不可东张西望，心不在焉或是羞羞答答，不敢抬头。被介绍的双方在介绍完之后，应该相互握手问好。

（三）为他人介绍

婚庆服务人员在接待过程中，为他人作介绍是常有的事情。在社交场合中，通过介绍让宾客相互认识是一种起码的礼貌。

为他人作介绍，应该把晚辈介绍给长辈，把地位低的人介绍给地位高的人，把男士介绍给女士。介绍人作介绍时，应该使用敬语，如，“王小姐，请允许我向你介绍一下……”或者较为随便的，可以说：“张先生，我来介绍一下，这位是……”为他人介绍时，应该把手掌伸开去（手心向上）向着被介绍的一方，不可以用手指指点点或去拍被介绍一方的肩和背。接待客人，把客人介绍给主人之后，一般把晚到的客人介绍给早到的客人。若来宾很多，则只介绍给附近的客人相识就行了。

四、婚庆服务人员握手礼仪规范

握手是大多数国家和地区中人们相互见面和离别时的礼节，可以说是世界上最通用的礼节。看似简单的握手，却蕴涵着复杂的礼仪细节，承载着丰富的交际信息。握手的力量、姿势与时间的长短能够表达出握手对对方的不同礼遇与态度，显露自己的个性，给人留下不同的印象。人们也可通过握手了解对方的个性，从而赢得交际的主动，为以后的深入交往打下基础。因此，身在职场，婚庆服务人员要掌握一些基本的握手礼仪。

（一）握手顺序

通常年长（尊）者、女士、职位高者、上级、老师先伸手，然后年轻者、男士、职位低者、下级及时呼应。来访时，主人先伸手，以表示热烈欢迎，并说等候多时了。告辞时，待客人先伸手后，主人再伸手与之相握，才合乎礼仪，否则就会有逐客之嫌。朋友和平辈之间谁先伸手可不作计较，一般谁先伸手，谁就被视为有礼貌。但要注意，男士和女士之间绝不能男士先伸手，这样不但失礼，而且有占人便宜之嫌。

（二）握手时间

握手时间是很重要，一般握手时间不能太短也不能太长，所谓“过犹不及”。一般和人握手最佳的做法是 3—5 秒钟，当然也不要一碰就松手，当然也不能握得时间太长。例如，不太懂礼仪的男士握着女士的手长时间不放，这反而是一种不尊重。

（三）握手力度

握手时最佳的做法是稍微用力，以不握疼对方的手为限度。跟上级或长辈握手，只需伸手过去擎着，不要过于用力。跟下级或晚辈握手，要热情地把手伸过去，用力不要太轻。和异性握手时，当女方伸出手后，男方应视双方的熟悉程度回握，一般握女士全手指部位，一般只象征性地轻轻一握。

五、婚庆服务人员名片礼仪规范

名片是婚庆服务人员随身必备的物品之一。作为“自我介绍信”和“社交联谊卡”，名片在私人交往和公务交往中都起着十分重要的作用。交换名片成为社交场合中一种重要的自我介绍的方式。恰到好处地使用名片，可以显示自己的涵养和风度，有助于人际交往和沟通。同时，名片作为个人形象和组织形象的有机组成部分，人们往往以此来看个人修养和企业的正规程度。

（一）名片交换时的态度

交换名片时要以双手食指和拇指执名片的两角，以文字正对对方，一边自我介绍，一边递上名片。对于对方递过来的名片，应该用双手去接，以示尊重和礼貌，并马上说一声“谢谢”。如果可能的话，最好用半分钟左右的时间从头至尾默读一遍对方名片所载内容。如果差不多同时递过名片，自己的应从对方的稍下方递过去，同时以左手接过对方的名片。

（二）名片交换顺序

交换名片时应按照“先客后主，先低后高”的原则，当与多人交换名片时，应按照职位高低的顺序或者由近及远的顺序进行，切忌跳跃式进行，以免让对方有厚此薄彼之感。

（三）名片交换注意

1. 名片应放在随手可取的地方，例如可放在西装右胸内侧衣袋，不应东摸西摸，显得失礼。

2. 出示名片，应把握机会，一是交谈开始前，二是交谈融洽时，三是握手告别时。

3. 接过别人的名片，切忌不加确认就放入包中，忌放在裤兜、裙兜、提包、钱夹中，忌随手乱扔（夹在书刊、材料中，压在玻璃板下，扔在抽屉里）。

4. 当名片交换完毕后，如果对方表示了“请坐”，这时就可以坐下。对方没有表示却自己坐下来，你可以跟着坐下，千万不可比对方先坐下。

六、婚庆服务人员鞠躬礼仪规范

鞠躬，即弯身行礼，为中国、日本、朝鲜的传统礼仪，用来表示对别人的尊敬。鞠躬礼除了向客人表示欢迎、问候之外，有时也用于向他人表示深深的感激之情。鞠躬礼常见的适用场合有演员谢幕、讲演、领奖、举行婚礼、悼念等等。鞠躬适用于庄严肃穆、喜庆欢乐的仪式场合。在日常生活中，学生对老师、晚辈对长辈、下级对上级、表演者对观众等都可行鞠躬礼。

（一）鞠躬动作要领

行鞠躬礼时面对客人，并拢双脚，视线由对方脸上落至自己的脚前 1.5 米处（15 度礼）或脚前 1 米处（30 度礼）。男性双手放在身体两侧，女性双手合起放在身体前面。鞠躬时必须伸直腰、脚跟靠拢、双脚尖处微微分开，目视对方。然后将伸直的腰背，由腰开始的上身向前弯曲。

（二）鞠躬的深度

鞠躬时，弯腰速度适中，之后抬头直腰，动作可慢慢做，这样令人感觉很舒服。鞠躬的深度视受礼对象和场合而定。一般问候、打招呼施 15 度左右鞠躬礼，迎宾 30 度，送客 45 度，而 90 度大鞠躬通常用于悔过、谢罪等特殊情况。

（三）鞠躬礼注意

1. 目光应向下看，表示一种谦恭的态度，不能在弯腰的同时抬起眼睛望着对方。鞠躬礼毕起身时，目光应有礼貌地注视对方，如果目光旁视，会让人感到行礼不是诚心诚意的。施礼者和受礼者在施礼过程中要相互注视。

2. 切忌边看着对方边鞠躬，这是十分不雅的；切忌边工作边致礼；切忌一边摇晃着身体一边鞠躬；鞠躬不可速度太快；切忌上身不动，只膝盖处弯曲，歪歪头。这对客人来说是对他们的不尊重，如果停下手中的工作，向客人问候或致礼，客人会十分满意。

七、婚庆服务人员递物与接物礼仪规范

递物与接物是婚庆服务中常用的一种动作，应表现出恭敬与尊重的态度。

（一）递物礼仪

递物时必须用双手相递，这是出于对对方的尊重。同时必须要说一声符合当时情景的礼貌用语。如“请您喝茶”、“您拿好”、“麻烦您了”等等。如果是站着递物，那么递物时应稍稍弯点腰；如果是坐着递物，必须要欠欠身或站起来递给对方，切不可挺胸抬头或坐着不动的将东西递给对方。有文件或资料需要领导过目签字或者请客人过目时，要将正面对着接物的一方，用双手递上文件或资料，并且使文件或资料的正面对着接物的一方。递笔、刀剪之类尖利的物品时，需将尖端朝向自己握在手中，而不要指向对方。

（二）接物礼仪

递物要讲究礼节，接物同样也讲究礼节，接受对方恭恭敬敬递过来的物品，都应该同样用双手去接，并以适当的方式致意或道谢。说一声符合当时情景的礼貌用语。如“谢谢”、“麻烦您了”等等。当对方是站立或虽坐着、但欠身将物品递给您时，必须要站立起来或欠身接过物品来，表示对对方的尊重。如果对方递过来的物品确实没有价值的话，在对方没有离开前，也应该将该物品放在一个合适的位置，切不可随意扔到一边，如递过来的文字材料，要整齐地放在桌上；如递过来的名片，应礼貌地看看，然后放好，切不可随意扔到桌上或抽屉里。

知识点二　婚庆服务人员办公礼仪规范

办公礼仪规范，是指婚庆服务人员在工作岗位上处理日常办公事务时所应遵循的基本礼仪。一般它简称为办公礼仪。

一、婚庆服务人员办公礼仪的重要性

遵守办公礼仪，是婚庆服务人员的必然要求，是婚庆服务礼仪的重要内容，每一名服务人员都应掌握。

办公礼仪的重要性有三：

第一，提升个人的素养。比尔·盖茨讲“企业竞争，是员工素质的竞争”，具体到企业，就是企业形象的竞争，员工教养体现细节，而细节又展示素质。

第二，方便个人交往应酬。在服务交往中会遇到不同的人，对不同的人如何进行交往这是要讲究艺术的，比如夸奖人也要讲究艺术，不然的话即使是夸人也会让人感到不舒服。

第三，有助于维护企业形象。在婚庆服务中个人代表整体，个人形象代表企业形象，个人的所作所为，就是企业的活体广告。

在日常工作中，办公礼仪适用于婚庆服务人员的一切上班时间之内。就地点而论，办公礼仪则适用于一切办公地点之内。也就是说，在一切工作场合，作为一般性守则的工作礼仪，是任何婚庆服务人员均应恪守的。

具体而言，注重语言美、提倡交际美、推崇行为美等三点，是办公礼仪的基本要求。

二、婚庆服务人员接待礼仪

婚庆服务人员对各方面客户尤其是准新人的迎送接待工作做得如何，直接关系到公司的形象和声誉，以及由此带来的利益。因此，在接客、待客、送客的过程中，接待者都要讲究一定的礼仪规范。通过自如得体的社交礼仪和礼节，表现出优雅的风度、典雅的气质，给客户留下美好的印象，帮助公司赢得客户，使交往不断趋于和谐，为自身创造良好的关系氛围和社会环境。

（一）接待的含义及原则

接待是指个人或单位以主人的身份招待客户，以达到某种目的的社会交往方式。在接待客户时，都应让客户能乘兴而来，满意而归。为达到这一目的，在接待过程中要遵守一定的工作原则，即平等、热情、友善、礼貌。只有这样才能赢得客户的尊敬和爱戴，才能达到交流信息、交流感情、广交朋友的目的。同时，婚庆服务人员的接待往往是婚庆服务业务的起始，礼仪是否到位是吸引客户愿意与婚庆公司签单的重要方面。

（二）接待前的准备

接待的准备工作是为接待好客户而做的。要想使接待工作做好，婚庆服务人员必须事先做好准备工作。这主要是布置好温馨的环境、准备好婚庆服务的报价单、介绍婚庆服务的相关材料等。客户来访都是有目的而来、有备而来的，要事先做好充分的准备工作。以便吸引客户，提高签单率。

（三）掌握时间

作为婚庆服务人员，如果客户是事先预约的，就一定要记住客户来访的具体日期和时间，在客户来访前做好各方面的准备工作，尽量不要与其他工作冲突，以免对客户照顾不周，流失业务。如果客户是直接前来咨询，那么无论工作多么繁忙也要停止手中的工作，热情接待客户。

（四）布置场所

接待场所就是通常所说的会客室或者办公室。在客户到达前，要根据不同情况，精心布置会客室或办公室。一般情况下，应保持卫生清洁，整理摆放桌椅，并布置得温馨或浪漫一些，根据需要适当准备一些水果、饮料、茶具、香烟等。如果是与客户洽谈婚庆服务合同或婚礼策划书等，还要准备一些文具用品、价目单、以往服务的婚礼摄影摄像和可能用得上的相关资料，以及电话、传真、电脑等，还要检查卫生设施是否能正常使用。

三、婚庆服务人员引路礼仪

婚庆服务人员在给客户引路时，要注意以下细节。

一是在走廊引路时应走在客户左前方的两三步处。引路人走在走廊的左侧，让客户走在路中央。要与客户的步伐保持一致。引路时要注意客户，适当地作些介绍。

二是在楼梯间引路时，让客户走在正方向（右侧），引路人走在左侧。

三是途中要注意引导提醒客户，拐弯或有楼梯台阶的地方应使用手势，并提醒客人“这边请”或“注意楼梯”等。

四、婚庆服务人员电梯礼仪

婚庆服务人员伴随客户来到电梯厅门前时应先按电梯按钮。轿厢到达厅门打开时，若客户不止一人时，可先行进入电梯，一手按“开门”按钮，另一手按住电梯侧门，礼貌地说“请进”，请客户们进入电梯轿厢。

进入电梯后，按下客户要去的楼层按钮。若电梯行进间有其他人员进入，可主动询问要去几楼，帮忙按下。电梯内可视状况是否寒暄，例如没有其他人员时可略作寒暄，有外人或其他同事在时，可斟酌是否必要寒暄。

电梯内尽量侧身面对客户。到达目的楼层：一手按住“开门”按钮，另一手并作出请出的动作，可说：“到了，您先请!”客户走出电梯后，自己立刻步出电梯，并热忱地引导行进的方向。

五、婚庆服务人员电话礼仪

（一）接电话礼仪

婚庆服务人员接听电话不可太随便，需要讲究必要的礼仪和一定的技巧，以免横生误会。无论是打电话还是接电话，都应做到语调热情、大方自然、声量适中、表达清楚、简明扼要、文明礼貌。

1. 及时接电话

一般来说，电话铃响3遍之前就应接听，6遍后就应道歉：“对不起，让您久等了。”如果受话人正在做一件要紧的事情不能及时接听，代接的人应妥为解释。如果既不及时接电话，又不道歉，甚至不耐烦，就是极不礼貌的行为。尽快接听电话会给对方留下好印象，让对方觉得自己被看重。

2. 确认对方

对方打来电话，一般会自己主动介绍。如果没有介绍或者你没有听清楚，就应该主动问：“请问您是哪位？我能为您做什么？您找哪位？”不可拿起电话听筒盘问一句：“喂！哪位？”这在对方听来，陌生而疏远，缺少人情味。接到对方打来的电话，拿起听筒应首先自我介绍：“您好！我是某某某。”如果对方找的人在旁边，应该说：“请稍等。”然后用手掩住话筒，轻声招呼同事接电话。如果对方找的人不在，应该告诉对方，并且问：“需要留言吗？我一定转告！”

3. 讲究方法

接听电话时，用左手接听电话，右手边准备纸笔随时记录。应注意使嘴和话筒保持4厘米左右的距离；要把耳朵贴近话筒，仔细倾听对方的讲话。最后，应让对方自己结束电话，然后轻轻把话筒放好。不可“啪”的一下扔回原处，这极不礼貌，最好是在对方之后再挂断电话。

4. 调整心态

当拿起电话听筒的时候，一定要面带笑容。笑容不是只表现在脸上，它也会藏在声音里。亲切、温情的声音会使对方马上对我们产生良好的印象。如果绷着脸，声音会变得冷冰冰的。打、接电话的时候不能叼着香烟、嚼着口香糖；说话时，声音不宜过大或过小，吐字清晰，保证对方能听明白。

（二）打电话礼仪

在打电话时，需要注意以下几点：

1. 要选好时间

打电话时，如非重要事情，尽量避开受话人休息、用餐的时间，而且最好别在节假日打扰对方。

2. 要掌握通话时间

打电话前，最好先想好要讲的内容，以便节约通话时间，不要现想现说，“煲电话粥”，通常一次通话不应长于3分钟，即所谓的“3分钟原则”。

3. 要态度友好、用语规范

通话时不要大喊大叫，震耳欲聋。通话之初，应先作自我介绍，不要让对方“猜一猜”。请受话人找人或代转时，应说“劳驾”或“麻烦您”，不要认为这是理所应当的。

六、婚庆服务人员奉茶倒水礼仪

当今社会，客来敬茶、倒水成为人们日常社交和家庭生活中普遍的往来礼仪，也是婚庆服务人员接待活动中的重要组成部分。

首先，茶具要清洁。客人进屋后，先让座，后备茶。冲茶之前，一定要把茶具洗干净，如果是一次性杯子，在倒茶前要注意给杯子套上杯托，以免水热烫手，让客人一时无法端杯喝茶。

其次，茶水要适量。茶叶的量一般要适当。茶叶不宜过多，也不宜太少。茶叶过多，茶味过浓；茶叶太少，冲出的茶没啥味道。假如客人主动介绍自己喜欢喝浓茶或淡茶的习惯，那就按照客人的口味把茶冲好。倒茶时，无论是大杯小杯，都不宜倒得太满，太满了容易溢出，还可能会烫伤自己或客人的手脚，使宾主都很难为情。当然，也不宜倒得太少。

最后，端茶要得法。按照我国人民的传统习惯，应用双手给客人端茶，不可用一只手把茶递给客人了事。双手端茶也要很注意，对有杯耳的茶杯，通常是用一只手抓住杯耳，另一只手托住杯底，把茶端给客人。有两位以上的访客时，用茶盘端出的茶色要均匀，并要左手捧着茶盘底部，右手扶着茶盘的边缘，如有茶点心，应放在客人的右前方，茶杯应摆在点心右边。上茶时应以右手端茶，从客人的右方奉上，并面带微笑，眼睛注视对方。

七、婚庆服务人员座次礼仪

在会客时，对于让座的问题应予以重视。具体而言，婚庆服务人员在会见时让座于人有两点注意事项。一方面，必须遵守有关的惯例；另一方面，则必须讲究主随客便。总体来说，会客时、通常应当恭请来宾就座于上座。会见时的座次安排，大致有以下三种方式。

（一）相对式

它的具体做法，是宾主双方面对面而坐。这种方式显得主次分明，往往易于使宾主双方公事公办，保持距离。它多适用于正式会客，通常又分为两种情况。

1. 双方就座后一方面对正门，另一方则背对正门

此时讲究"面门为上"，即面对正门之座为上座，应请客人就座；背对正门之座为下座，宜由主人就座。

2. 双方就座于室内两侧，并且面对面地就座

此时讲究进门后"以右为上"，即进门后右侧之座为上座，应请客人就座；左侧之座为下座，宜由主人就座。当宾主双方不止一人时，情况也是如此。

（二）并列式

它的基本做法，是会宾主双方并排就座，以示双方关系密切。它具体分为两类情况。

1. 双方一同面门而坐

此时讲究"以右为上"，即主要宜请客人就座在自己的右侧。

2. 双方一同在室内的右侧或左侧就座

此时讲究"以远为上"，即距门较远之座为上座，应当让给客人；距门较近之座为下座，应留给主人。

（三）居中式

所谓居中式排位，实为并列式排位的一种特例。它是指当多人并排就座时，讲究"居中为上"，即应以居于中央的位置为上座，请客人就座；以其两侧的位置为下座，由婚庆服务人员就座。

【教学任务】

任务一　婚庆服务人员日常交际礼仪实训

婚庆服务人员在接触服务对象时，得体又不失热情的交际礼仪可拉近与客户的距离，积极有效地促进服务过程的完成。

活动一　婚庆服务人员称呼礼仪实训

（一）教师讲解实训课教学内容、教学目的

（二）称呼礼仪的基本要求

1. 称呼时可称呼职务、称呼姓名、根据身份特点称呼或者使用通用称呼。

2. 不能使用错误的称呼、不通行的称呼、不当的称呼、庸俗的称呼或用外号称呼。

（三）教师示范

1. 教师示范根据职务、对方姓名、身份特点进行称呼。

2. 抽选一名学生做训练，进行称呼的演示。

（四）学生训练、教师巡查

1. 学生按照两人一组，分别演练称呼职务、称呼姓名、使用通用称呼，然后互换角色，相互点评。

2. 教师随时巡查，指导学生。

（五）实训检测表记分

表 3-2　称呼礼仪实训检测表

考核项目	考核内容	分值	自评分（20%）	小组评分（30%）	教师评分（50%）	实得分
称呼职务						
称呼姓名						
根据身份特点称呼						
使用通用称呼						
总分						

活动二　婚庆服务人员介绍礼仪实训

（一）教师讲解实训课教学内容、教学目的

（二）介绍礼仪的基本要求

1. 自我介绍时应先递名片、控制时间、内容规范。
2. 他人介绍时注意身份。
3. 为他人介绍应使用敬语，注意手势。

（三）教师示范

1. 教师示范自我介绍、他人介绍、为他人介绍过程。
2. 抽选一名学生做训练，进行介绍礼仪的演示。

（四）学生训练、教师巡查

1. 学生按照两人一组，分别演练自我介绍、他人介绍、为他人介绍，然后互换角色，相互点评。
2. 教师随时巡查，指导学生。

（五）实训检测表记分

表 3－3　　介绍礼仪实训检测表

考核项目	考核内容	分值	自评分（20%）	小组评分（30%）	教师评分（50%）	实得分
自我介绍						
他人介绍						
为他人介绍						
总分						

活动三　婚庆服务人员握手礼仪实训

（一）教师讲解实训课教学内容、教学目的

（二）握手礼仪的基本要求

1. 根据对象身份、性别按顺序握手。

2. 握手时间在 3—5 秒钟。

3. 握手时稍微用力。

（三）教师示范

1. 教师示范抽选一名学生配合，进行握手礼仪的演示。演示握手顺序、握手时间和握手力度。

（四）学生训练、教师巡查

1. 学生按照两人一组，演练握手顺序、握手时间和握手力度。然后互换角色，相互点评。

2. 教师随时巡查，指导学生。

（五）实训检测表记分

表 3－4　　握手礼仪实训检测表

考核项目	考核内容	分值	自评分（20%）	小组评分（30%）	教师评分（50%）	实得分
握手顺序						
自我介绍						
握手力度						
总分						

活动四　婚庆服务人员名片礼仪实训

（一）教师讲解实训课教学内容、教学目的

（二）名片礼仪的基本要求

1. 交换名片态度要谦和。

2. 交换名片时应遵照“先客后主，先低后高”原则。

3. 妥善放置自己和对方名片，把握好交换名片的时机。

（三）教师示范

1. 教师示范交换名片的时机、态度、手势、顺序，以及名片放置的位置。

2. 抽选一名学生做训练，进行名片礼仪的演示。

（四）学生训练、教师巡查

1. 学生按照两人一组，演练交换名片的时机、态度、手势和顺序。然后互换角色，相互点评。

2. 教师随时巡查，指导学生。

（五）实训检测表记分

表 3－5　　名片礼仪实训检测表

考核项目	考核内容	分值	自评分（20%）	小组评分（30%）	教师评分（50%）	实得分
名片交换的手势、动作						
名片交换顺序						
名片放置的位置						
总分						

活动五　婚庆服务人员鞠躬礼仪实训

（一）教师讲解实训课教学内容、教学目的

（二）鞠躬礼仪的基本要求

1. 鞠躬注意动作到位，腰挺直、脚并拢。

2. 鞠躬深度注意打招呼施15度左右、迎宾30度、送客45度。

（三）教师示范

1. 教师示范鞠躬的基本站位、男女鞠躬时的不同手势、鞠躬深度。

2. 抽选一名学生做训练，进行鞠躬礼仪的演示。

（四）学生训练、教师巡查

1. 学生按照两人一组，演练鞠躬基本立姿、鞠躬深度。然后互换角色，相互点评。

2. 教师随时巡查，指导学生。

（五）实训检测表记分

表3-6 鞠躬礼仪实训检测表

考核项目	考核内容	分值	自评分（20%）	小组评分（30%）	教师评分（50%）	实得分
鞠躬基本立姿						
鞠躬时的手势						
鞠躬深度						
总分						

活动六　婚庆服务人员递物与接物礼仪实训

（一）教师讲解实训课教学内容、教学目的

（二）递物与接物礼仪的基本要求

1. 递物应使用双手、使用礼貌用语。

2. 接物同样用双手去接，并以适当的方式致意或道谢。

（三）教师示范

1. 教师示范递物与接物的礼貌用语和基本动作。

2. 抽选一名学生做训练，进行递物与接物礼仪的演示。

（四）学生训练、教师巡查

1. 学生按照两人一组，演练递物与接物基本动作和礼貌用语。然后互换角色，相互点评。

2. 教师随时巡查，指导学生。

（五）实训检测表记分

表 3－7 递物与接物礼仪实训检测表

考核项目	考核内容	分值	自评分（20%）	小组评分（30%）	教师评分（50%）	实得分
递物基本动作						
接物基本动作						
递物与接物礼貌用语						
总分						

任务二 婚庆服务人员办公礼仪实训

婚庆服务人员办公礼仪是在其工作岗位上处理日常事务时所应遵循的基本礼仪，要求做到语言美、交际美、行为美。

活动一 婚庆服务人员接待礼仪实训

（一）教师讲解实训课教学内容、教学目的

（二）接待礼仪的基本要求

1. 接待前布置好环境，准备好有关材料。

2. 接待时注意掌握平等、热情、友善和礼貌原则，掌握好时间。

（三）教师示范

1. 教师示范接待前的准备工作和接待时的礼仪。

2. 抽选一名学生做训练，进行接待礼仪的演示。

（四）学生训练、教师巡查

1. 学生按照两人一组，扮演接待者和被接待者，演练接待准备、接待时基本动作和礼貌用语。然后互换角色，相互点评。

2. 教师随时巡查，指导学生。

（五）实训检测表记分

表 3－8 接待礼仪实训检测表

考核项目	考核内容	分值	自评分（20%）	小组评分（30%）	教师评分（50%）	实得分
接待前准备						
接待时的礼仪						
递物与接物礼貌用语						
总分						

活动二 婚庆服务人员引路礼仪实训

（一）教师讲解实训课教学内容、教学目的

（二）引路礼仪的基本要求

1. 应走在客人左前方的两三步处，让客人走在路中央。要与客人的步伐保持一致。

2. 引路途中注意引导提醒客人。

（三）教师示范

1. 教师示范引路礼仪。

2. 抽选一名学生做训练，进行走廊和楼梯间引路礼仪的演示。

（四）学生训练、教师巡查

1. 学生按照两人一组，分别扮演引路者和客人，演练引路时基本动作和礼貌用语。然后互换角色，相互点评。

2. 教师随时巡查，指导学生。

（五）实训检测表记分

表 3－9　　引路礼仪实训检测表

考核项目	考核内容	分值	自评分（20%）	小组评分（30%）	教师评分（50%）	实得分
走廊引路						
楼梯间引路						
引路动作、语言						
总分						

活动三　婚庆服务人员电梯礼仪实训

（一）教师讲解实训课教学内容、教学目的

（二）电梯礼仪的基本要求

1. 先按按钮，请客人先进。

2. 出电梯请客人先走。

（三）教师示范

1. 教师示范接进出电梯礼仪。

2. 抽选一名学生做训练，进行进出电梯礼仪的演示。

（四）学生训练、教师巡查

1. 学生按照两人一组，分别扮演引领者和客人，演练进出电梯时基本动作和礼貌用语。然后互换角色，相互点评。

2. 教师随时巡查，指导学生。

（五）实训检测表记分

表 3－10　　电梯礼仪实训检测表

考核项目	考核内容	分值	自评分（20%）	小组评分（30%）	教师评分（50%）	实得分
进电梯礼仪						
电梯内礼仪						
出电梯礼仪						
总分						

活动四　婚庆服务人员电话礼仪实训

（一）教师讲解实训课教学内容、教学目的

（二）电话礼仪的基本要求

1. 接电话要及时，确认对方，调整好心态。

2. 打电话要选好时间，掌握通话时间，要态度友好、用语规范。

（三）教师示范

1. 教师示范接打电话礼仪。

2. 抽选一名学生做训练，进行接打电话礼仪演示。

（四）学生训练、教师巡查

1. 学生按照两人一组，演练接打电话的基本动作和礼貌用语。然后互换角色，相互点评。

2. 教师随时巡查，指导学生。

（五）实训检测表记分

表 3－11　　电话礼仪实训检测表

考核项目	考核内容	分值	自评分（20%）	小组评分（30%）	教师评分（50%）	实得分
打电话礼仪						
接电话礼仪						
总分						

活动五　婚庆服务人员奉茶倒水礼仪实训

（一）教师讲解实训课教学内容、教学目的

（二）奉茶倒水礼仪的基本要求

1. 茶具要清洁。

2. 茶水要适量。

3. 端茶要得法。

（三）教师示范

1. 教师示范奉茶倒水礼仪。

2. 抽选一名学生做训练，进行奉茶倒水礼仪演示。

（四）学生训练、教师巡查

1. 学生按照两人一组，演练奉茶倒水的基本动作和礼貌用语。然后互换角色，相互点评。

2. 教师随时巡查，指导学生。

（五）实训检测表记分

表 3－12　　奉茶倒水礼仪实训检测表

考核项目	考核内容	分值	自评分（20%）	小组评分（30%）	教师评分（50%）	实得分
检查茶具						
检查水量						
端茶手势						
倒茶手势						
总分						

活动六　婚庆服务人员座次礼仪实训

（一）教师讲解实训课教学内容、教学目的

（二）座次礼仪的基本要求

1. 主随客便，通常应恭请来宾就座于上座。

2. 相对式坐法指宾主相对而坐，表示双方公事公办，保持距离。

3. 并列式坐法是宾主双方并排就座，表示双方关系密切。

4. 当多人并排就座时，讲究“居中为上”。

（三）教师示范

1. 教师示范座次礼仪。

2. 抽选一名学生做训练，进行座次礼仪演示。

（四）学生训练、教师巡查

1. 学生按照两人一组，演练相对式、并列式座次礼仪的基本动作和礼貌用语。然后互换角色，相互点评。

2. 教师随时巡查，指导学生。

（五）实训检测表记分

表 3－13　座次礼仪实训检测表

考核项目	考核内容	分值	自评分（20%）	小组评分（30%）	教师评分（50%）	实得分
相对式坐法						
并列式坐法						
居中式坐法						
总分						

【本章小结】

1. 婚庆服务人员日常交际礼仪指婚庆服务人员在社会交往活动过程中形成的应共同遵守的行为规范和准则。

2. 婚庆服务人员日常交际礼仪的作用体现在：（1）良好的交际礼仪能提高人气。（2）良好的交际礼仪能形成关系“网络”。（3）良好的交际礼仪能获取信息。（4）良好的交际礼仪能培养感情。（5）良好的交际礼仪能缩短距离。（6）良好的交际礼仪能创造机会。

3. 婚庆服务人员在接待工作中，了解对方的身份，正确恰当地使用称呼，既可以显示出接待人员的修养和风度，也是向客人表示尊重的一种礼仪。称呼时注意：（1）忌使用错误的称呼。（2）忌使用不通行的称呼。（3）忌使用不当的称呼。（4）忌称呼外号。（5）忌使用庸俗的称呼。

4. 介绍分为自我介绍、他人介绍、为他人介绍。介绍时要兼顾实际需要、所处场景，要具有鲜明的针对性。

5. 婚庆服务人员握手礼仪中注意：（1）握手顺序。（2）握手时间。（3）握手力度。

6. 名片礼仪规范。交换名片成为社交场合中一种重要的自我介绍的方式。交换名片时应按照“先客后主，先低后高”的原则。

7. 鞠躬礼仪规范。鞠躬用来表示对别人的尊敬。鞠躬时要掌握动作要领，鞠躬深度适中，注意目光。

8. 递物与接物是婚庆服务中常用的一种动作，应表现出恭敬与尊重的态度。

9. 办公礼仪规范，是指婚庆服务人员在工作岗位上处理日常事务时所应遵循的基本礼仪。办公礼仪的作用体现在：（1）提升个人的素养。（2）方便个人交往应酬。（3）有助于维护企业形象。

10. 接待礼仪是指婚庆服务人员招待客人时的礼仪规范。包括：（1）接待前的准备。（2）掌握时间。（3）布置场所。

11. 电话礼仪包括：接电话时：（1）及时接电话。（2）确认对方。（3）讲究方法。（4）调整心态。打电话时：（1）要选好时间。（2）要掌握通话时间。（3）要态度友好、用语规范。

12. 奉茶倒水礼仪：（1）茶具要清洁。（2）茶水要适量。（3）端茶要得法。

13. 座次礼仪。会见时的座次安排，大致有以下三种方式：（1）相对式。（2）并列式。（3）居中式。

【核心概念】

婚庆服务人员日常交际礼仪　婚庆服务人员办公礼仪　称呼礼仪　介绍礼仪　接待礼仪

【能力检测】

1. 在称呼时的主要禁忌是什么？
2. 递送名片应依照的基本顺序是什么？
3. 握手应注意哪些细节？
4. 社交场合为他人作介绍时应注意哪些问题？
5. 接待时应注意哪些问题？

项目四 婚庆服务人员的语言礼仪规范

【学习目标】

通过本章的学习，你应该能够：

1. 了解语言礼仪的功能；
2. 掌握语言礼仪的构成要素；
3. 掌握语言礼仪的基本要求；
4. 掌握婚庆服务人员的语言礼仪规范。

【本章概览】

婚庆服务人员的语言礼仪也是婚庆服务人员必备的职业礼仪，核心目标是了解和掌握言谈礼仪的功能、构成要素和基本要求，掌握婚礼服务人员的语言礼仪规范。为了实现本目标，需要完成六项任务：第一，掌握婚庆服务人员言谈礼仪规程；第二，掌握婚庆服务人员问候与迎送服务用语规则；第三，掌握婚庆服务人员请托与致谢服务用语规则；第四，掌握婚庆服务人员征询与应答服务用语规则；第五，掌握婚庆服务人员推托与致歉服务用语规则；第六，掌握婚庆服务人员赞赏与祝贺服务用语规则。

【核心技能】

语言礼仪的技巧　问候与迎送服务用语规范　请托与致谢服务用语规范　征询与应答服务用语规范　推托与致歉服务用语规范　赞赏与祝贺服

务用语规范

【理论知识】

知识点一　语言礼仪的功能、构成要素和基本要求

语言，是人类用以表达思想、交流情感、沟通信息的特有工具。在日常工作与生活里，婚庆服务人员不仅需要具备一定的语言文字的使用能力，而且还必须以此作为自身最为重要的交际工具。俗话说“言为心声”，“字如其人”。在平日运用语言文字时，婚庆服务人员必须对其多加要求，恪守成规。

一、语言礼仪的含义和功能

（一）语言礼仪的含义

所谓语言礼仪规范，指的就是使用语言文字必须遵守的一些成规。具体而言，语言礼仪规范实际上体现于相互关联的两个方面：一方面，它对服务人员“说什么”有所规范，即所谓“内容美”；另一方面，它对“怎样说”也有所要求，即所谓“形式美”。既不能忽略其“内容美”，因为离开了内容，其具体内容便无本可依。与此同时，对其“形式美”也应高度关注，因为内容体现于形式，形式表现内容。完全忽略了形式，语言文字的“内容美”便无从谈起。总而言之，对语言文字的“内容美”与“形式美”应给予同等重视。

（二）语言礼仪的功能

1. 帮助建立良好人际关系

美国著名的语言心理学家多罗西·萨尔诺夫曾说道：“说话艺术最重

要的应用，就是与人交谈。”从广泛意义上来讲，语言是人们交流思想、沟通感情、建立联系、消除隔阂、协调关系、促进合作的一个重要渠道。一个人善于言谈就能广交朋友，帮助其建立良好的人际关系。

2. 能增长知识和经验

在工作生活中，如果善于同有思想、有修养的人交谈，能学到很多有用的知识。广泛地交谈可以交流信息、深化思想、增强认识能力和处理问题、解决问题的能力。

二、语言礼仪的形式和构成要素

语言的形式多种多样，包括聊天、介绍、劝慰、回答、问候、道歉等。构成言谈的要素包括两个方面。

（一）言谈主体

言谈主体就是谈话者，言谈主体是由交谈的双方共同组成的，他们是交谈内容的决定者和选择者，对交谈活动的成果起着决定性作用。因此，交谈双方的态度、表情、音量、姿势等都会影响言谈效果。

（二）言谈客体

即谈话的内容。既包括正式交谈场合双方已经提前约定或者其中一方事先准备好的内容，也包括各种交谈场合会谈及的话题，如专业的、休闲的、轻松的等。

三、语言谈吐的基本要求

语言交谈是一种社会交流的艺术，婚庆服务人员在进行交谈要注意以下礼仪要求：

第一，语言要文明。交谈时，应当表现出良好的文化素养和友善的待人处世态度，使人产生高雅、温和、脱俗之感。要使用文雅词语，杜绝不雅之词，展示个人的良好教养和对谈话对象的尊重。尤其是在与他人进行正式交谈时，用词用语一定要力求谦和、恭敬，千万要避免粗话、脏话、黑话、荤话、怪话、气话等。

第二，语言要礼貌。交谈者尽量多使用礼貌用语，要养成自觉使用礼貌用语的习惯。礼貌语言可分为问候语、迎送语、请托语、致谢语、征询语、应答语、赞赏语、祝贺语、推托语以及道歉语等十种类型。它们既有各自专门适用的场合，又有各自专用的具体方式。

第三，语言要准确。服务人员要讲好普通话，应当避免两种常见的错误倾向：一是滥用外语；二是只讲方言。要用词正确，少用生词，凡是不甚熟悉的生词，尽量不要在交谈中使用，对其具体含义不太了解时，也以不使用为好。

第四，态度要真诚。交谈双方态度要认真、诚恳。要认真对待交谈的主题，坦诚相见，直抒胸臆，不躲不藏，明明白白地表达出自己的观点和看法。如果虚情假意，言不由衷，搞“外交辞令”，就会出现“话不投机半句多”的尴尬局面。交谈时，听到夸奖话，应表示谦逊；听到批评逆耳之言，不要表现出不高兴和作过多的解释。回答问话时，要表现出友好和诚意。

第五，神情要专注。交谈时，神情要专注，眼睛应正视对方，表示出对交谈话题的兴趣，应认真倾听，切忌东张西望，似听非听，或自顾自处理一些与交谈无关的事情，也不要随意打哈欠、伸懒腰，作出一副疲惫不堪的样子，或者不时看看钟表，显得心不在焉。

第六，反馈要积极。对方在阐述自己的意见时，要通过适当的眼神、手势或其他形体语言让对方感觉到你在认真倾听，或及时适当地使用一些语气词，如“哦”、“是吗”，或用简单的语句进行反馈。如果让对方滔滔不绝，自己却一言不发，不置可否，这是失礼的表现，同时也不利于交流的深入。

知识点二　婚庆服务人员的语言礼仪规范

在婚庆服务岗位上，准确而适当地运用礼貌用语，是对广大婚庆服务人员的一项基本要求。在职业性的服务工作中，很大程度上要依赖言语即口头的语言表达，也就是我们常说的交谈。譬如日常的接待、电话、谈单、咨询、庆典及其他交际场合的谈话，都是属于交谈。同时也是做好本职工作的基本前提之一。会不会说话，说什么话，是修养，也是能力。作为思想交流的载体，掌握好语言运用技巧，是服务人员必备的基本功。

一、婚庆服务人员语言礼仪的基本要求

婚庆服务人员在为服务对象提供服务时，必须讲求交谈艺术，遵循相应的礼节。礼貌用语，对于婚庆服务行业而言，主要是指在婚庆服务过程中表示婚庆服务人员自谦、恭敬之意的一些约定俗成的语言及其特定的表达形式。

（一）语言礼貌有理

婚庆服务人员应将礼貌用语时时挂在嘴边。“请”、“您好”、“谢谢”、“对不起”、“再见”是社会提倡的文明交往用词，婚庆服务人员更应事事处处带头使用。当然，语言礼仪不仅是词语运用，而要在语言交流中体现对人的尊重和理解。作为婚庆服务人员是专门为新人服务的专业人员，在服务过程中坚决不讲伤人自尊、伤人感情的话，不用粗鄙恶俗的语言。无论遇到什么情况，用语文明、有礼貌，应是婚庆服务人员必须的习惯行为。

说话有理，既指所说的话具有道理，符合有关法规和交际惯例，也指条理清晰，逻辑严密。说话要坦率诚恳，以增强言语中表达的诚信之意，并使人准确无误地明白说话的意思。有时一语不慎，可能使双方关系僵化、恶化，而巧妙地运用礼仪语言，使对方感受到诚意和热情，会使局势向更好的方向转化发展。婚庆服务人员应努力钻研说话技巧，将自己的意愿清晰地传给对方，将自己的道理严密地表达出来。无论自己面对什么性格的人，都能用最恰当的话语与他沟通，使他人信服。

（二）注意说话时的交流

听话，是说话的另一个方面，它与说话共同形成交谈中的交流，从而达到交谈的目的。要会说话，同时也必须会听话，善于听话，才能帮助婚庆服务人员更好地说话。

交谈时，只顾自己一吐为快，不顾对方的反应，是礼仪的大忌，也是说话艺术不成熟的表现。作为婚庆服务人员在接待客户时要善于听别人说，让别人在自己面前陈述、倾吐，是一种作风修养，也是了解客户的意图的方式，更是说话礼仪的基本要求之一。

婚庆服务人员在交谈时要倾听，在听的过程中，了解对方的想法和意图，才能使自己的回答更明确，更恰当。在交谈时，一味强调自己的意见，会给人留下某种误解，而误解一旦形成便很难改变，这也印证了民间的一句话“言多必失”。所以婚庆服务人员要善于听，善于在听与说的交流中传达信息，以增进了解，为客户提供更周到、细致的服务。

二、婚庆服务人员问候与迎送服务用语规范

（一）问候服务用语规范

问候是人际交往中的重要环节。随着社会的进步，交往中对语言文明的要求更高了。见面时应根据彼此的关系问候“您好”、“你好”、“早上好”、“晚安”等。这种问候语简单明了，不受场合约束而且听来亲切。陌生人初次相识，说一声“您好，见到您很高兴”，能使彼此的关系很快地融洽起来。

1. 问候用语的内容分为两种

一是直接式问候，二是间接式问候，分别适用不同场合。

所谓直接式问候，就是直接以问好作为问候的主要内容。它适用于正式的交往场合，特别是在初次接触的陌生商务及社交场合，在问好之前，加上适当的人称代词，或者其他尊称。例如，“你好”、“您好”、“大家好”等。

所谓间接式问候，就是以某些约定俗语成的问候语，或者在当时条件下可以引起的话题，主要适用于非正式、熟人之间的交往。比如，“最近过得怎样”、“忙什么呢”、“您去哪里”等，来替代直接式问好。

2. 问候用语的基本要求

（1）积极主动。婚庆服务人员向他人问候时，要积极、主动。当别人首先问候自己之后，要立即予以问候是敬意的一种表现，态度上一定要注

意主动。不能摆出一副高不可攀的样子。

（2）热情、友好、真诚。婚庆服务人员向他人问候时，要表现得热情、友好、真诚，如果拉长脸、表情冷漠，这样的问候不如不问。

（3）大方得体。婚庆服务人员向他人问候时，态度应主动、热情，必须表现得大方得体，而且一定要专注。矫揉造作、神态夸张，或者扭扭捏捏，反而会给人留下虚情假意的坏印象。

（4）面含笑意。婚庆服务人员在问候的时候，要面含笑意，与他人有正面的视觉交流，以做到眼到、口到、意到。不要在问候对方的时候，目光游离、东张西望，这样会让对方不知所措。

（二）迎送服务用语规范

1. 欢迎用语

婚庆服务人员在欢迎客户时，最常用的欢迎用语有："欢迎"、"欢迎光临"、"欢迎您的到来"、"见到您很高兴"、"恭候您的光临"等。在客人再次到来时，可在欢迎用语之前加上对方的尊称，如"先生，真高兴再次见到您"、"欢迎您再次光临"等，以表明自己尊重对方，使对方产生被重视之感。

2. 送别用语

送别用语，最为常用的送别用语，主要有"再见"、"慢走"、"走好"、"欢迎再来"、"一路平安"等等。

三、婚庆服务人员请托与致谢服务用语规范

请托用语通常指的是在请求他人帮助或是托付他人代劳时应当使用的专项用语。

（一）请托服务用语规范

一般情况下，服务人员经常使用的请托用语主要可以分为三种：

一是标准式。它的内容，主要就是说"请"。当婚庆服务人员向服务对象提出某些具体要求时，只要前面加上一个"请"字，例如，"请稍候"、"请让一下"等往往更容易为对方所接受。

二是求助式。最为常见的有："劳驾"、"拜托"、"打扰"、"借光"、

“请关照”等等。往往是在向他人提出某一具体的要求时，比如请人帮忙、打断对方的交谈，或者是要求对方照顾一下自己时，才被使用的。

三是组合式。“请您帮我一个忙”、“劳驾您替我扶一下这件东西”等，都是较为典型的组合式请托用语。

（二）致谢服务用语

致谢服务用语。又称道谢用语、感谢用语。对于婚庆服务人员来讲，在下列六种情况下，应及时使用致谢用语，向他人表明本人的感激之意。

一是得到他人的帮助时，二是得到他人支持时，三是赢得他人理解时，四是感到他人善意时，五是婉言谢绝他人时，六是受到他人赞美时。

致谢的主要方式，有三种方式：

一是标准式。通常只包括一个词——“谢谢”！还可以在其前后加上尊称或人称代词，如“王先生，谢谢”、“谢谢刘小姐”、“谢谢大姐”、“感谢您”等等。

二是加强式。常用有“十分感谢”、“万分感激”、“非常感谢”、“多多感谢”、“多谢”。

三是具体式。一般是因为某一具体事宜而向人致谢。例如，“有劳您了”、“让您替我们费心了”、“上次给您添了不少麻烦”、“那件事情太让您为我操心了”等等。

四、婚庆服务人员征询与应答服务用语规范

（一）征询服务用语规范

征询服务用语也叫做询问用语。婚庆服务人员一般在下列情况下采用：一是主动提供服务时，二是了解对方需求时，三是给予对方选择时，四是启发对方思路时，五是征求对方意见时。

1. 主动式

例如，“需要帮助吗”、“我能为您做点儿什么”、“您需要什么”、“您想要哪一种”。

2. 封闭式

往往婚庆服务人员只给对方一个选择方案，以供对方及时决定是否采纳。例如，“您不介意我来帮助您吧”、“您是不是先来试看一看这个策划方案?”

3. 开放式

也叫选择式的征询用语。例如，“您需要这一种婚纱，还是那一种婚纱”、“您打算选中式的婚礼，还是西式的婚礼”。

(二) 应答服务用语规范

应答服务用语是婚庆服务人员用来回应服务对象的召唤，或是在答复其询问之时所使用的专门用语。就应答用语的具体内容而论，它主要可以分为三种基本形式。

1. 肯定式

主要用来答复服务对象的请求。重要的是要注意，一般不允许婚庆服务人员对于服务对象说一个“不”字，更不允许对其置之不理。这一类主要有：“是的”、“好”、“随时为您效劳”、“很高兴能为您服务”、“我知道了”、“好的，我明白您的意思”、“我会尽量按照您的要求去做”、“一定照办”等等。

2. 谦恭式

当服务对象对于被提供的婚庆服务表示满意，或是直接对婚庆服务人员进行口头表扬、感谢时，一般宜用此类应答用语进行应答。主要有：“这是我的荣幸”、“请不必客气”、“这是我们应该做的”、“请多多指教”、“您太客气”、“过奖了”等等。

3. 谅解式

在服务对象因故向自己致以歉意时，应及时予以接受，并表示必要的谅解。常用的谅解式应答用语主要有：“不要紧”、“没有关系”、“不必，不必”、“我不会介意”等等。

五、婚庆服务人员推托与致歉服务用语规范

（一）推托服务用语规范

在工作之中，婚庆服务人员经常会遇上难以满足服务对象某些要求的情况。有时，可能是对方的要求过高；有时，则可能是因为自身条件不够。遇到这类情况，婚庆服务人员一定要牢记在解释原因或回绝对方时，一定要讲究方式方法，不能简单地一口回绝。

推托服务用语指拒绝别人时所惯用的语言。主要有三种具体的形式。

1. 道歉式

当对方的要求难以被立即满足时，不妨直接向对方表示自己的歉疚之意，以求得对方的谅解。

2. 转移式

就是不具体纠缠于对方所提及的某一问题，而是主动提及另外一件事情，以转移对方的注意力。例如，“您不再看看别的策划方案吗”、“这个方案其实跟您刚才想要的差不多”、“您还可以到那边看看”等等。

3. 解释式

即在推托对方时，说明具体的缘由，尽可能地让对方觉得自己的推托合情合理。例如，“非常抱歉，我们这里有这样的规定”、“我下班后需要休息，不能接受您的邀请”等等。

（二）致歉服务用语规范

在工作中，因种种原因而带给他人不便，或妨碍、打扰对方时，服务人员必须及时地向对方表达自己的歉意，其常规做法，是需要使用规范的致歉用语，向对方赔礼。

最为常用的致歉用语主要有：“抱歉”、“对不起”、“请原谅”、“失礼了”、“失迎了”、“不好意思”、“多多包涵”、“十分失礼”、“很是惭愧”、“太不应该了”、“真过意不去”等等。

六、婚庆服务人员赞赏与祝贺服务用语规范

（一）赞赏服务用语规范

赞赏服务用语主要在人际交往中肯定他人时使用，当一个人在获得他人中肯的赞美时自尊的需求得到满足，内心的愉悦程度是物质享受不能比的，及时而恰当地给予对方赞赏，等于是对其所做的行为作出正面的认可，从实际效果来看，既可以激励别人，又可以促使或改善双方之间的人际关系。

婚庆服务人员在赞美服务对象时，应注意以下几点：

1. 适可而止

赞美时要把握分寸，不能任意拔高，否则会使赞美本身贬值。

2. 实事求是

婚庆服务人员必须明确赞美和吹捧是不一样的，真正的赞美是建立在实事求是的基础上的。

3. 恰如其分

婚庆服务人员赞美对方要明确具体。比如赞美女性时，可以赞美她的魅力、风度、青春、容貌、个性及打扮，甚至声音、肤色、服装样式等；对男性，一般应侧重赞美其体魄、气质、丰富、事业、学识、技能、谈吐及为人、作风等方面。

（二）祝贺服务用语规范

在婚庆服务过程中，婚庆服务人员往往有必要向服务对象适时地使用一些祝贺服务用语。在不少场合，这既是一种礼貌，也是人之常情。在婚庆服务过程中，向服务对象致以真诚的祝贺，通常能为对方锦上添花，拉近与服务对象的距离。

应酬式的祝贺用语在各种一般性的场合，往往被用来祝贺服务对象顺心如愿。其具体内容往往各异，在使用时，通常对对方的情况多少有所了解，常见的祝贺用语有“祝贺您”、“祝您愉快”、“祝您快乐”、“祝您幸福”、“祝您成功”、“祝您走运”、“祝您发财”、“祝您快乐”、“祝您们新婚幸福”等等。

七、婚庆服务的言谈忌语

忌语是指人引起误解、不快的语言。不礼貌的语言，如粗话脏话，这是语言中的垃圾，必须坚决清除。他人忌讳的语言是指他人不愿听的语言，交谈中要注意避免使用。容易引起误解和不快的语言要注意回避。如在议论服务对象长相时，可把“肥胖”改说成“丰满”或“福相”，“瘦”则用“苗条”或“清秀”代之。参加婚礼时，应祝新婚夫妇白头偕老。在探望病人时，应说些宽慰的话，如“你的精神不错”、“你的气色比前几天好多了”等等。在日常生活中，如遇到矛盾冲突时，应冷静处置，不用指责的语言，多用谅解的语言。

交谈是人与人之间交流沟通最主要的方式，因此，如何说话对于建立良好的人际关系，显得极其重要。婚庆服务人员在言谈上要有很高的水准，但最主要的还是要切忌言语粗暴，除了要讲究技巧之外，还应该了解说话时的忌语。

一是避免说脏话。凡是言语中夹杂与脏物有关的词语就是脏话，在人与人的交谈中，口头禅往往成为与人交往的最大阻碍，口头禅有时会让人误为骂人的脏话，因此在婚庆服务过程中一定要切记改掉口头禅这一不良行为，更要避免脏话。

二是避免说气话。气话一般指的是赌气泄愤的话，在婚庆服务过程中，特别是在争执的情况下，更应该保持高度的自控力，避免被不顺心的事或者不顺眼的人所激怒，即使心中有火，也不要在轻易在客户面前发泄，要始终保持平和的心态，耐心与之沟通。

三是避免说粗话，有些人性格鲁莽，不懂礼仪，出言粗鲁，不知道尊重别人，面对这种人时，婚庆服务人员要达到一种超人的境界，不能与之斤斤计较，更不能以粗对粗。

四是避免说怪话，在婚庆服务过程中，遇到争执，要有耐心，不要将在争执中所发生的怨气转化在言语上，用阴阳怪气的腔调和怪话相待。

俗话说“言为心声”，纯洁的灵魂，见诸言语，必然文明、高雅；相反，粗话、脏话等低劣的谈吐反映的只能是庸俗狭隘的思想，所以，婚庆服务人员不仅要文明使用言语，还要深化文明服务的理念，要从规范自己的一言一行上着手改善形象，使我们的文明服务保持一种高雅的格调。

【教学任务】

任务一　婚庆服务人员服务语言礼仪实训

婚庆服务人员与客户接触频繁，言谈礼仪要求较高，应做到用语得体文明，态度真诚，表达到位。

活动一　婚庆服务人员驾驭语言能力训练

（一）教师讲解实训课教学内容、教学目的

（二）语言礼仪能力的基本要求

1. 语言要文明、礼貌、准确。
2. 态度要真诚。
3. 神情要专注。
4. 反馈要积极。

（三）教师示范

1. 教师示范基本语言礼仪。
2. 抽选一名学生做训练，进行基本语言沟通能力演示。

（四）学生训练、教师巡查

1. 学生按照两人一组进行对话，测验基本语言能力，相互点评。
2. 教师随时巡查，指导学生。

（五）实训检测表记分

表4－1　　语言能力实训检测表

考核项目	考核内容	分值	自评分（20%）	小组评分（30%）	教师评分（50%）	实得分
文明礼貌语言						
语言态度礼仪						
语言内容礼仪						
总分						

活动二　婚庆服务人员塑造声音美感训练

（一）教师讲解实训课教学内容、教学目的

（二）声音美感的基本要求

1. 说话时嗓音要响亮、饱满、圆润。

2. 在语音的运用上要口齿清晰伶俐。

3. 说话的节奏感明显。

（三）教师示范

1. 教师示范言语时的嗓音、口齿和节奏。

2. 抽选一名学生做训练，进行声音美感演示。

（四）学生训练、教师巡查

1. 学生按照两人一组进行对话，测验嗓音、口齿清晰程度、说话节奏等，相互点评。

2. 教师随时巡查，指导学生。

（五）实训检测表记分

表4－2　　声音美感实训检测表

考核项目	考核内容	分值	自评分（20%）	小组评分（30%）	教师评分（50%）	实得分
嗓音						
语音运用						
说话节奏						
总分						

活动三　婚庆服务人员问候与迎送服务用语实训

（一）教师讲解实训课教学内容、教学目的

（二）问候与迎送服务用语的基本要求

1. 问候时要积极、主动，表现得热情、友好、真诚。

2. 迎送语要表明自己尊重对方。

（三）教师示范

1. 教师示范问候、迎送时的态度和语言。

2. 抽选一名学生做训练，进行问候、迎送时礼仪演示。

（四）学生训练、教师巡查

1. 学生按照两人一组进行对话，测验问候、迎送时的态度和语言等，然后两人角色互换，相互点评。

2. 教师随时巡查，指导学生。

（五）实训检测表记分

表4－3　　问候与迎送服务用语实训检测表

考核项目	考核内容	分值	自评分（20%）	小组评分（30%）	教师评分（50%）	实得分
问候礼仪						
欢迎礼仪						
送客礼仪						
总分						

活动四　婚庆服务人员请托与致谢服务用语实训

（一）教师讲解实训课教学内容、教学目的

（二）请托与致谢服务用语的基本要求

1. 请托时要注意态度诚恳，“请”字在先。

2. 注意致谢用语的使用场合和使用方式。

（三）教师示范

1. 教师示范请托与致谢服务用语。

2. 抽选一名学生做训练，进行请托与致谢服务用语礼仪演示。

（四）学生训练、教师巡查

1. 学生按照两人一组进行对话，测验请托与致谢时的态度和语言，然后两人角色互换，相互点评。

2. 教师随时巡查，指导学生。

（五）实训检测表记分

表 4－4　　请托与致谢服务用语实训检测表

考核项目	考核内容	分值	自评分（20%）	小组评分（30%）	教师评分（50%）	实得分
请托礼仪						
致谢礼仪						
总分						

活动五　婚庆服务人员征询与应答服务用语实训

（一）教师讲解实训课教学内容、教学目的

（二）征询与应答服务用语的基本要求

1. 学会主动式、封闭式、开放式的征询用语。

2. 会使用肯定式、谦恭式、谅解式应答语。

（三）教师示范

1. 教师示范征询与应答服务用语。

2. 抽选一名学生做训练，进行征询与应答服务用语礼仪演示。

（四）学生训练、教师巡查

1. 学生按照两人一组进行对话，测验征询与应答服务用语，然后两人角色互换，相互点评。

2. 教师随时巡查，指导学生。

（五）实训检测表记分

表 4－5　　征询与应答服务用语实训检测表

考核项目	考核内容	分值	自评分（20%）	小组评分（30%）	教师评分（50%）	实得分
主动式征询用语						
封闭式征询用语						
开放式征询用语						
肯定式应答用语						
谦恭式应答用语						
谅解式应答用语						
总分						

任务二　婚庆服务人员交际语言礼仪实训

交际语言礼仪是婚庆服务人员在交际过程中所使用的语言，主要包括推托与致歉语言，赞赏与祝贺语言。

活动一　婚庆服务人员推托与致歉服务用语实训

（一）教师讲解实训课教学内容、教学目的

（二）推托与致歉服务用语的基本要求

1. 推托时，要讲究方式方法，不能简单回绝。

2. 致歉时需要使用规范的道歉用语。

（三）教师示范

1. 教师示范推托与致歉服务用语。

2. 抽选一名学生做训练，进行推托与致歉用语礼仪演示。

（四）学生训练、教师巡查

1. 学生按照两人一组进行对话，测验推托与致歉服务用语，然后两人角色互换，相互点评。

2. 教师随时巡查，指导学生。

（五）实训检测表记分

表 4－6　　推托与致歉服务用语实训检测表

考核项目	考核内容	分值	自评分（20%）	小组评分（30%）	教师评分（50%）	实得分
道歉式用语						
转移式用语						
解释式用语						
致歉用语						
总分						

活动二　婚庆服务人员赞赏与祝贺服务用语实训

（一）教师讲解实训课教学内容、教学目的

（二）赞赏与祝贺服务用语的基本要求

1. 赞赏要适可而止、用语恰如其分。

2. 祝贺要态度真诚，用语得当。

（三）教师示范

1. 教师示范赞赏与祝贺服务用语。

2. 抽选一名学生做训练，进行赞赏与祝贺用语礼仪演示。

（四）学生训练、教师巡查

1. 学生按照两人一组进行对话，演练赞赏和祝贺服务对象时的用语，然后两人角色互换，相互点评。

2. 教师随时巡查，指导学生。

（五）实训检测表记分

表 4-7　　赞赏与祝贺服务用语实训检测表

考核项目	考核内容	分值	自评分（20%）	小组评分（30%）	教师评分（50%）	实得分
赞赏语言						
祝贺语言						
总分						

【本章小结】

1. 所谓语言礼仪规范，是使用语言文字必须遵守的一些成规。具体而言，语言礼仪规范体现在相互关联的两个方面。一方面，它对服务人员“说什么”有所规范，即所谓“内容美”；另一方面，它对“怎样说”也有所要求，即所谓“形式美”。

2. 语言礼仪的功能体现在：（1）帮助建立良好人际关系。（2）能增长知识和经验。

3. 语言礼仪的形式和构成要素包括：（1）言谈主体；（2）言谈客体。

4. 语言谈吐的基本要求：（1）语言要文明。（2）语言要礼貌。（3）语言要准确。（4）态度要真诚。（5）神情要专注。（6）反馈要积极。

5. 婚庆服务人员言语礼仪的基本要求包括：（1）言语礼貌有理。（2）注意说话时的交流方式。

6. 问候与迎送服务用语规范。（1）问候服务用语规范。问候用语的内容分为两种：一是直接式问候，二是间接式问候，分别适用不同场合。问候用语的基本要求：积极主动，热情、友好、真诚，大方得体，面含笑意。二是迎送服务用语规范包括：欢迎用语，送别用语。

7. 请托与致谢服务用语规范包括：请托服务用语规范主要可以分为三种：一是标准式，二是求助式，三是组合式。致谢服务用语在下列六种情况下，应及时使用致谢用语，向他人表白本人的感激之意。一是得到他人的帮助时，二是得到他人支持时，三是赢得他人理解时，四是感到他人善意时，五是婉言谢绝他人时，六是受到他人赞美时。致谢的主要方式，有三种方式：一是标准式，二是加强式，三是具体式。

8. 征询与应答服务用语规范包括：(1) 征询服务用语规范包括：主动式。封闭式。开放式。(2) 应答服务用语规范它主要可以分为三种基本形式：肯定式，谦恭式，谅解式。

9. 推托与致歉服务用语规范包括：(1) 推托服务用语规范，推托用语指拒绝别人时所惯用的语言。主要有三种具体的形式：道歉式，转移式，解释式。(2) 致歉服务用语规范，最为常用的道歉用语主要有："抱歉"、"对不起"、"请原谅"、"失礼了"、"失迎了"、"不好意思"、"多多包涵"、"十分失礼"、"很是惭愧"、"太不应该了"、"真过意不去" 等等。

10. 赞赏与祝贺服务用语规范包括：(1) 赞赏服务用语规范。(2) 祝贺服务用语规范。

【核心概念】

语言礼仪规范　问候与迎送服务用语　请托与致谢服务用语规范　征询与应答服务用语规范　推托与致歉服务用语规范　赞赏与祝贺服务用语规范

【能力检测】

1. 简述语言礼仪规范含义、功能、构成要素。
2. 婚庆服务人员语言礼仪规范有哪些？
3. 简述婚庆服务人员问候与迎送服务用语规范。
4. 简述婚庆服务人员请托与致谢服务用语规范。
5. 简述婚庆服务人员征询与应答服务用语规范。
6. 简述婚庆服务人员推托与致歉服务用语规范。
7. 简述婚庆服务人员赞赏与祝贺服务用语规范。

项目五　各类婚庆服务人员的服务礼仪

【学习目标】

通过本项目的学习，应当能够：

1. 掌握婚礼策划师服务礼仪的基本要求和内容；
2. 掌握婚礼督导师服务礼仪的基本要求和内容；
3. 掌握婚礼主持人服务礼仪的基本要求和内容；
4. 掌握婚礼化妆师服务礼仪的基本要求和内容；
5. 掌握婚礼花艺师服务礼仪的基本要求和内容；
6. 掌握婚礼摄影摄像师服务礼仪的基本要求和内容。

【本章概览】

各类婚庆服务人员主要包括婚礼策划师、婚礼督导师、婚礼主持人、婚礼化妆师、婚礼花艺师和婚礼摄影师、摄像师等，上述各类婚庆服务人员在为新人服务的过程中必须遵循职业礼仪，更好地为新人服务。核心目标是了解和掌握各类婚庆服务人员的基本礼仪和基本要求。为了实现本目标，需要完成六项任务：第一，掌握婚礼策划师服务礼仪规则；第二，掌握婚礼督导师服务礼仪规则；第三，掌握婚礼主持人服务礼仪规则；第四，掌握婚礼化妆师服务礼仪规则；第五，掌握婚礼花艺师的服务礼仪规则；第六，掌握婚礼摄影、摄像师服务礼仪规则。

【核心技能】

婚礼策划师服务礼仪　婚礼督导师服务礼仪　婚礼主持人服务礼仪　婚礼化妆师服务礼仪　婚礼花艺师服务礼仪　婚礼摄影摄像师服务礼仪

【理论知识】

知识点一　婚礼策划师服务礼仪

婚礼策划师是帮助婚礼新人了解婚礼、提供婚礼流程创意策划、进行婚礼现场监督，帮助新人在婚礼中完成他们梦想的婚礼核心执行人员。婚礼策划师负责与新人谈单，负责向新人传播婚礼文化，负责建立新人的信赖感，负责了解新人的背景、个性、要求等想法，并提出婚礼建议，制订出婚礼方案，供新人选择。并最终与新人签订婚礼服务合同。婚礼策划师的主要工作是根据客户的具体情况作出个性化的安排，策划实施婚礼方案并对整场婚礼进行现场监督。婚礼策划师需要具备多方面的专业素质，不但需要具备深厚的传统文化知识，还要熟知有关婚礼的各种习俗，同时还要准确理解和掌握新人的要求。因此，婚礼策划师是为婚礼新人直接提供专项服务的婚庆服务人员，掌握服务礼仪也是婚礼策划师必不可少的专业素质之一。

一、婚礼策划师服务礼仪的原则

婚礼策划师的服务礼仪应遵循以下基本原则：

（一）“客户是上帝”原则

婚庆服务是一种商品。婚庆服务的本质特征决定了婚礼策划师在和客户沟通时刻谨记“客户是上帝”原则。在婚庆服务过程中，婚礼策划师必须以客户需求为中心，尊重客户、关心客户，充分满足客户的合理要求。

（二）真诚原则

就像美国心理学家、作家艾琳·卡瑟拉说过的那样“要让新结识的人喜欢你，愿意多了解你，诚恳老实是最可靠的办法，你要能够使出的最大的力量。”

婚礼策划师服务礼仪所讲的真诚的原则，就是要求在服务过程中，必须待人以诚，只有如此，才能表达对客人的尊敬与友好，才会更好地被对方所理解、所接受。

（三）平等的原则

在具体运用礼仪时允许因人而异，根据不同的服务对象采取不同的方法，但是核心点就是一视同仁，对所有的客户给予同等程度的礼遇，特别注意把握分寸，大方得体。

二、婚礼策划师的非言语服务礼仪

婚礼策划师是直接为新人提供婚礼策划服务的专业人员，其一举一动都体现了婚礼策划师的职业素质和职业能力。从礼仪角度婚礼策划师的礼仪主要体现在非语言礼仪和语言礼仪。

婚礼策划师的非语言的服务礼仪包括整体形象、眼神、表情与音调同时，也包括衣着和肢体动作。

（一）良好的形象

就婚礼策划师的整体形象而言，容貌形象是一个婚礼策划师服务礼仪中至关重要的环节，因为婚礼策划师是为新人提供温馨、浪漫婚礼服务的专业人员，良好的仪表会给新人留下良好的初次印象，为后面的签单打下良好的基础。外貌是天生，仪表却是后天的，它反映着婚礼策划师的精神面貌、朝气和活力，是传达给接触对象感官最直接、最生动的第一信息。

女性婚礼策划师，在工作中应当适当化淡妆，增强自信心，形成良好的自我感觉，可以使人看上去精神焕发、神采飞扬，给客户一个清新、赏心悦目的感观效果，这样和新人们交谈时会显得清雅大方。

男性婚礼策划师要显得有风度、庄重、文雅而有朝气，在外形上必须使人感觉清洁而且有品位，展现良好的自我形象。

（二）衣着整洁相称

美国著名形象设计大师罗伯特·庞德说：“服装是视觉工具，你能用它达到你的目的，你的整体展示——服装、身体、面目、态度为你打开凯旋、胜利之门，你的出现向世界传递你的权威、可信度、被喜爱度。”

婚礼策划师和新人沟通交流中，应恰当地选择与环境、场合相称的服装衣着，并力求整齐、干净、得体。对于婚礼策划师而言，得体的着装不仅能使自己更有精气神，还能体现出自己对生活和工作的乐观态度、良好修养及独特品位。

衣着本身是不会说话的，但衣着是婚礼策划师展示“自我实力”的延伸扩展。同时更要注意衣着的细节，不要忽视鞋子的清洁，因为细节不同给人留下的印象也完全不同。

第一，衣着要整洁。服装的洁净往往反映出婚礼策划师的做事风格。服装上的油污、男性策划师领带上的污渍、衣领和袖口的污点，都有损婚礼策划师的外在形象，给客户感到这位婚礼策划师办事邋遢、不注意细节的缺点。

第二，衣着要结构完整、注重细节。衣服的破损、纽扣的缺少等是极易忽略的细节。作为注重细节的婚礼策划师更要及时更换破损衣服，要检查纽扣是否完整，给新人们一种严谨干练的感观。尤其是女婚礼策划师在穿裙装时一定要注意长筒丝袜不要有脱丝、漏洞的情况。

第三，衣着要得体样式简洁、色彩搭配合理。婚礼策划师的服装因尽量做到明快艳丽而不夸张、色彩搭配合理。尽量穿暖色系衣服易于产生亲切感。

（三）举止与气质得体

婚礼策划师工作的特点之一就是直接面向新人们提供服务，这使得婚礼策划师的一言一行、一举一动都在关注之下，一句话、一个手势或一次不规范的着装，都将直接影响其形象。

中国画家、美术教育家刘海粟先生曾讲过：“人既充分具有美之两种要素，外有微妙之形式，内有不可思议之灵性，合物质美之极致与精神美这极致而为一体，此人之所以为美中之美也。”而合物质美之极致与精神美之极致而为一体的即是气质。

气质所表现的是婚礼策划师从内到外的一种内在的人格魅力，并且是内在魅力的质量的升华。气质并不是自己所说出来的，是自己长久的内在修养以及文化修养的一种结合，是婚礼策划师长期礼仪修养的积累培养，持之以恒的结果 。

在行为举止上，在面对接待新人时要主动迎接，主动快步上前为新人拉门，并引导新人进入案场。如果新人随身携带重物，应主动为新人提供方便，为其安排负重物品的寄放位置。

在交流沟通时，婚礼策划师与新人沟通交谈时身体姿态不要懒洋洋地倚靠着桌椅，也不要跷着二郎腿或是身体扭曲地坐在座位中；不要表现出无精打采、百无聊赖的样子；也不要交叉双臂显现与此无关、观望的样子；在寻找重要文件的时候，动作不要显得急躁、手忙脚乱；同样也不要呆滞、笨手笨脚。这些举止都会让人感觉没有素养、缺乏自信。和新人谈话时体态要略微倾向于对方，表示热情和兴趣；体态要借助手势、表情、体姿、动作来传达积极且谦恭的态度。

（四）目光友善、温和、自信

婚礼策划师在对待新人的咨询时，要保持适当的视线服务，眼睛一定要看着新人，学会与新人目光交流。同时，目光要友善温和，同样要充满亲切的感觉，这是婚礼策划师和新人间传达信赖的非言语交往的要点之一。

当与新人谈话时，如果婚礼策划师的眼睛不注视着对方的眼睛，会让新人觉得其缺乏互动的诚意，或是没有足够的自信。所以在谈话的过程中要注意与新人保持友善温和眼神的接触与交流，良好的视线服务展示着策划师的自信。

当然视线也要保持在合适范围内。在与新人交谈的时候最好将视线停留在对方颈部到头部的地方，保持一定的范围，这样才不会让新人与婚礼策划师相处的时候感觉不到压力，才能让新人安心与其交谈。

（五）微笑服务

瑞士诗人、小说家卡尔·施皮特勒说："你的脸是为了呈现上帝赐给人类最贵重的礼物——微笑，一定要成为你工作最大的资产。微笑乃是具有多重意义的语言。"

在婚礼策划师和新人沟通过程中，应保持微笑。微笑来自快乐，微笑同时会带来的双方快乐感和亲密感，消除陌生感和不友好感。使得新人从婚礼策划师的微笑的面容中获得这样的信息："我是你的朋友，我是来帮助你完成完美婚礼的最好朋友。"

因此婚礼策划师全程接待过程中都要用微笑服务。微笑应体现在每一次接待过程中，让客户感受到亲切、友善。

三、婚礼策划师的语言服务礼仪

（一）有效地聆听

婚礼策划师与新人沟通时要先聆听，在听新人讲述时应该是专心致志的。认真有效的聆听，才会拉近与新人的关系。孔子曰："礼者，敬人也。"而认真地聆听就是尊重的体现，是婚礼策划师首要的必须做到的礼仪，要将对新人的重视、恭敬、友好首先体现在聆听上。

关于倾听有这么一个生动的教训：

一位汽车推销员，有一次向客户推荐一种新型车，他热忱接待，并详尽地为客人介绍了车子的性能、优点。客人很满意，准备办理购买手续。岂料，从展厅到办公室，短短几分钟，客人的脸色却越来越难看，突然决定不买了，眼看就要成交的生意就这样黄了。

这位客户为什么突然变卦？推销员辗转反侧，不能入眠。他回忆着自己的每一句话，并没有发现讲错的地方，也没有冒犯客户的地方，真是百思不得其解。于是他忍不住给那位客户拨了电话，询问原因。

客户告诉他："今天你并没有用心听我说话。就在我签字之前，我提到我儿子即将进入密歇根大学就读，我还跟你说到他喜欢赛车和将来的抱负，我以他为荣。可你根本没听我说这些话！你只顾推销自己的汽车，根本不在乎我说什么。我不愿意从一个不尊重我的人手里买东西！"

原来，那位客人的儿子考上了名牌大学，全家人异常高兴，并决定凑钱买辆跑车送给儿子。客人谈话中数次提及儿子、儿子、儿子，而他却一味强调：车子、车子、车子！这位推销员恍然大悟。他从此引以为戒，不仅要带上自己的“嘴巴”，更带上自己的“耳朵”。

所以一切行为的最终目的是为了满足新人的需求。婚礼策划师在接待新人时切忌一开始就滔滔不绝地讲述，这很可能忽略了新人真正的需要，而且很难取得新人的信赖。所以，在充分了解新人之前，要少说多听，做一个倾听者，一个引导者。

而且倾听，不仅可以让婚礼策划师获取更多的信息，更重要的是这是一种尊重他人的表现。婚礼策划师与新人的沟通是一个双向互动的过程，并非只是婚礼策划师自我信息的单项传递。在沟通过程中，婚礼策划师不要先入为主，不要在新人刚进门，还没等新人说出自己对婚礼的想法的时候，就口若悬河地自我展示。

婚礼策划师一定要摆正自己的位置，学会倾听。倾听是婚礼策划师与新人交流中非常重要的一点。积极聆听就要专注、投入和有兴致，切记不要打断新人的谈话，或者单纯以婚礼策划师自己的观点去判断新人的建议。倾听也是婚礼策划师获取撰写策划书信息的主要途径之一。在交谈中婚礼策划师能获得许多有价值的信息。交换的意见、新人的需求，这些最快最有效的信息，如果不仔细倾听是无法好好把握的。如果婚礼策划师充分了解新人的想法与需求，在作决定时就会具有敏锐的判断力，在执行时也才会更得心应手。婚礼策划师听得认真，新人们才可能讲得耐心，在听的过程中抓住新人的心理，他们会讲得越发来劲，从而有效地拉近与新人的距离。

1. 婚礼策划师倾听时的积极反应

婚礼策划师在倾听过程中的反应必须心平气和。根据具体情形可以有多种方法：

（1）点头：轻轻点头表示赞许与同意。

（2）静静等待：对方谈话的间歇，你可期待地注视说话者，静等不要做任何事或说任何话。

（3）轻声赞许，随声附和。

（4）实话实说：把你所了解的情况和你的真实想法告诉给新人，以回答对方所说的“您觉得……”的问题。

2. 婚礼策划师倾听时的态度

（1）保持乐于倾听新人谈话的心态；

（2）留意新人的构想，并与自己的想法相结合；

（3）不持主观态度；

（4）要深层次体会所听到的方案和协商事宜；

（5）不是被动地听，要有主动地分析；

（6）保持清醒的头脑，抓住重点；

（7）试图验证自己的观念与想法。

（二）真诚的交谈

在交谈过程中体现真诚。婚礼策划师应该顺着新人的心理与其进行适度的交谈，拉近双方的心理距离。并且在交谈中体现出真诚，待人如己，出自真心。真诚的原则，就是要求婚礼策划师在服务过程中，必须待人以诚，只有如此，才能表达对新人的尊敬与友好，才会更好地被对方所理解，所接受。在谈话中不能口是心非，言行不一，如果这样则是有悖礼仪的真诚的基本宗旨。

婚礼策划师在交谈时，不要用让新人反感的提问方式提问，比如用生硬的提问方式：“姓名？年龄？工作单位？兴趣爱好？恋爱经历？”而是要运用容易被新人所接受的沟通方式（攀谈式的沟通方式）搭建心与心的桥梁，博得他们的好感。比如，如果要了解新人的姓名应当用敬语提问：“请问新人的姓名？”要用简明的语言揭示新人的需要，从利益上吸引客户；还要有意识的向新人提出某一问题，让他们思考，吸引注意力，从而产生进一步详谈的浓厚兴趣。

（三）直言与委婉兼容

婚礼策划师与新人的最大的信任就是关于直言的信任。直言是婚礼策划师真诚的表现，也是和新人关系密切的标志。而且直言也是一种自信的结果，是婚礼策划师平日在婚礼整体调控的工作经验的自信反应。直言时配上适当的语调、速度和表情、姿态，特别在指出新人的不足时（如看到新人在礼仪方面做的不到位或化妆时存在缺陷等），语调温和，并微微欠身示意，略带抱歉的笑意，就容易产生良好的沟通效果。如果在某些情况下，婚礼策划师直言不讳的话不能取得较好的效果，就要把话语变得委婉一些，让新人既能从理智上，又能在情感上愉快地接受意见，这就是委婉。因此在和新人的沟通交往中要兼具直言和委婉并重。

（四）运用赞美语言、肯定客户的观点

在沟通时必须学会在交流中肯定新人的某些观点。任何人都希望自己的观点得到认同，准备举办婚礼的新人也不例外。婚礼策划师对新人的某些观点所作的正面评价，不仅会让新人感觉到对他们的尊重，从而对婚礼策划师心生好感，有利于树立通情达理的形象，而且有助于创造沟通交流的和谐气氛，从而更易于达成顺利的合作。

根据行为认知理论，别人对你的态度在很大程度上取决于你的反应。受到你赞扬的行为出现的频率会增加。没有人不喜欢被赞美，这是人的一种天性。所以，赞美用语就成为婚礼策划师接待中最好的润滑剂。如表5－1展示了一些赞美项目，对不同对象从不同的方面去赞美才能取得良好的效果。

表5－1　　最受人欢迎的赞美项目

	男人	女人
1	努力过程	外形
2	工作成果	能力
3	实力	先生、小孩
4	社会地位	品位
5	事业	保养
6	气度	事业成就
7	家庭	感觉
8	信用	智能

（五）有意的自我展示

婚礼策划师自我的展示，对于增加自己的影响力、可信度，提高新人对自己的重视程度，有很大的作用。婚礼策划师要展示自己，使自己成为让客户信任、喜欢的策划师。婚礼策划师在展示自己是主要展现出自身文化内涵，精神气质和精湛的专业技能。

1.《客户集》展示

婚礼策划师可以做一个《客户集》。每一个婚礼策划师所服务的客户，在策划过程中，都要与新人在细节场景中拍一些照片以作纪念，然后将这些客户照片装订在一个漂亮的相册当中。当新人来访时，可以展示给新人欣赏。对于以往服务过的一些官员、企业家、明星、名人、比较漂亮的、身份比较高的，要进行重点说明。

2. 网络展示

婚礼策划师还可以通过网络来包装自己，建立一个自己的个性网站，或者开通自己的策划博客，或者打造自己的策划 QQ 空间。

网络展示婚礼策划师的业绩是很有效的，因为这是属于婚礼策划师的媒体，可以详细介绍自己的策划经验，服务各类婚礼的经历，经典的案例，以及介绍一些策划知识、配套知识等。在与新人沟通中，可以推广自己的博客，让新人们去欣赏，也可以将网站、博客地址印在名片上。

（六）声调柔和、语气平和

人的态度是通过声音和肢体语言表现出来的。婚礼策划师与新人沟通时不要用居高临下的命令式语气，而是要用平和、亲切而又充满自信的语气。说话时要运用平静的、坚定的、关切的、安慰的、柔和的语调，那么新人就会相信婚礼策划师的态度很认真、很友善、很自信、很有礼貌。

四、婚礼策划师的其他服务礼仪

（一）时间

赴约会一定要准时，如果婚礼策划师和新人约好 7 点见面，婚礼策划师一定要提前片刻或准时到达，体现出交往的诚意。如果约定的是 7 点见面却 8 点才到，尽管婚礼策划师口头上表示非常抱歉，也必然会使对方感到不悦，对方会认为你不尊重他，不守信用，无形之中为沟通设下障碍。

（二）礼物

礼物的真正价值是不能以经济价值衡量的，其价值在于沟通了人们之间的友好情意。当送新人一个小礼物时，新人会感到很高兴。

因此在婚礼策划师和新人交流过程中，赠送礼物是免不了的，向新人赠送小小的礼物，可增加熟悉和亲密感，有利于巩固彼此的服务关系。

（三）备妥资料，布置幽雅的会客环境

婚礼策划师在与客户会面之前，要做好以下的自我检查工作，特别是要确认是否遗漏了任何在谈话中可能涉及的资料。

要注意对会客室的环境进行及时整理、清洁。具体对象包括桌椅、杯子、时钟、空气以及桌面。要保持桌椅排列整齐，桌面清洁，时钟准确，让会客室内的空气保持流通。这样，新人就不会有憋闷的感觉，在舒畅的环境下才可以更愉快地进行讨论。

知识点二　婚礼督导师服务礼仪

如果说婚礼策划师是婚礼的创意和灵魂，做的是前期工作，那么婚礼督导师则是婚礼策划的执行者，是婚礼进行中把握“节奏”、“进程”和“方向”的管家。婚礼督导就是督促、指导婚礼过程的每个细节，职责是贯穿于整个婚礼的始终，将每个过程都处理得井井有条，为新人提供婚礼现场全程贴身服务。

婚礼督导师的作用就是要细心地帮新人处理好各个环节，不让新人为小细节烦心、存留遗憾。作为专职人员，婚礼督导师知道在婚礼的每个环节需要做什么，不要做什么，而且，婚礼督导师还是一位协调员、建议师、礼仪师，可以为新人提供一整套优良服务。

婚礼督导听上去似乎挺容易，事实上这个职业并不好做。首先需要具备良好的体力，从早上6点多忙到下午三四点，不管是扎花车、接新娘还是拍摄婚礼外景、举行婚宴，婚礼督导师是一刻都休息不了的；其次还要

懂得多，不但要知道怎么给新娘补妆换发型，还得知道各种婚礼仪式、婚礼风俗，要提醒新人什么时候放礼花、什么时候给长辈敬茶，教新郎怎么背新娘上花车等。如果新人举行的是“个性”婚礼，更要事先和婚礼策划师和婚礼主持人联系，弄清婚礼整个程序；另外，婚礼督导师还得懂点设计艺术，比如设计新人的姿势造型、设计拍摄剧情等，以便辅助新人可以拍出更好的照片和录影，让婚礼的记忆更美好。当然，婚礼督导师还是礼仪师，在婚礼现场不但通过自己的礼仪行为举止影响新人，还要对新人进行婚礼礼仪辅导。

婚礼督导师应该是全方位的人才，对婚礼督导师的要求应该是分五方面①：

第一，仪：作为一个婚礼庆典当天指引新人礼仪动作规范的指挥者，首先对自己的礼仪和仪表要规范，服装要正式，动作要规范。如站立、行走、手势、眼神、距离。

第二，专：作为婚礼庆典当天现场所有仪式环节的衔接者，对婚礼的各个部分、程序包括道具都应有专业的理解和协调能力。

第三，言：作为婚礼庆典当天现场的主要协调者，应具备相当强的语言能力和沟通能力。

第四，敏：作为婚礼庆典当天现场的全场总负责，应具备相当强的反应能力和预知能力，果敢机敏，反应迅速。要有预知风险和解决风险的能力。

第五，聚：作为婚礼庆典当天现场的全场执行人，为保证婚宴的顺利进行，必须和整个婚礼服务团队密切合作。和所有有关人员密切配合。把大家凝聚在一起，共同完成整个婚礼仪式。

礼者敬重也。婚礼的“礼”、司仪的“仪”本身就是礼的真实再现，作为一场婚礼的协调者和司仪（婚礼主持人）的助手，婚礼督导师是一个具体“礼”的执行者和演绎者，必须时刻在婚礼过程中充分体现“礼”的含义。

---

① 佚名．皆大欢喜博客．http//blog. sina. com. cn/jbhx66，2011 年 11 月 5 日

一、婚礼督导师服务礼仪的基本要求

（一）服装正式

婚礼督导师一般都要出现在新人的婚礼仪式中。按照惯例，越是正规的场合，越讲究穿单色西装。因此男性婚礼督导师在服装上要穿单色西服，女性婚礼督导师要穿单色西服裙装。

（二）细心，注意细节

老子曾说："天下难事，必作于易；天下大事，必作于细。"细心，注意细节是婚礼督导师最需要具备的性格素质。婚礼是由一个个小细节组成的，只有做好每一个细节，婚礼才会完美，所以婚礼督导师应该是一个细致、周到的人 。

婚礼督导师要指挥整个婚礼（婚礼前和婚礼进行时）各项事宜的运作，并安排婚礼筹备人员分工、时间安排、整体运行。因此必然要接触很多来宾和婚礼筹备人员等。因此在妆容上要像婚礼策划师服务礼仪需要遵循的几点之外，还要注意以下一些细节。

一是婚礼督导师工号牌要戴在左胸前，保持衣服整齐干净；纽扣要齐全扣好；不可敞胸露怀；不能将衣袖、裤子卷起；鞋子要洁净，并且方便活动。

二是婚礼督导师在婚礼现场接触人较多，要求妆容要淡雅、牙齿洁净，没有口臭；身体干净，没有异味；香水适宜；手、指甲干净；不要戴夸张首饰、佩饰。

（三）真诚沟通，协调各方关系

作为婚礼督导师要协调与酒店的关系，包括酒席桌椅的摆放位置、舞台布置需酒店提供的设备、签到台的安放等。要协调与新郎、新娘、伴郎、伴娘、双方父母等新人家人朋友的关系，一起协作，互相配合。要协调灯光音乐控制人员，安排并组织实施电脑播放与酒店音响的接驳问题。要协调场内灯光调节、音乐播放顺序等相关事宜。要协调好与婚礼主持人主持婚礼程序等相关事宜。新人仪式时协调，调度进场人员的次序，其他工作人员的位置和协调，调度摄影、摄像、礼炮、花童、礼仪人员、迎宾人员等各自的位置及职责等。

因此婚礼督导师在与相关人员和婚礼服务团队的协调沟通中，要真诚沟通并做到以下几点。

第一，要发自内心的真诚微笑，给人以亲切感。

第二，和婚礼服务团队工作人员、酒店、新人等交谈时要声音柔和，态度要委婉。

第三，对待婚礼服务团队工作人员、酒店服务人员、新人时要坦诚待人，不卑不亢，给人以真诚感。

第四，和婚礼服务工作人员、酒店服务人员、新人协商时要神色坦然、轻松、自信，并沉着稳重，不要慌手慌脚，给人以毛躁感。

第五，对于婚礼中的突发事件要镇定，不慌，不急不躁，神态沉稳，给新人和婚礼服务团队以镇定感。

总之在真诚沟通，协调各方关系中情绪态度尤为重要，并把重视、尊敬友好放在第一位。

1. 婚礼督导师与婚礼策划师的沟通

婚礼督导师在与婚礼策划师进行沟通时必须注意以下几个方面。

（1）仔细听，即仔细听婚礼策划师所策划的婚礼程序和细节。

（2）认真记，即认真记录婚礼策划师交代的策划方案以及应当注意的地方。

（3）适当问，在与婚礼策划师进行沟通时不清楚的地方婚礼督导师必须问清楚。

（4）真领会，从策划方案的思路、角度来理解督导任务。

（5）除成见，不能用督导的角度来看婚礼策划师，不能用婚礼策划师的部分失误否定其能力。

（6）会理解，要会综合理解婚礼策划方案和策划流程以及主要细节。

2. 婚礼督导师与婚礼执行团队工作人员的沟通

（1）婚礼督导师与婚礼执行团队沟通应当遵循的原则。

① 质量要求要一致，执行规则要一致。婚礼督导师与婚礼执行团队的沟通必须建立在对相同婚礼督导执行规则的认知基础上。也就是说对待这

对新人的婚礼要求质量和那对新人的婚礼质量要求要一致，执行规则要一致，否则就会造成规则不明确的混乱局面。

② 必须拥有共同的愿景。拥有共同的愿景，是婚礼督导师和婚礼执行团队沟通的一个必要条件，就是沟通双方必须建立在具备共同目标愿景的基础上。当然，不管婚礼督导师的愿景多么宏伟，如果在操作层面上不能与婚礼执行团队的切实操作能力联系在一起，同样由于难以在沟通基础上产生信任、引发共鸣。

③ 制度保障。婚礼督导师与婚礼执行团队的沟通必须得益于制度的保障。

（2）与婚礼执行团队工作人员的沟通方式：

① 婚礼督导师与婚礼执行团队沟通要注重温和自信的语气。

② 善于与婚礼执行团队询问与倾听。

③ 善于体谅婚礼执行团队人员的过错行为。

④ 适当地提示婚礼执行团队人员的工作进程或工作方式。

⑤ 有效地直接告诉婚礼执行团队人员的错误所在。

⑥ 明确婚礼执行团队每人分派任务的内容。即做什么，为什么做这事（重要性、必要性），做成什么样，怎么做，关键控制点（注意事项）是什么。

⑦ 留意婚礼执行团队人员对任务的反映，并主动有效地沟通。

⑧ 婚礼遇到困难或意外时，不能对婚礼执行团队发脾气，要了解事情原委；寻求指导，寻找资源。事情不顺，不能对下属发情绪，及时给出下一步处理意见

（四）不厌其烦、无微不至

作为婚礼总调度的婚礼督导师来说，将相关工作表单发放到相关人员手中，安排各方面工作，对不到位的地方及时协调解决。对于婚礼执行团队人员及新人、来宾中的各种性急、挑剔的人员来说更要不厌其烦、无微不至。

对于性情急躁，爱发脾气人则要温和。切忌婚礼督导师自己性情急躁动怒，并切莫让其他人感到婚礼督导师的不耐烦。

对于理解慢迟钝型的人员，婚礼督导师必须要有耐心，通过谈话方式与对方沟通，促使其接纳最合适的项目或分配最合适的岗位。

对于爱挑剔的宾客和新人。则忌多言，言多必失；切忌与其恶言辩论；要耐心听取其批评意见，了解其偏执挑剔的原因。也许他们的挑剔是曾经听了他人的意见所致，故要想办法解开其心结。

婚礼督导师作为婚礼现场的总指挥，除了要果敢机敏、反应迅速之外，还要有预知风险和解决风险的能力。如果遇到突发状况，如香槟塔倒塌、伴娘晕倒、新娘的婚纱开线以及这样那样的问题时，婚礼督导师则不要慌乱，要冷静、稳健地把问题处理好，以保证婚礼的顺利进行。

（五）善始善终

出自《庄子·大宗师》的“善始善终”这个词正好是对婚礼督导师工作礼仪的高度概括。指的就是做事情有好的开头，也有好的结尾。

婚礼督导服务是一个过程，“始”的问题和“终”的问题在服务过程中尤为重要。婚礼督导师要做到善始善终，把婚礼工作完美地做好。

二、婚礼督导师在婚礼服务中的具体礼仪

（一）服饰礼仪

婚礼督导师作为一个礼仪的执行者，自身必须是一个礼仪的典范。从服饰来讲，婚礼督导师在工作时必须身着礼服包括西装套装、晚礼服、女士职业套装。

1. 西装

男性婚礼督导师一般以西装套装或礼服为主，女性婚礼督导师一般以职业套装为主。首选为长裤的职业套装，主要是行动方便。

2. 鞋袜

穿着礼服的最基本的规范之一，是以黑色皮鞋配黑色袜。男督导师以系带皮鞋为正装鞋。女性穿着裙子时不宜穿黑色长筒丝袜，一般穿肉色丝袜。

3. 手套

婚礼督导师在婚礼现场必须佩戴白色细纱长白手套，注意应该是表面

无防滑胶粒，手套长度必须超过手腕。

佩戴手套的作用是：其一，专业和卫生；其二，在婚礼现场比较醒目，便于新人及相关人员的观察。

4. 手表

作为一个专业的职业督导师，必须佩戴一款正装手表，一般以银色和金色为主，首选银色，钢质表带。一是体现婚礼督导师的品位；二是可以随时看时间，掌握婚礼时间。

（二）婚礼督导师的体态礼仪

体态指人的手势、表情和动作所内含的特殊语态信息。语言学家的研究表明，人与人之间的交际效果，20%取决于有声语言，80%取决于无声的体态信息。人的一举一动一说一笑，都代表着特定的信息。巧妙地使用体态语，也是不可或缺的。

一个好的婚礼督导师必须是身正、形稳。在婚礼现场除了新人之外，婚礼督导师往往是容易被来宾所关注的场上人物之一。婚礼督导师的身影往往是出现在婚礼庆典所有仪式之前，每一次的举手投足都必须标准雅观。

1. 婚礼督导师的立姿①

婚礼督导师的立姿总体要求是要站如松，挺拔笔直，舒展俊美，庄重大方，精力充沛，信心十足，积极向上，不要过于随便，探脖、塌腰、耸肩、弯腿、抖足或双手叉腰及放在裤兜里均不足取（具体要求可以见项目二的具体内容）。

从婚礼督导师的立姿种类来看，主要有以下几种。

（1）肃立立姿。身体立直，双手置于身体两侧，双腿自然并拢，脚跟靠紧，脚掌分开呈“V”字形，脚尖分开12厘米左右；面部表情严肃、庄重、自然。

（2）前交手立姿。身体立直，右手搭在左手上，自然贴在腹部（前搭手式），两腿并拢，脚跟靠紧，脚掌分开呈“V”字形，该立姿男女都适

① 佚名．皆大欢喜博客．http//blog. sina. com. cn/jbhx66，2011年11月5日

用，男士两脚可以略分开站立更显洒脱。

（3）后交手立姿。两手背后相搭（给人一种权威感），贴在臀部，两腿分开，两脚平行，比肩宽略窄些。两腿并拢，脚跟靠紧，脚掌分开呈“V”字形。

（4）应避免的立姿。① 身体抖动或晃动；② 双手插入衣袋或裤袋中；③ 双臂交叉抱于胸前，双手或单手叉腰。

2. 婚礼督导师的坐姿

婚礼督导师在坐姿上必须做到坐要如钟，不可前倾后仰、歪歪扭扭、高跷二郎腿。

3. 婚礼督导师的行姿

婚礼督导师在行姿上必须做到行走如风，步态要协调稳健、轻松敏捷，忌内八字和外八字，不能弯腰驼背、歪肩晃膀、扭腰摆臀、左顾右盼。重心后坐或前移；与多人走路时，或勾肩搭背，或奔跑蹦跳，或大声喊叫等；双手反背于背后；双手插人裤袋。

婚礼督导师的神态要意守丹田，形态是含胸拔背，练习动作可以参考练习芭蕾的基本动作。婚礼督导师的行姿主要有：

（1）后退步。向他人告辞时，应先向后退两三步，再转身离去。退步时，脚要轻擦地面，不可高抬小腿，后退的步幅要小。转体时要先转身体，头稍后再转。

（2）侧身步。当走在前面引导来宾时，应尽量走在宾客的左前方。髋部朝向前行的方向，上身稍向右转体，左肩稍前，右肩稍后，侧身向着来宾，与来宾保持两三步的距离。当走在较窄的路面或楼道中与人相遇时，也要采用侧身步，两肩一前一后，并将胸部转向他人，不可将后背转向他人。

4. 婚礼督导师的手势礼仪

手势是婚礼督导师实施指挥和调动的最基本的工具，也是指挥和提示新人完成各种动作的重要手段。手势中能表达了很多潜在的含义和意义。婚礼督导师的手势首先是必须有“礼”。以谦恭的手势来指导新人，有请嘉宾，调动来宾，指引灯光或音响。

手势不宜单调重复，打招呼、致意、告别、欢呼、鼓掌都要注意力度大小、速度快慢、时间长短，不可过度。更不能正面对人。向人致意、鞠躬、介绍、递物、接物都要诚心诚意，表情和蔼可亲，神情专注。

婚礼督导师的手势要给人以一种优雅、含蓄和彬彬有礼的感觉。一般认为：掌心向上的手势有一种诚恳、尊重他人的含义；掌心向下的手势意味着不够坦率、缺乏诚意等。攥紧拳头暗示进攻和自卫，也表示愤怒。伸出手指来指点，是引起别人注意，含有教训人的意味。

因此在指引动作、指示方向，引导嘉宾时，应注意手指自然并拢，掌心向上，以肘关节为支点，指示目标，线条圆滑、舒展、自然，切忌伸出食指来指点。

婚礼督导师基本手势礼仪主要有：

（1）常用手势。双手指尖朝下，掌心向内，在手臂伸直后分别紧贴于两腿裤线之处；双手伸直后自然相交于小腹处，掌心向内，一只手在上一只手在下地叠放或相握在一起。双手伸直后自然相交于背后，掌心向外，两只手相握在一起。

（2）自然搭放。身体趋近桌子，尽量挺直上身，将双手放在桌子上时，可以分开、叠放或相握；但不要将胳膊支起来，或是将一只手放在桌子上，一只手放在桌子下。

（3）指引。需要用手指引某样物品或接引客户和客人时，食指以下靠拢，拇指向内侧轻轻弯曲，指示方向。

（4）招手。向远距离的人打招呼时，伸出右手，右胳膊伸直高举，掌心朝着对方，轻轻摆动。不可向上级和长辈招手。

（5）握手。手要洁净、干燥和温暖。先问候再握手。伸出右手，手掌呈垂直状态，五指并用，握手 3 秒钟左右。不要用左手握手。与多人握手时，遵循先尊后卑、先长后幼、先女后男的原则。若戴手套，先摘手套再握手。切忌戴着手套握手或握完手后擦手。握手时注视对方，不要旁顾他人他物。用力要适度，切忌手脏、手湿、手凉和用力过大。与异性握手时用力轻、时间短，不可长时间握手和紧握手。掌心向上，以示谦虚和尊重，切忌掌心向下。

（三）婚礼督导师的语言礼仪

虽然婚礼督导师不是以语言来提示新人完成每个环节动作和调节全场婚礼的气氛，但在一些特殊情况下需要婚礼督导师以语言来提示嘉宾。

首先在为新人现场彩排时应以平和的语调，详细明确的用词为新人解说婚礼庆典仪式中每个环节的要点，特别是在和来宾沟通时（证婚人、主婚人、新人双方父母、特邀嘉宾等），这些人的身份特殊，需要以敬语来称谓或者指引。例如，“请”、“您”、“慢走”、“小心”、“请入座”、“请您起立”等。语调必须亲切自然，悦耳动听，声音必须轻声细语，清晰明白。

在制止一切妨碍婚礼流程进行的行为时必须是语言清晰，指令明白，晓以利害，动之以理，并配合和善指引的动作。

切忌大声指责，高声喧哗，粗言秽语，切口连连。

（四）婚礼督导师神态礼仪①

1. 婚礼督导师的整体精神

对于婚礼督导师来讲，婚礼督导师在婚礼喜庆和繁忙的现场中负有指挥、协调、监督的责任，自身的整体精神必须饱满，全神贯注。婚礼督导师站在婚礼现场要让来宾看到其是精神抖擞、神采奕奕的状态。

婚礼督导师必须把“精”、“气”、“神”贯穿于整场的婚礼之中。“精”、“气”、“神”在传统理论中是作为人体生命活动的三个基本要素出现的。其中“精”、“气”是生命活动的物质基础，而“神”则被视为生命活动的外在表现，以“精”聚“气”，以“气”化“神”，以“神”动“形”，以“形”来调动现场的气氛，是婚礼督导师的重要素质。

婚礼督导师在婚礼现场是以动作来指挥新人和调动来宾的，所以必须神情专注，神态自然，神采奕奕，既要规范、标准、庄重，又要表现得大方得体、彬彬有礼。

2. 婚礼督导师的面部神态

人有七种神态，即喜、怒、哀、乐、悲、恐、惊。作为婚礼督导师在

---

① 佚名．皆大欢喜博客．http//blog. sina. com. cn/jbhx66，2011 年 11 月 5 日

婚礼现场的神态首先必须表现为喜和乐，当然，由于婚礼督导师承担着婚礼导演、监督的职责，还必须表现出肃穆和神圣的神态。

（1）笑容。婚礼督导师在陪同新人迎接来宾时必须以灿烂的笑容对待每一位到来的宾客，与各方礼宾服务人员（酒店服务人员、婚庆公司服务人员、伴郎、伴娘、来宾）进行安排沟通时要以微笑的脸庞、愉悦的声音进行协调和沟通。特别是在恭请主婚人、证婚人、双方父母、重要嘉宾时必须以笑容加上标准的手势来引导。

（2）肃穆。婚礼督导师在婚礼现场主要是以手势来指挥和调动来宾、推动婚礼仪式的，在整个仪式过程中，除了要用笑容对待、迎接来宾外，婚礼督导师还必须以严肃的表情来调动、指挥婚礼程序，给新人及来宾一种神圣庄严的氛围。婚礼督导师通过采用这种严肃的高压神态，才能完全把婚礼气氛掌控在预期的范围内。

3. 婚礼督导师的听力神态

婚礼督导师在婚礼现场中必须听力高度集中，时时刻刻注意聆听周围的动态。要真正做到时刻听得到声音又时刻听不到声音（不受外界的干扰），根据婚礼主持人的台词和音乐的节奏来指挥新人配合动作，指挥其他婚礼参与人的动作和步骤。

4. 婚礼督导师的眼睛神态

婚礼督导师必须真正做到“眼观六路、耳听八方”，时刻注意婚礼现场的动态，把目光对准婚礼中主要表现人员，并时刻关注周边环境，防止突发事件的发生。

知识点三　婚礼主持人服务礼仪

婚礼上，新郎新娘是绝对的主角，但是要想上演一场完美的婚礼，除了男女主角之外，有一个重要角色是不可或缺的，那就是婚礼主持人。

婚礼主持人是一场婚礼的灵魂。他控制着整个婚礼现场的情绪和氛围，婚礼场上所有人的思路和视线全跟着他走。一个出色的婚礼主持人不仅会为整个婚礼增光添彩，营造喜庆热闹的气氛，而且还应该随机应变，幽默风趣地帮助新人巧妙安排，协调好各方面的关系。婚礼主持人的作用在现代婚礼中已经是越来越不可忽视了。

一、婚礼主持人服务礼仪的基本要求

在婚礼现场婚礼主持人的作用是不言而喻的。第一，婚礼庆典是新人一生中最重要的事情，他们肯定没有经验，即使以前参加过别人的婚礼或给别人结婚帮过忙的，轮到自己的时候也可能是一头雾水。因此从婚礼策划师、婚礼督导师到婚礼主持人的每个细节以及迎亲送亲的注意事项都要为新人考虑到。第二，婚礼现场有人数众多的来宾，婚礼主持人不仅要保证秩序井然，还要营造出欢乐喜庆祥和的气氛，让所有来宾都能高兴而来满意而去。还要时刻关注新人在敬酒当中的动态，避免让新人陷入尴尬。第三，婚礼主持人还必须协调摄影、摄像、乐队、音响、化妆、礼仪小姐配合、现场道具（烛台、香槟塔、追光灯、烟雾机、泡泡机、冷焰火）、舞台灯光，甚至餐桌摆放、上菜时间等等。第四，婚礼主持人还要从容面对巧妙处理突发事件。婚礼庆典人多，工作多，事情多，甚至有很多意想不到的突发事件，这就要看婚礼主持人的应变能力了。

婚礼主持人是婚礼仪式中的灵魂人物。在婚礼仪式中，婚礼主持人要掌控现场，调动、营造气氛，把握主题，推进流程；以爱情、亲情、友情为主线，突出烘托新人，展现新人爱情的闪光点，运用语言把婚礼各环节串联起来，引导新人、家长、证婚人及来宾等共同完成婚礼仪式。婚礼主持人的文化修养决定了婚礼的文化品位，婚礼主持人的舞台经验决定了婚礼的现场气氛，婚礼主持人的逻辑思维能力决定了婚礼程序合理的策划安排，婚礼主持人的应变能力保证了婚礼的圆满成功。所以职业的婚礼主持人应具备以下基本素质：

第一，专业的舞台风范。放松自如，表情自然，姿态端庄，动作优雅，稳重大方，举止潇洒。

第二，较强的朗诵功底。吐字清晰，发音准确，声音悦耳，节奏明快，感情浓郁，富有韵律。

第三，较强的逻辑思维能力。根据婚礼各个环节之间的内在联系，合情合理、周密细致的策划安排婚礼程序，使整个婚礼程序自然流畅，富有创意，高潮迭起，打动人心。

第四，较高的文化修养。腹有诗书气自华，只有具备较高的文化修养，才能表现出高雅的气质；有了丰厚的文化底蕴，才能编写出高雅优美的婚礼串联词，从而大大的提升主持的文化品位。

第五，良好的表达能力。理解力强，反应快速，词句使用准确，言语生动传神。

第六，一定的幽默感。通过幽默的言语，可以活跃、营造欢乐的婚礼气氛，使婚礼充满开心的欢笑和高雅的情趣。

第七，丰富的想象力和创新精神。在婚礼策划方面不断地出巧出新，给人以新鲜感，满足新人及观众不断提高的欣赏水平。

第八，较强的表演能力。婚礼主持人是通过自己的言语、表情、体态和动作等来传达信息的。为了生动地表达主题，营造现场气氛，感染观众的情绪，就必须对自己的言谈举止加以有效地利用和控制。因此，主持过程也是一个表演的过程。但切忌表演夸张过度，给人以虚假之感。

第九，良好的心理素质和应变能力。在主持过程中难免会出现一些干扰和意外情况，这种情况下，婚礼主持人应沉着冷静，临阵不乱，化解问题，机智应变，转尴尬为欢笑。良好的心理素质和应变能力与婚礼主持人丰富的舞台经验，扎实的专业基础、广博的文化知识以及高度的责任心和工作热情密切相关，所以平时要多多积累。

第十，良好的与人交流沟通的能力。能与新人有效快速地交流沟通，了解新人的情况、特点、想法、意见，为新人量身策划个性化婚礼。还要与婚礼相关工作人员实现良好的交流沟通，相互协调，密切合作。这种交流和沟通是建立在真诚、信赖、尊重、友好的基础上。

第十一，一定的组织协调能力。婚礼主持人要熟知每场解婚礼的各个环节，掌控整个婚礼程序进程，指挥引导各个工作人员，圆满地完成婚礼仪式。

第十二，良好的个人形象。婚礼主持人良好的个人形象会使观众赏心悦目，从而拉近和观众的距离；高雅大方的举止会大大增加婚礼主持人的个人魅力；整洁的仪容会增强婚礼庄严神圣之感。

第十三，丰富的婚俗文化知识。婚礼主持人对婚俗文化要有一定的了解，懂得一般的婚礼礼节，熟悉婚礼的常规环节和流程。

第十四，高尚的职业道德。婚礼对新人来说一生一次，意义重大，所以婚礼主持人要时刻设身处地地为新人着想，守约守时，恪守行规，细心周到，尽心尽力地为新人提供优质的服务。用心的准备，精心的策划，细心的安排，全心投入的主持。

二、婚礼主持人服务礼仪的具体内容

婚礼就是用礼规范婚。婚礼主持人必然是礼仪之人：容面头饰、衣着鞋履、形体锻炼、舞台立姿、主持用语等等，一举手一开口都应在礼仪规范之列。必须根据自身具体条件塑造礼仪风范。这样，新人和来宾才能仰慕婚礼主持人的仪表，尊重婚礼主持人的内在素质，赢得广泛的市场。

（一）婚礼主持人的仪表礼仪

仪表对婚礼主持人来讲是十分重要的。仪表是新人及各路来宾对婚礼主持人最初的视觉感受，婚礼主持人的外部形象向人们传达着信息，对其文化素质、兴趣爱好、性格脾气，特别是内心世界可以作出猜测和判定，并由此产生对其的喜厌程度。

婚礼主持人的外部形象是由身体和身体上的附着物而构成的，为加深印象，可以利用一些特殊的手段来装束包装自己，如服饰、发型、化妆、美容等。婚礼主持的仪表与婚礼场馆环境的协调、与来宾亲朋好友的交融、与隆重热烈喜庆欢快典礼的档次，起着加强或削弱婚礼气氛的作用。

大方的仪表，不但会赢得新人的信任，还会赢得众多来宾的认可，能很快拉近婚礼主持人与新人及来宾的距离，并将受到热烈的欢迎和高规格的赞扬。

婚礼主持人在设计自己的仪表时，应考虑到自己的相貌、体态、性格和习惯动作的特点；还应考虑与其相符协调的色彩款式的服装和发型等，起到美化婚礼主持人的作用。

婚礼主持人在设计自己的仪表时，还应考虑到自己与婚礼现场融入的问题。自己与来宾、亲朋好友的装束要协调，不要显得过分突出，特别是婚礼主持人与新人及新人的家风文礼的融入，让隆重热烈喜庆欢快的典礼整体地、有序地、充满活力而有节奏地赢得大家对婚礼主持人的“爱意”。

一个有素质、有品位的婚礼主持人在设计自己仪表时，应避免怪异，即奇装异服、过度新潮的发型、过度的浓妆艳抹乃至与婚礼主持人不相称古怪饰物等，以免婚礼主持人的仪表与婚礼主要表达的思想感情不一致，使来宾们莫名其妙，歪曲了主办婚礼的目的，损害了婚礼主持人自己的形象。

1. 男婚礼主持人仪表礼仪的注意事项

(1) 一忌西裤过短（标准西裤长度应为裤长盖住皮鞋）；

(2) 二忌衬衫放在西裤外；

(3) 三忌不扣衬衣扣；

(4) 四忌西服袖子长于衬衫袖；

(5) 五忌西服的衣、裤袋内鼓鼓囊囊；

(6) 六忌领带太短（一般长度应为领带尖盖住皮带扣）；

(7) 七忌西服上装两扣都扣上（双排扣西服则应都扣上）；

(8) 八忌西服配便鞋（休闲鞋、球鞋、旅游鞋、凉鞋等）；

(9) 九忌男婚礼主持人的身上的色彩超过四种以上；

(10) 十忌穿西服时没有将袖子上的商标拆掉；

(11) 十一忌穿西服配白色袜子，除非穿白色套装；

(12) 十二忌打易拉得领带，最好是真丝的领带；

(13) 十三忌穿皮西服；

(14) 十四忌头发不干净整洁、留怪发或长发，有头皮屑；

(15) 十五忌皮鞋的鞋面不光亮和鞋边不干净。

2. 女婚礼主持人仪表礼仪的注意事项

(1) 在婚礼现场应该穿着大方、得体、突出婚礼主持人的气质，既能让所有来宾觉得婚礼主持人让人看着赏心悦目，又要注意不要抢了新娘的风头。

女婚礼主持人不要着暴露的服装，着装主要应不素不花，大方得体。一般穿旗袍、职业装、礼服，只要与婚礼协调，让来宾觉得自然就可以。应注意穿套装时，一定要让裙过膝盖。

（2）不要浓妆艳抹。但适当化妆也很重要，这既是对新人以及来宾的尊重，也是对婚礼的重视。

（3）着装和造型要突出女婚礼主持人的气质和特点。

（4）一般要着黑色高跟皮鞋，保持鞋面的光亮和鞋边的干净。

（5）切忌穿着太紧、太透和太露的衣服。

（6）不要穿超短裙（裤），不要穿领口过低的衣服；夏天，内衣（裤）颜色应与外套协调一致，避免透出内衣颜色和轮廓，否则，会让人感到不庄重、不雅致，也给人轻佻之感，这是社交礼仪及婚礼主持人之大忌。

（7）穿套裙一定要穿高筒连裤丝袜，色泽为肉色，袜子不能有脱丝。更不能因为认为自己的腿很漂亮，而在主持时露着光腿。

（8）一定修理指甲，保持指甲内外的干净，不得有污渍，且需擦与制服色系相同的指甲油或肉色的指甲油。

（9）忌鞋袜不配套。穿套裙不能穿便鞋，与袜子更要配套。穿凉鞋不能穿袜子，穿正装时可以穿前不露脚趾后不露脚跟的凉鞋。

（10）在婚礼现场时，上衣的衣扣必须全部系上。不要将其部分或全部解开，更不要当着别人的面随便将上衣脱下。上衣的领子要完全翻好，有袋的盖子要拉出来盖住衣袋。不要将上衣披在身上，或者搭在肩上。

（11）上衣的袖长以盖住手腕为好。上衣或裙子均不可过于肥大或包身。

（12）女婚礼主持人着装的四讲究：一是整洁平整。服装并非一定要高档华贵，但须保持清洁，并熨烫平整，穿起来大方得体，显得精神焕发。整洁并不完全为了自己，更是尊重他人的需要，这是良好仪态的第一要务。二是色彩技巧。不同色彩会给人不同的感受，如深色或冷色调的服装让人产生视觉上的收缩感，显得庄重严肃；而浅色或暖色调的服装会有扩张感，使人显得轻松活泼。因此，可以根据不同需要进行选择和搭配。三是配套齐全。除了主体衣服之外，鞋袜手套等的搭配也要多加考究。如袜子以透明近似肤色或与服装颜色协调为好，带有大花纹的袜子是不能登大雅之堂的。正式、庄重的场合不宜穿凉鞋或靴子，黑色皮鞋是适用最广的，可以和任何服装相配。四是饰物点缀。巧妙地佩戴饰品能够起到画龙点睛的作用，给女士增添色彩。但是要注意佩戴的饰品不宜过多，否则会分散他人的注意力。佩戴饰品时，应尽量选择同一色系。佩戴首饰最关键的就是要与整体服饰搭配统一起来。

总之，穿衣是婚礼主持人“形象工程”的大事。西方的服装设计大师认为：“服装不能造出完人，但是第一印象的80%来自于着装。”因此，婚礼主持人一定要注重穿着打扮。

3. 婚礼主持人着装应注意的细节

（1）千万别系黄色的领带，一般新人家里的长辈会很忌讳；

（2）领带最好不要太鲜艳，别抢了新人的风头，毕竟婚礼的主角不是婚礼主持人；

（3）注意别穿黑色以外的袜子，红色白色更要不得，会显得非常没有品位，因为要站在舞台上，观众会看到，露出来很不雅观；

（4）如果是穿深色的正式西装（休闲西装除外），上下装应该为一套，不要上下服装不一致，追光灯打倒身上时会显得很不协调；

（5）婚礼主持人的衣服最好多备几套，根据不同的季节进行更换，否则变成工作服啦；

（6）三粒扣子的西装，从上往下系第一和第二粒扣子或者单独系第二粒扣子，不要三粒都系上；

（7）如果有条件，买几件可以系袖扣的衬衫和几副袖扣，这样会显得婚礼主持人特别有品位与气质，也会体现婚礼主持人对新人婚礼的重视；

（8）要足下生辉，千万不要足下生“灰”，显得婚礼主持人太邋遢；

（9）上场前一定到洗手间里打理一下自己，别忘了把“车库门”关好，否则会贻笑大方。总之，形象的好与坏也是婚礼主持人品位与价值的一种体现。

（二）婚礼主持人的仪态礼仪

婚礼主持人是爱的使者、美的化身、婚礼的灵魂，而不是一幅僵板的图画。婚礼主持人是婚礼的引导者，用帅气、活泼而幽默的语言引导着婚礼的进程，张扬着婚礼主持人的轻松与智力。但是如果婚礼主持人过度的活跃又会使婚礼分散零乱，或婚礼主持人做作的严谨会使婚礼呆板无意。这就要求婚礼主持人要以每场新人为本，恰到好处地达到婚礼与婚礼主持人仪表完美和谐的统一。

婚礼主持人的面部表情，是实现主持婚礼最终目的的基本要求。当婚礼主持人踏上婚礼台走至主持位置面对大家的时候，脸上所呈现给来宾的是面目的感受和态度，是情绪化了的信号。人们不仅要听，还要观其仪态以获得典礼信息的含义，更重要的是获得来宾及新人真心地喜欢。

人们对婚礼的快乐、惊奇、激动、神圣和兴趣的情绪是非常相近的，婚礼主持人应学会这几种情绪的把握。因婚礼职业的特性，婚礼主持人的面部表情，是多彩有弹性的、活的，不是单一的、僵木的，也不能因表情而表情。婚礼主持人如何把握好情绪延续与转启，并控制好自己的情绪，非常重要，一定要让婚礼的情绪跟婚礼主持人走。

表情是从面部表达出来的内心思想感情，是一种无声的语言。对婚礼主持人表情的基本要求是：温文尔雅，彬彬有礼；稳重端庄，不卑不亢；笑脸常开，和蔼可亲；轻松自然，毫无做作。

面部表情可分为眉、前额、嘴及脸部，最重要的就是眼的部位。眼部位是表情情绪表达的核心。眼的表情是通过相互目光的接触而完成的。人们称眼睛是“心灵的窗户”，透过新人眼神婚礼主持人就应该洞悉到新人的内心世界。婚礼主持人有时在同新人保持一定距离面对大家相视形成三角交流时，会有更多的机会注视新人，捕捉到新人更多的情绪，尤其是新人在婚礼上常常多少有些紧张，这时婚礼主持人更大程度上要通过面部表情给予新人更多的稳神、安慰和面对现实的信心及兴趣。如果婚礼主持人的眼神及面部表情不能调动或不能引导新人的情绪和兴趣，那么这场婚礼将是寡淡无味的婚礼。

婚礼主持人不同于电视主持人，电视主持人只要面向摄像机镜头就行，而婚礼主持人要左右逢源、要面对每场婚礼进行“现场直播”、要面对不同的新人、不同的来宾、不同的环境和不同的要求，新人一点来宾一片，与谁的交流都不是看一眼就能完美交流或传情达意，这不仅需要婚礼主持人丰富的主持经验，还需要丰富多彩的、真情诚意的面部表情及眼神。

当然，婚礼主持人还要注意切忌注视时间太长，面部表情过分，以引起新人的不安和他人的厌恶。要学会眼神移动法，同时，还要处理好眼神移动与流动语言表达方式的关系，相互关照“声神并茂”。

面目表情是可以控制的，为满足新人及来宾的需要，有时也要借助环境及人气渲染气氛而夸大面目表情的表现。在婚礼中，婚礼主持人常常遇到不投机的人和不如意的人，通常做到用面目表情变化来达到化险为喜。

有时，新人处理问题不当或失言，令婚礼主持人内心十分生气时，出于礼貌和职业的道德，婚礼主持人在表情的表现上会选择克制。当遇到物质和精神的赞美时，也不要完全喜形于色，要体现出婚礼主持人是一位有修养、有素质的人。婚礼主持人要学会维护婚礼主持人与新人的和谐关系，婚主是婚礼主持人的“衣食上帝”，一场婚礼的结束即是下一场婚礼的开始。

（三）婚礼主持人的行为礼仪规范

中国有句俗话：叫“站有站相、坐有坐相”、“走有走相”。这是表明人们共同遵循的礼仪基本准则。婚礼主持人在使用语言与面部表情传情达意的同时，形体与动作同时也同语言与面部表情协调并举完成婚礼主持人的传递信息。

1. 婚礼主持人的站姿、走姿、蹲姿和话姿

站姿，首先是要直，脚直，身板直，颈直，视线前方。身体挺拔，但不必挺胸拔背像“站军姿”的战士，也用不着似挺胸收臀的舞蹈家，关键是自然大方，神清气爽；要特别注意身体挺而不僵、松而不懈。两脚稍稍分开5—10厘米为好，两只手臂自然下垂。千万不要将手插入口袋，也不要交叉于胸前或背在身后，不要耸肩也不要懈肩，呈现自然的体姿。

走姿，在身子直的情况下，齐步走。不要太快。一般来说，男主持人的步伐矫健有力，女主持人应步履轻盈；步幅不大不小，步速的快慢视婚礼环节气氛、场合和心情而定。比如要与现场嘉宾交流时可以快速地大幅度走动。婚礼主持人的走姿具体要求是：两眼平视对象或观众，两肩放

松，两臂自然摆动，向前摆动不超过前襟中缝，后摆成30度左右稍打开。走姿切不可拖拉无力、扭胯摆臀、弓腰缩背，若走路有“外八字”或“内八字”的毛病一定要矫正；屈膝迈步，脚尖与膝盖保持在同一方向前伸，两脚脚跟距离一拳，约10厘米左右，但绝不是走模特儿的“猫步”。总之，主持人的步态既是动态的，又是整体的，它应该和眼神、表情、手势及其他体姿协调一致，显出自信，显出饱满的精神，以满腔的热情面对新人和嘉宾。

蹲姿，婚礼主持人需要下蹲拾取东西时，一般不宜弯腰撅臀，尤其是女主持人，而应当弯曲膝盖，一只脚在另一只脚略前方，蹲下取物。与小花童、小戒童谈话时，最好取蹲姿，比弯腰低头谈话轻松，而且姿态优雅、态度亲切。

对于话姿，是在站姿的基础上，手执话筒，可以气派式地举话筒，也可以持话筒，但要注意，头不要低，话筒要离口有距离，眼看来宾和新人，话筒只是跟随，而不是主要。关键是眼要注视大家。

2. 婚礼主持人的形体动作

形体与动作是增加婚礼主持人魅力、渲染婚礼气氛的重要组成部分。站式主持婚礼要想达到婚主及来宾看客的满意，发挥最佳水平，还要做到形体与动作、与面部表情相配合、协调，以达到形神兼备的魅力。

形体，可看成是一种相对静止的神态，那么，动作则是活动的形态，其实也包括面部表情的身体动作。将各种神态、形态的动作连贯起来，形成了神态与活动的统一，使之动态形成的连续变化性，最终，表达出婚礼主持人的丰富多彩的含义与思想。

婚礼主持人在主持过程中出现的动作主要有头部动作、手势动作和全身动作。头部动作主要包括点头、摇头、仰头、轻微移动等。手势的动作较为复杂，包括“比画、摆动”，手势动作的挥动和“手语”与个人素质，其身体条件和特风格，全身动作——屈伸扭动、调度流动，都可为主持增光添彩，都可以起到表达明确意义、解释语动结合的内容意思，作用于调节、交流、沟通、领会和情态表达。

当然，地域民族文化的差异，可能会产生不同人群的含义。例如，日本人是很有礼貌的，他们经常在听别人讲话时频频点头，但是这种点头只表示礼貌和对你的尊重，并不等于一定表示赞同你的意见。美国总统访日发表讲话，日本首相频频点头。美方误认为日方接受自己的贸易谈判条件，匆忙发表乐观看法，结果遭到日方否认，造成外交上的被动。这个例子表明动作含义具有文化特点。不了解文化差异，很容易造成动作误解。形体与动作具有调节语言交流、沟通领会、相互关联的功能。做好这一点，是婚礼主持人直接与婚主对话或整个主持典礼过程是十分重要的。

在通常的婚礼中，婚礼主持人始终面对的是新的婚主、新的环境和不同民族的文化、经济背景。有些婚礼主持是有案头方案的，但有些是婚礼主持人现场即兴表达的，何时根据婚礼的进程，何时开始对话、何时改变话题、何时准备结束，这些都涉及了婚礼主持人与新人、与酒店、与工作人员多边交流的关系。有经验的婚礼主持人，通常采用多样姿态和姿势的动作暗示新人，当婚礼主持人摆好讲话姿势，新人就会会意对话可以停止，婚礼主持人要讲话了。

（四）婚礼主持人的言谈礼仪规范

婚礼主持人不仅应有良好的仪容、仪表、仪态，还必须具备优美的语言、贴切的语气、恰当的内容和灵活多变的表达技巧，能营造一种令人愉快的谈话氛围，正所谓“良言一句三冬暖，恶语一声六月寒”。

如称呼用语，婚礼主持人正确使用称呼用语，不仅能使新人感到温暖，也可以缩短新人与婚庆服务人员之间的距离。

现在一般对男性称“先生”；对女性称“小姐”、“太太”；对不知道已婚、未婚的女性客人皆可称“女士”；对有学位的客人可称其学位，如“博士先生”，并冠以姓氏；对有军衔的客人可称“××先生（女士）”或以其军衔相称，如“上尉先生”；对国内客人可称同志，对有官职的可称官职：如首长、部长、经理、老总、书记、处长等；对无官职但有职称和社会地位的客人可称××教授、×老、×工（程师）等。称呼一定要得当，要根据年龄、职业、性别、民族、地区的不同习惯进行恰当的称呼。

再如问候用语，在日常工作中，婚礼主持人要根据具体时间、场合、对象，用不同的礼貌语言向新人表示关心和问候。例如“您好”、“您早”、

“早上好”、“晚上好”、“晚安”、“欢迎光临”等。在向新人道别或给新人送行时，应注意问候礼节，可以说：“你有什么问题，我们随时为您解答”、“希望您满意我们的服务”等。

【导入案例】主持太低俗致婚宴不欢而散　准新人需重视婚礼礼节

刘晋水，水母网，2010－07－14

婚礼是一个需要营造神圣、温馨、浪漫气氛与美好祝愿的仪式，是个重要的喜庆的日子，若想在嫁娶的过程及日后婚姻生活中处处留下美好的回忆，婚礼前后一定要做好充分的准备，所有婚礼上的基本礼节，都要懂得，都要顾及。只要注重婚礼上的基本礼节，那么在婚礼中，每时每刻才是完美的！

婚礼主持人是一场婚礼的“灵魂”，其发挥情况决定了婚礼的成败和风格。可是，有些婚礼主持人却信口开河，让婚礼原本“神圣的殿堂”变得粗俗不堪。

2010年5月，小张在市中心一家三星级酒店举行婚礼。小张通过朋友介绍找到一位婚礼主持人，婚礼前期由于准备不充分，没有与婚礼主持人见面沟通，也没有了解婚礼主持人的主持风格，只是认为把婚礼的气氛搞得活跃一点就可以了。

但是在婚礼仪式上，40多岁的男主持人不仅说黄色笑话拿新人开涮，并拿男女双方开玩笑。结果不仅婚礼参加者非常尴尬，新娘子被气得跑出了宴会厅。

为此，女方亲属大动肝火，责怪男方选择的婚礼主持人太低俗下流。最后，男方家长出面赔礼道歉，才算暂时平息一场风波，婚宴最终不欢而散。

知识点四　婚礼化妆师服务礼仪

一、婚礼化妆师服务礼仪的基本要求

化妆师是具有一定的艺术造诣、美学素养、绘画基础、历史知识和观察、分析生活的能力，能够掌握并熟练地运用化妆技法和技巧，完成化妆任务的专业人士。

根据《中华人民共和国国家职业分类大典》划分，化妆师属于国家职业分类中第二大类“专业技术人员”中第十中类“文学艺术工作人员”中第五小类“电影电视制作及舞台专业人员”中的第八个职业（工种）。根据国家对该职业的有关说明，化妆师的职业定义主要是指“从事影视、舞台演出等演员造型设计并完成造型工作的人员”。属于艺术范畴的化妆师职业和属于“社区和居民服务类”职业（工种）的美容美发师职业虽然在内容上有交叉部分，但在性质上有很大区别。

化妆的特殊性质造就了化妆师这种特殊行业，它能针对每个客户的不同要求及模特特征，如脸型、肤色、身材，使技术幻化出艺术与时尚的结合，让化妆对象能在婉约中流露时尚风格。无论想表现气质、温柔、时尚、前卫、华丽、典雅等多变的造型，化妆师都能以最完美、最合适的方式呈现出来。

化妆是一种艺术——生活的艺术。懂得化妆的人，处处受到人们的欢迎与赞美，生活丰富、踏实、充满自信心。

随着社会的发展，艺术生活化、生活艺术化的趋势日趋明显，人们在追求感性美的同时也非常注重形式美、个性美与知性美的统一；另外，化妆的多样性应用也非常明显，化妆不再局限于艺术表演范畴，已经扩展到了商业摄影、体育表演、广告制作、影视生产、舞台、音乐制作、中外合拍片、模特时尚、服装服饰、期刊出版、化妆产品形象代言、公众人物形象顾问、明星私人化妆师等广泛领域。进入21世纪后，化妆师已经成为新兴的、时尚的通用职业（工种）。

婚礼上，新娘化妆师是不可缺少的人物。化妆师的妙手会把新娘打扮得风姿绰约、楚楚动人，他通过专业造型将新娘打扮成这个世界上最漂亮的人。婚礼化妆师也是消除新娘紧张情绪，给予新娘美丽和自信的使者。因此可见婚礼化妆师在婚礼上的重要性了。同时，婚礼化妆师还承担着跟妆化妆师的职责。因为在婚礼上，为了避免新娘动情之时哭花了妆，或者其他的一些妆面上的小问题（比如假睫毛掉下来、口红褪色等等），有了贴身化妆师跟随，这些小问题都可以迎刃而解。

（一）婚礼化妆师的职业道德和形象道德①

1. 职业道德

专业婚礼化妆师在从事化妆造型工作过程中，所应遵循与化妆造型职业活动相应的行为规范；婚礼化妆师不但要有丰富的化妆知识，更重要的是如何成为一名出色、成功的化妆师。婚礼化妆师应该认清是非，对待客户、同事及上级都要遵守言行原则，简而言之：无论在私人之间、在社会上或工作岗位上，如果能保持良好的品行、好学的精神、敢于创新的头脑和一双善于发现美的眼睛，那么就是一位有上进心的，有独特思维的成功的婚礼化妆师。保持高度的职业道德与价值观念，是婚礼化妆师建立良好的信誉、增加更多的客户、获得成功的先决条件。

婚礼化妆师应具有以下良好品德：

（1）对所有的客户要保持友善、礼貌、热情，在任何情况下都需要保持高尚的品德；

（2）对待客户要诚实、公平，不可厚此薄彼；

（3）温文有礼，尊重他人的感觉及权利；

（4）言而有信，负责尽职，让人了解自己的可信性；

（5）珍惜名誉，成为良好品德及优良职业行为的典范；

（6）工作时动作要轻柔，匆忙草率的态度会引起客户的极度不满，为之后的流程埋下隐患；

（7）个人的仪表是最佳的广告；

（8）设法以正确方式与技巧增加客源及建议客户接受额外的服务是要充分使用机智；

（9）先做好每日工作前的准备，不要浪费时间，保证流程的快捷有序；

（10）对客户的埋怨及诉苦迅速采取合理的改善方法；

（11）他人说话时要注意倾听；学习巧妙的造型手法、专业的职业谈吐，培养悦耳动听的声音；

---

① 孟于淇化妆礼仪培训机构网 . beijing. laoke. com/peixun/4895596. html 2011 -9 -30

（12）遵守公司、部门的有关规定；

（13）随时保持工作区的干净整洁；

（14）对他人帮助要表示感谢，对他人的缺点应容忍，并给予帮助；

（15）赞美他人要快，批评他人要慢；

（16）乐于学习，健全心志，提高素质。

同时，婚礼化妆师在工作中还应注意纠正自身的不良品德。如，工作敷衍、言辞夸张、不负责任、言行不一等不良行为。这些不良行为对自己、对客户、对公司都会造成负面的影响。

婚礼化妆师应避免以下的不良举止：

（1）口臭、体臭，在他人面前咳嗽、抽烟、嚼口香糖；

（2）说话大声、刺耳；

（3）在客户面前批评其他同事的技术；

（4）过多地与客户谈论自己的私事；

（5）背后议论人、讥笑他人、说话不实在、过分批评他人，降低他人信誉；

（6）开过分的玩笑，探听客户隐私；

（7）自我夸张、使用粗话、暗语，不尊重他人；

（8）过多抱怨，牢骚；

（9）谈论“性”问题；

（10）偷窃行为。

2. 形象道德

应具备典雅的风度．高超的技术、丰富的内涵、端庄的举止、文雅的谈吐，在待人接物要彬彬有礼、落落大方。作为一名婚礼化妆造型师，要在以下三个方面下工夫：一是观察力，二是联想力，三是表现力。同时还要具备爱心，对造型艺术的热爱和一切从所塑造对象的需要出发。联想力的欠缺导致表现力的薄弱，而观察力的欠缺，联想力更是无从谈起。因此观察力是首位的。要时刻做一个有心人，去细致地观察人物的外形、内心、季节、年龄、环境、角度、光线和性格等等，发挥自己的想象，去创造性地加以表现。只有将三方面有机地加以结合，才能较好地完成造型任务，达到造型形、色、韵的和谐统一。

（二）婚礼化妆师应具备的条件

化妆的含义是：人们通过科学艺术的手法，使面部主观尽可能达到完美。要成为一位专业的婚礼化妆师，就必须接受严格的专业培训。只有合格的婚礼化妆师才能为客户创造出美的造型。

所以作为一个合格的婚礼化妆师需要具备以下几点：

1. 要有一双温柔灵巧的手；

2. 对色彩及搭配效果要有透彻的认识；

3. 对面部及人体各部分有深入的了解；

4. 要有独特的风格及审美观；

5. 衣着整洁、得体，带妆上岗；

6. 健康的身体和健全的心理；

7. 守时并且超时工作也要热情服务；

8. 有较高的审美观和鉴赏美的水平；

9. 丰富的化妆知识、文化素质、个人修养；

10. 有较强的语言表达能力；

11. 细心热情有耐心；

12. 创新即对色彩流行趋势较敏感，有超前意识。

还有心理上所具备的通过与客户的交流、沟通，仔细观察思考客户的要求和需要，加上丰富的专业知识，得到客户的认可。婚礼化妆师不但要从技术上取胜，更重要的是要有一颗爱人如己的心，这是婚礼化妆师最大的特点。

二、婚礼化妆师服务礼仪的具体内容

（一）婚礼化妆师的仪容礼仪

仪容美是内在美、自然美、修饰美这三方面的统一，它能体现一个人良好的精神面貌和对生活的乐观、积极的态度。现代文明的发展，使得人们对仪容的重视愈显普遍。可以说，个人良好的仪容能够给人以端庄、稳重、大方的印象。既能体现自尊自爱，又能表示对他人的尊重与礼貌。尤其是化妆行业，职业的原因更要求婚礼化妆师对仪容仪表要有足够的重视。具体要求如下：

1. 头发要勤于梳洗，发型要时尚大方而不能怪异。

2. 女化妆师头发不应遮住脸部，前面头发的刘海儿不宜盖住眼睛。

3. 女化妆师要注意面部清洁与修饰，每天必须要化妆，浓淡适宜，化妆不可太夸张并要避免使用气味很浓烈的化妆品。但要每天喷一些清新的香水。

4. 做到勤洗澡、勤换衣袜、勤剪指甲、勤漱口、上班前最好不要吃大蒜之类有异味的食物，必要时可含一点茶叶或嚼口香糖，去除异味。

5. 忌口臭、体臭，忌在他人面前咳嗽、抽烟、嚼口香糖。

（二）婚礼化妆师表情礼仪

在人际交往中，表情其实可以反映人们的思想、情感以及心理活动与变化。而且表情传达的感情信息要比语言显得巧妙得多。人的眼神、笑容、面容是表达感情最重要的三个方面，是人际交往、相互沟通的重要形式。

作为婚礼化妆师来说，笑容是一种不可缺少的表情礼仪，利用笑容，可以消除和客户的陌生感，打破交际障碍，为更好地沟通与交往创造有利的氛围。从笑容的种类来看：

1. 含笑，表示接受对方，待人友善，适用范围较广。

2. 微笑，表示自乐、充实、满意、友好，具有一种磁性的魅力，适用范围最广。

3. 轻笑，表示欣喜、愉快、多用于会见客户、向熟人打招呼等情况。

4. 浅笑，多用于年轻女性表示害羞之时，通常又称为抿嘴而笑。

微笑可以表现出温馨亲切的表情，能有效地缩短沟通双方的距离，给对方留下美好的心理感受，从而形成融洽的交往氛围。

作为婚礼化妆师要经常和陌生的新娘、新郎及其他客户沟通和推销，所以微笑更作为一种外化形象，要做到适时场合，画龙点睛，使微笑发挥磁性的魅力。微笑也是人际交往中十分有效的润滑剂。

当然还要注意在化妆中禁忌假笑、冷笑、怪笑、媚笑、狞笑等不尊重客户的表情。

(三) 婚礼化妆师举止礼仪

俗话说:“站有站相,坐有坐相。”它是对自然美的一种要求,是高雅气质的基础。化妆师在进行化妆服务时主要采用站立服务。

1. 化妆时立于客户右边(如果有左手习惯者立于新人左侧)。

2. 化妆时如果需要有着力点时,不要用力按压新人头部或搂抱新人头部。

3. 根据新人的身高调整自己的与新人的距离,不宜太远或太近。

4. 造型时站于新人的左、右、后三个方向,不要让新人移动方向。

5. 化妆、造型时动作要轻柔,随时关注新人的感觉,询问用力是否合适。

(四) 婚礼化妆师试妆、跟妆时的工作礼仪

婚礼化妆师的主要工作分为两个阶段,一是婚礼前的试妆,二是婚礼当天跟妆。婚礼化妆师在工作时要遵循以下工作礼仪。

1. 工作要化淡妆,随时保持个人卫生,化妆前要洗手或者消毒。

2. 要保持口腔卫生清洁,工作前不吃韭菜、蒜等带有刺激气味的食品,不吸烟,不喝酒,工作中不咀嚼口香糖。

3. 海绵扑、粉扑要做到一客一洗或一客一换,并进行消毒。

4. 化妆工具要定时消毒、清洁。

5. 化妆品和化妆箱保持整洁、干净。

6. 化妆工具要随用随拿,及时放入工具箱。

7. 需要加热的化妆工具放置时,要注意不要放在易燃、易爆物品旁边,防止将婚纱、地毯及发胶、打火机等易燃易爆物品引燃或爆炸。

8. 要与客户有所交流,对客户要热情、诚恳、礼貌。

【案例导入】跟妆婚礼化妆师服务结束的时间①

婚礼当天,化妆师究竟该什么时间离开?一个结婚论坛正为此话题辩论得热火朝天。新娘孙小姐(化名)认为婚礼化妆师在婚礼还没有结束就

---

① 佚名. 久久结婚网. www.99wed.com/news/pcontent.php? ID = 10509 2010-6-2

早走了，要为自己妆面哭花无人理睬负责，而化妆师则坚持“一般都是新娘换好最后一套衣服离开的”。两人就约定俗成的行规各执己见，发生争执。

辩论是从婚礼化妆师小何（化名）发了一则“委屈帖”引起的。原来小何在黄金周期间服务过的新娘孙小姐突然提出要投诉，要求“退还20%服务费，退还红包，退还20元的打车费，总共退还280元”，这让参加过多场婚礼的化妆师小何感到十分不近人情。

“当时她是同意我离开的。一天合作也很愉快，怎么会这样呢。一般婚礼化妆师都是等新娘子换好最后一套礼服退场，我自己以前也都是这个时候走的。”小何说，这次的投诉让她摸不着头脑。

新娘孙小姐也很委屈。第三场仪式开始后，新郎作了感人至深的答谢辞，自己流下了幸福的眼泪，可由于化妆师已经不在，自己只能带着残妆敬酒，闹洞房拍出的照片也很不理想。“新人准备婚礼没有经验，资深化妆师应该对可能出现的状况有所预期。而且我以前当过伴娘，全程跟妆一直得到闹洞房结束。”孙小姐及其朋友纷纷在网上就所谓的“行规”提出异议。

伴娘妆、妈妈妆要不要化？造型有无特殊要求？这些细节都没有硬性规定，只能遵照约定俗成的“行规”。

正在筹办婚礼的张小姐说，不少工作室只有收款凭证，服务要求全靠新人和化妆师“口头协商”，即便有合同也只是粗线条地列举些服务项目。于是对毫无经验，又期待一场完美婚礼的新人来说，有用的不是合同，而是从别人的婚礼中汲取经验。

“婚礼过程中的变数很多，不可能都预先想好写进书面文本，细节都要当场确认，新人和工作人员要随机应变。”

记者从小何所在的公司获悉，对于“全程服务”，业内并没有明文解释。一般服务时间在12小时左右。由于行业的特殊性，预订婚礼化妆师之前要经过试妆，婚礼当天也会和新人商量，直到妆面满意为止。如果新人当场提出需要，化妆师是不会走的，毕竟谁也不想在这个特殊的日子不开心。

评判服务没有统一标准，索赔维权也只能“约定俗成”。孙小姐参照婚庆公司的赔付标准，向小何要求退赔20%的服务费以及100元的红包。

记者从上海婚庆行业协会了解到，由于婚庆行业的特殊性，经常采用先付定金加事后结清的方式。可是，为讨吉利，不少新人在婚礼当天即使不满也强忍着，错过了沟通的最佳时机。婚庆行业协会提醒，婚礼当天新人有要求一定要尽早提出，可以减少不必要的误会。

“建议新人们还是尽可能签订一份书面协议，或者在合同上附上详细的列表。否则很多模糊不清的概念到时候都会引起争议。”上海婚庆行业协会的工作人员说，在目前难有统一规定的情况下，书面条款是保护双方利益，避免纠纷的最佳方式。

此外新人们也可以尝试婚庆保险，2008年夏天试行的“婚庆服务质量责任险”正是针对婚礼中种种意外的。

知识点五　婚礼花艺师的职业礼仪

婚礼花艺师是一个能够灵活运用色彩学，根据会场的实际环境、装修风格，结合新人对婚礼的想法为客人度身定制的婚礼花艺的设计者。婚礼花艺师已不单单是为满足新人需求为新人简单地制作一个花束、花篮。而更多的是能够为婚礼新人打造出真正符合他们婚礼主题并迎合宴会厅内实地环境的花艺设计。

婚礼花艺师应当具备以下基本素质①。

一是对花材的了解。了解的不单单色彩的搭配，更要了解应季的花材，以便给到婚礼新人更多的专业性建议。

二是要有自己独特的设计理念。使设计的东西让人觉得独一无二。婚礼花艺师会跟随婚礼策划师一同实地考察婚礼会场，会场的举架高低、背景的大小、餐桌上的桌布、口布以及椅背的颜色等细节，包括宴会厅的墙

① 佚名．百度百科．baike. baidu. com/view/4868545. htm 2010－12－8

壁颜色，整体的装修风格……都直接关乎着婚礼花艺师的创作。在跟新人沟通的过程中会更好地找到切入点。帮助新人打造属于他们自己的完美婚礼。

三是对舞美灯光的了解。作为一名优秀的婚礼花艺师，有些灯光打在相关花艺上会呈现不同的效果，在自然界鲜花的颜色是五颜六色的，但是舞美可以通过后期的灯光让现场呈现更加色彩缤纷的绚丽景象。

四是有一颗细致执著的心。婚礼花艺追求的是精致，不能怕麻烦，不要浪费每一朵花，作为一名花艺师最基本的就是要爱护花，心里有花了，才会把花艺做到极致。

一、婚礼花艺师在接待过程中的礼仪

接待是婚礼花艺师和新人的一次重要的正面接触。在接待中向新人展现出自己专业、敬业的行为，是赢得新人的关键。在接待过程中，要注意以下几个方面服务礼仪。

（一）温馨适宜的电话咨询

如果婚礼花艺师是通过电话向新人提供咨询，拿起电话首先要问好，再自报家门。如，“您好，这里是××公司婚礼花艺部”；询问时应注意在适当的时候，根据对方的反应再委婉询问。态度应热情、谦和、诚恳，语调应平和，音量要适中。

（二）良好的仪表

在面对客户时，婚礼花艺师本身因为有美学的基本素养，因此则更要注意自己的形象礼仪。要处处体现美的感观，良好的仪表是精神面貌外在表现。因此着装要清洁整齐，搭配要显出婚礼花艺师的美学感受。仪容要大方，女性婚礼花艺师要淡妆打扮，最重要的是体现出其艺术气质。

（三）注重仪态修养

婚礼花艺师在仪态中要注重站姿、行姿。因为只有良好的举止所表现出来的姿态和风度才能使客户信服此位花艺师的美学修养，具体要求如下：

站姿：站立要端正，挺胸收腹，眼睛平视，嘴微闭，面带笑容，随时保持精神饱满。

行姿：行走应轻而稳。注意昂首挺胸收腹，肩要平、身要直。

（四）讲究谈话礼仪

一是在倾听新人谈话时要眼望着对方，面带笑容，全神贯注，用心倾听，不要打断新人的谈话，有没听清楚的地方要礼貌地请新人重复一遍。

二是在与新人对话时，谈吐得体，声调要自然、柔和，要在声调的大小、轻重、高低、快慢上有所用心。放低声调会显得优雅，委婉柔和的声调显得动人，发音稍缓使人感到亲切。并且态度要和蔼，语言要亲切，音量要适中，以对其讲清楚为宜，答话反应迅速而明确。

三是对客人的问询应圆满解释。在原则性、较敏感的问题上，态度要明确，但说话方式要婉转。

四是花艺项目的咨询与商讨中能正确运用接待礼仪正确理解新人要求消化、理解客户意图，能迅速构思草案与新人沟通。

（五）注重文化修养

婚礼花艺师要有较高的文化修养，谈吐高雅，举止端庄，待人接物不卑不亢，事事处处注意表现出良好的精神风貌。

二、婚礼花艺师在现场指导过程中的礼仪

（一）热情耐心

待新人如亲人，对待婚礼服务团队如亲人。始终在和新人、团队人员谈话时面带微笑，精神饱满，态度和蔼，语言亲切，热情诚恳。新人有意见要虚心听取，新人有情绪尽量体谅，绝不与新人争吵和发生矛盾。

（二）细致周到

善于观察和分析新人的心理特点，懂得从新人的神情、举止发现新人的需要，正确把握讲话的时机，花艺效果要超乎新人的期望，并做到体贴入微，面面俱到。

（三）认真负责

组织花艺工作时要认真负责，就是要急新人之所急，想新人之所求，和婚礼服务团队其他人员也要密切配合，互相支持，互相帮助解决布置花

艺工作中的各项难题。

（四）听从指挥

在花艺工作中要尊重婚礼策划师的意见，要服从分配，听从指挥。婚礼策划师或婚礼督导师分配的任务要主动接受，认真完成，并及时汇报。

三、婚礼花艺师在反馈过程中的礼仪

能根据设计要求组织室内花艺项目工程的验收。勿以恶小而为之，勿从善小而不为，一切都要认真仔细。

（一）在对新人反馈过程中“请”字当前，“谢”字不离口

说到“请”字还有一个故事。有一次，列宁同志下楼，在楼梯狭窄的过道上，正碰见一个女工端着一盆水上楼。那女工一看是列宁，就要退回去给让路。列宁阻止她说：“不必这样，你端着东西已走了半截，而我现在空手，请你先过去吧！”他把“请”字说得很响亮、很亲切。然后自己紧靠着墙，让女工上楼了，他才下楼。列宁如此，可想，在任何花艺反馈中则更需要注意，“请”、“谢”二字。

（二）要始终保持真诚的原则

务必待人以诚，诚心诚意，诚实无欺，言行一致，表里如一，不能在具体操作时口是心非，言行不一，弄虚作假，投机取巧。

（三）尽心尽责，服务周到

优质保量，保证花艺施工完好。特别是最后反馈之后要让新人觉得是他自己作出了明智的选择。要对新人表达感谢之情，道谢要诚恳。对反馈不足需要修改的地方一定要信守诺言。

知识点六　婚礼摄影、摄像师服务礼仪

婚礼摄影、摄像师是在婚礼庆典现场从事摄影、摄像工作的婚庆服务人员，他们不仅负责婚礼全程的拍摄工作，还需要对采集的影像资料进行

编辑处理，尽全力为新人留下最美的婚礼回忆。

一、婚礼摄影、摄像师服务礼仪的基本要求

（一）婚礼摄影、摄像师的工作特点

1. 工作时间长

婚礼摄影、摄像师负责婚礼全程的拍摄，从早上新娘化妆开始就进入紧张的工作状态，一直持续到宴会结束，宾客离场。

2. 工作强度大

由于设备器材体积较大，加之工作时间长，工作过程中需要紧随新人进行跟拍，捕捉精彩的画面，无论是心理和生理上都是非常劳累，所以婚礼摄影、摄像师属于婚庆服务工作中体力强度最大的人员之一。

3. 出镜率高

由于工作的需要，婚礼摄影、摄像师会走在新人的前面，或在婚礼庆典舞台上进行拍摄工作，在婚礼现场的灵活性、自由度是最大，除了新人及主持人以外，婚礼摄影、摄像师是出现在婚礼现场宾客眼前最多的工作人员，所以在工作的过程中，婚礼摄影、摄像师一定要注意自身的工作仪表。

（二）婚礼摄影、摄像师的心理素质

1. 自信、果断

婚礼摄影、摄像师在婚礼中应表现出足够的自信和果断。拍摄活动的进行应按照拍摄前期的构思，体现拍摄的思路，捕捉画面精准而有目的性，应避免出现无意识、无条理地随意拍摄。

2. 团队协作意识

在一场婚礼中，婚礼摄影、婚礼摄像师可能隶属不同的工作团队，甚至会有许多参加婚礼的宾客也参与进去，进行拍摄活动，婚礼现场的秩序未必有利于正常的拍摄工作，但在任何情况下，婚礼摄影、摄像师应坚守职业道德，发挥团队协作意识，尽可能地确保彼此的工作环境不受干扰。

3. 尊重被拍摄者

在正式拍摄前，婚礼摄影、摄像师应与新人进行有效的沟通，说明拍摄思路与重点，并争取新人对影像作品的意见。在面对拍摄状态不佳的新人时，应对积极交流、合理沟通，为其提供专业的拍摄建议。在拍摄婚礼现场的其他人物时，尽量不干扰被摄者，但如果被摄者明确表示不希望被拍摄时，应理解并积极配合。

二、婚礼摄影、摄像师服务礼仪的具体内容

（一）婚礼摄影、摄像师的着装要求

在婚礼现场，婚礼摄影、摄像师工作时，大多数时间是在新人、宾客等面前，甚至会出现在婚礼舞台之上，所以在便于工作的同时，也应注意自身的服饰装扮。

对于婚礼摄影、摄像师着装的基本要求是舒适、利落、整洁、合体，既要便于摄影、摄像活动的展开，也要注意服饰细节的搭配，做到美观得体，表现出专业性和规范性。

男士尽可能穿着素色、较深的服装，上衣要求有领有袖，下身着合体长裤，尽量不要穿球鞋或浅色运动鞋；另外要求面容洁净、发型整洁。女士要求束发，不能披头散发，上衣领口应较高、有袖、衣长不易过短，下身着高腰合体长款裤装，不宜穿高跟鞋、穿球鞋或浅色运动鞋；女士可适当化淡妆，不易配较多或造型夸张的配饰。除上述要求外，可以在较正式的服装外，统一穿着摄影马甲或专业的摄影服装，便于携带摄影附件等小型设备。

（二）婚礼摄影、摄像师的拍摄礼仪

1. 事前准备充足

婚礼摄影、摄像师在进行拍摄活动之前，应充分与新人做好拍摄风格、画面等方面的沟通，并与婚礼策划师或婚礼督导师等婚庆服务人员沟通，以了解婚礼现场进程的要求。在条件允许的情况下，应积极参与婚礼彩排，以了解婚礼工作场地，包括选择拍摄机位、现场灯光、所需附件等。

2. 尽可能少用闪光灯

如果婚礼现场光线不足、需要补光，从礼仪上要尽量控制闪光次数，尤其不能距离人物过近使用闪光。使用闪光灯事先要准备充足，做到心中有数，比如与灯光照明师或助手约定，与组织者和工作人员做好协调、配合等合作。

3. 合影拍摄的礼仪

在婚礼中有时会专门设置合影拍摄环节，如果是和新人同辈亲友可以按照生活照合影的拍摄形式展开创意拍摄，如果是新人全家长辈、证婚人或新人领导等参与合影，应注意拍摄的站位。

正式的合影要求人物形象美观、姿态优美，宾主分明、整齐庄重。

在合影时，宾主一般均应站立。必要时，可安排前排人员就座，后排人员则可以梯级状站立。但是，通常不宜要求合影的参加者蹲着参加拍照。若安排其参加者就座，应先期在座位上贴上便于辨认的名签。婚礼正式合影的拍摄排位一般讲究居前为上、居中为上和居左为上。通常，合影时男方人员居左，女方人员居右。以新郎、新娘居中，男方父母、长辈在新郎的左边，女方父母、长辈在新娘的右边。这些礼仪婚礼摄影、摄像师都必须知道并能够指导新人和来宾。

4. 注意自身行为礼仪

婚礼摄影、摄像师在拍摄现场要注意自己的行为礼仪，不要在婚礼现场抽烟、嚼口香糖；尽管拍摄非常辛苦，但也不能随便坐于地下或不适合的场地。

5. 被拍摄者的礼仪

被摄者应服从婚礼摄影、摄像师的安排，彼此之间做好沟通，尽可能地做好配合，并且注重自身的仪表。尤其是在拍摄合影的时候，不能对摄影师的安排表现出不耐烦的情绪，或催促摄影师尽快拍摄，这些表现都不符合礼仪要求，应给予摄影师足够的礼貌和尊重。

总之，婚礼摄影师、摄像师在从事婚礼庆典服务时，不仅需要高超的摄制技术，更需要良好的服务意识、耐心的沟通态度、吃苦耐劳的敬业精神以及良好的职业道德与礼仪规范。

【教学任务】

任务一　婚礼策划师服务礼仪实训

活动一　讲解实训要求

（一）教师讲解实训课教学内容、教学目的

（二）婚礼策划师的非言语服务礼仪的基本要求

1. 良好形象。
2. 衣着相称。
3. 举止气质。
4. 目光温和。
5. 神情自信。
6. 微笑服务。

（三）婚礼策划师的言语服务礼仪基本操作过程

1. 有效聆听。
2. 真诚交谈。
3. 赞美客户。
4. 自我展示。

活动二　教师示范

（一）教师模拟婚礼策划师，演示非言语服务礼仪过程。

（二）抽选一名学生做客户，和教师扮演的婚礼策划师进行言语服务礼仪演示。

活动三　学生训练、教师巡查

（一）学生按照两人一组，分为婚礼策划师和客户，练习非言语服务礼仪和言语服务礼仪训练，然后互换角色，相互点评。

（二）教师随时巡查，指导学生。

活动四　实训检测表记分

表 5－2　　婚礼策划师服务礼仪实训检测表

考核项目	考核内容	分值	自评分（20%）	小组评分（30%）	教师评分（50%）	实得分
非言语服务礼仪						
言语服务礼仪						
总分						

任务二　婚礼督导师服务礼仪实训

活动一　讲解实训要求

（一）教师讲解实训课教学内容、教学目的

（二）婚礼督导师服务礼仪的基本要求

1. 服装要求。

2. 细节要求。

3. 沟通要求。

（三）婚礼督导师的在婚礼服务中的具体礼仪

1. 服饰礼仪。包括：（1）西装礼仪；（2）礼服礼仪；（3）鞋袜礼仪；（4）手套佩戴；（5.）手表佩戴。

2. 体态礼仪。包括立姿、坐姿、走姿。

3. 手势礼仪。

4. 语言礼仪。

5. 神态礼仪。

活动二　教师示范

（一）教师模拟婚礼督导师，演示服饰礼仪、手势礼仪、体态礼仪神态礼仪。

（二）抽选一名学生做新人或来宾，和教师扮演的婚礼督导师进行服务礼仪演示。

活动三　学生训练、教师巡查

（一）学生按照两人一组，分为婚礼督导师和来宾，进行督导服务礼仪训练，然后互换角色，相互点评。

（二）教师随时巡查，指导学生。

活动四　实训检测表记分

表 5－3　婚礼督导师服务礼仪实训检测表

考核项目	考核内容	分值	自评分（20%）	小组评分（30%）	教师评分（50%）	实得分
服饰礼仪						
立姿礼仪						
坐姿礼仪						
走姿礼仪						
手势礼仪						
语言礼仪						
神态礼仪						
总分						

任务三　婚礼主持人的服务礼仪实训

活动一　讲解实训要求

（一）教师讲解实训课教学内容、教学目的

（二）婚礼主持人服务礼仪的基本要求

1. 舞台礼仪风范。做到放松自如，表情自然，姿态端庄，动作优雅，稳重大方，举止潇洒。

2. 语言礼仪。有较强的朗诵功底。吐字清晰，发音准确，声音悦耳，节奏明快，感情浓郁，富有韵律。

3. 良好的个人形象。

（三）婚礼主持人的在婚礼服务中的具体礼仪

1. 服饰礼仪。包括男婚礼主持人的着装和女婚礼主持人的着装。

2. 体态礼仪。包括面部表情、行姿、立姿和手势礼仪。

3. 言语礼仪。

活动二　教师示范

（一）教师模拟婚礼主持人，演示服饰礼仪、体态礼仪、和言语礼仪。

（二）抽选一名学生，进行婚礼主持人的礼仪演示。

活动三　学生训练、教师巡查

（一）学生按照两人一组，进行婚礼主持人礼仪训练，然后互换角色，相互点评。

（二）教师随时巡查，指导学生。

活动四　实训检测表记分

表 5－4　　婚礼主持人服务礼仪实训检测表

考核项目	考核内容	分值	自评分（20%）	小组评分（30%）	教师评分（50%）	实得分
服饰礼仪	男婚礼主持人的着装					
	女婚礼主持人的着装					
神态礼仪						
行姿礼仪						
立姿礼仪						
手势礼仪						
言语礼仪						
总分						

任务四　婚礼化妆师的服务礼仪实训

活动一　讲解实训要求

（一）教师讲解实训课教学内容、教学目的

（二）婚礼化妆师服务礼仪的基本要求

1. 典雅的风度。

2. 高超的技术。

3. 端庄的举止。

4. 文雅的谈吐。

5. 待人接物要彬彬有礼，落落大方。

（三）婚礼主持人的在婚礼服务中的具体礼仪

1. 婚礼化妆师的仪容礼仪。

2. 婚礼化妆师微笑礼仪。包括：含笑，微笑，轻笑，浅笑。

3. 婚礼化妆师举止礼仪。包括：立姿，坐姿，步态（走姿），工作礼仪。

活动二　教师示范

（一）教师模拟婚礼化妆师，由两名学生扮演新娘、新郎，教师演示化妆礼仪。

（二）抽选一名学生，进行婚礼化妆师的礼仪演示。

活动三　学生训练、教师巡查

（一）学生按照两人一组，进行婚礼主持人礼仪训练，然后互换角色，相互点评。

（二）教师随时巡查，指导学生。

活动四　实训检测表记分

表 5－5　　婚礼化妆师服务礼仪实训检测表

考核项目	考核内容	分值	自评分（20%）	小组评分（30%）	教师评分（50%）	实得分
服饰礼仪						
仪容礼仪						
立姿礼仪						
坐姿礼仪						
走姿礼仪						
工作礼仪						
总分						

任务五　婚礼花艺师的职业礼仪实训

活动一　讲解实训要求

（一）教师讲解实训课教学内容、教学目的

（二）婚礼花艺师服务礼仪的基本要求

1. 良好仪表。

2. 举止端庄。

3. 以诚待人。

4. 热情耐心。

5. 细致周到。

6. 信守诺言。

（三）婚礼花艺师的服务基本礼仪

1. 婚礼花艺师在接待过程中的礼仪。

2. 婚礼花艺师在现场指导过程中的礼仪。

3. 婚礼花艺师在反馈过程中的礼仪。

活动二　教师示范

（一）教师模拟婚礼花艺师，演示各个环节服务礼仪过程。

（二）抽选一名学生做客户，和教师扮演的婚礼花艺师进行服务礼仪演示。

活动三　学生训练、教师巡查

（一）学生按照两人一组，分为婚礼花艺师和客户，进行婚礼花艺师服务礼仪训练，然后互换角色，相互点评。

（二）教师随时巡查，指导学生。

活动四　实训检测表记分

表 5－6　　婚礼花艺师服务礼仪实训检测表

考核项目	考核内容	分值	自评分（20%）	小组评分（30%）	教师评分（50%）	实得分
接待过程中的礼仪						
现场指导过程中的礼仪						
反馈过程中的礼仪						
总分						

任务六　婚礼摄影、摄像师服务礼仪实训

活动一　讲解实训要求

（一）教师讲解实训课教学内容、教学目的

（二）婚礼摄影、摄像师服务礼仪的基本要求

1. 自信、果断。

2. 团队协作意识。

3. 尊重被摄者。

（三）婚礼摄影、摄像师的基本服务礼仪

1. 婚礼摄影、摄像师的着装礼仪。

2. 婚礼摄影、摄像师的拍摄礼仪：事前准备充足，尽可能少用闪光灯，合影拍摄的礼仪，指导被拍摄者的礼仪。

3. 语言礼仪。

4. 手势礼仪。

活动二 教师示范

（一）教师模拟婚礼摄影、摄像师，演示各个环节服务礼仪过程。

（二）抽选一名学生做客户，和教师扮演的婚礼摄影、摄像师进行服务礼仪演示。

活动三 学生训练、教师巡查

（一）学生按照四人一组，分为婚礼摄影师、婚礼摄像师和新娘、新郎，进行婚礼摄影、摄像师服务礼仪训练，然后互换角色，相互点评。

（二）教师随时巡查，指导学生。

活动四 实训检测表记分

表 5－7 婚礼摄影、摄像师服务礼仪实训检测表

考核项目	考核内容	分值	自评分（20%）	小组评分（30%）	教师评分（50%）	实得分
着装礼仪						
拍摄礼仪						
语言礼仪						
手势礼仪						
总分						

【木章小结】

1. 婚礼策划师的服务礼仪应遵循以下基本原则：（1）“客户是上帝”原则；（2）真诚原则；（3）平等的原则。

2. 婚礼策划师的非言语服务礼仪包括：（1）良好的形象；（2）衣着整洁相称；（3）注重举止与气质；（4）目光友善温和、自信；（5）微笑服务。

3. 婚礼策划师的言语服务礼仪包括：（1）有效地聆听；（2）进行真诚的交谈；（3）直言与委婉兼容；（4）运用赞美语言、肯定客户的观点；

（5）有意的自我展示；（6）声调柔和、语气平和。

4. 婚礼督导师服务礼仪的基本要求包括：（1）服装正式；（2）细心，注意细节；（3）真诚沟通，协调各方关系；（4）不厌其烦、无微不至；（5）善始善终。

5. 婚礼督导师的在婚礼服务中的具体礼仪包括：（1）服饰礼仪；（2）婚礼督导师的体态礼仪；（3）婚礼督导师的语言礼仪；（4）婚礼督导师神态礼仪。

6. 婚礼主持人服务礼仪的具体内容包括：（1）婚礼主持人的仪表；（2）婚礼主持人的仪态礼仪；（3）婚礼主持人的行为礼仪规范；（4）婚礼主持人的言谈礼仪规范。

7. 婚礼花艺师在接待过程中的礼仪包括：（1）温馨合宜的电话咨询；（2）良好的仪表；（3）注重仪态修养；（4）讲究谈话方式方法；（5）注重文化修养。

8. 婚礼花艺师在现场指导过程中的礼仪包括：（1）热情耐心；（2）细致周到；（3）认真负责；（4）听从指挥。

9. 婚礼花艺师在反馈过程中的礼仪包括：（1）在对客户反馈过程中“请”字当前，“谢”字不离口；（2）要始终保持真诚的原则；（3）尽心尽责，服务周到。优质保量，保证花艺施工完好。

10. 婚礼摄影、摄像师服务礼仪的具体内容包括：（1）婚礼摄影、摄像师的着装要求；（2）婚礼摄影、摄像师的拍摄礼仪包括事前准备充足，尽可能少用闪光灯，合影拍摄的礼仪，被拍摄者的礼仪。

【核心概念】

婚礼策划师　婚礼督导师　婚礼主持人　婚礼在化妆师　婚礼花艺师　婚礼摄影、摄像师

【能力检测】

1. 婚礼策划师的服务礼仪包括哪些方面？

2. 婚礼督导师服务礼仪的基本要求包括哪些内容？
3. 婚礼主持人服务礼仪包括哪些具体内容？
4. 婚礼化妆师服务礼仪包括哪些具体内容？
5. 婚礼花艺师服务礼仪包括哪些？
6. 婚礼摄影师、摄像师服务礼仪的具体内容有哪些？

项目六　中国传统婚俗礼仪与西方婚俗礼仪

【学习目标】

通过本章的学习，你应该能够：

1. 掌握中国传统婚俗中的三书、六礼；

2. 掌握中国传统婚俗中的安床礼仪；

3. 了解中国传统婚俗中的上头、开脸、红盖头礼仪；

4. 掌握中国传统婚俗中的嫁妆礼仪、迎娶礼仪、进门礼仪、拜堂礼仪、洞房礼仪；

5. 掌握西方婚俗中的钻戒礼仪、头纱礼仪、站位礼仪、新人吻礼；

6. 掌握西方婚俗礼仪中新娘装束必不可少的五样东西；

7. 了解西式婚礼中的抱新娘礼、点烛礼、香槟塔、婚礼蛋糕、手捧花等相关婚俗礼仪。

【本章概览】

中国传统婚俗礼仪和西方婚俗礼仪是婚庆服务人员必须掌握的专业基础知识，核心目标是了解和掌握中国传统婚俗礼仪，了解和掌握西方婚俗礼仪。为了实现本目标，需要完成两项任务。第一，掌握传统中式婚庆典礼礼仪的礼仪规则；第二，掌握西式婚庆典礼仪规则。

【核心技能】

三书六礼的婚俗礼仪　安床礼仪　嫁妆礼仪　迎娶礼仪　进门礼仪　拜堂礼仪　洞房礼仪　婚戒的佩戴习俗　揭头纱习俗

【理论知识】

知识点一　中国传统婚俗礼仪

《礼记》中对婚姻的意义是这样解释的："昏礼者，将合二姓之好，上以事宗庙，而下以继后世也，故君子重之。"这个"昏礼"就是现今我们所称的"婚礼"，也就是说，举行婚礼是准备合两性的欢好，对上接续香火祭祀祖宗，对下生儿月女延续后世，所以它很重要，是人生根本的"礼"。对中式婚礼而言，"一拜天地，二拜公婆，夫妻对拜"的婚礼上的大礼，就是为了感恩。在中式婚礼上首先要拜天地，因为天地是万物至尊，有了大自然的恩赐才有了人类的繁衍不息；拜公婆则是为了感谢父母的养育之恩，表明今后要共同孝敬长辈；夫妻对拜则是彼此的承诺，从今后要互敬互爱，白头到老。可见，婚礼上的三拜，表明了人与天地的交流合一，带有浓厚的儒家文化色彩。

从目前流行的婚礼形式来看，主要有传统中式婚礼、西式婚礼和中西合璧的现代婚礼三种。

从中式婚礼来看，中国的传统婚俗有"三书六礼""三拜九叩"的烦琐礼节。所谓"三书"，就是指聘书、礼书、迎亲书。而"六礼"是指纳采、问名、纳吉、纳征、请期、亲迎六个结婚礼仪程序，同时又可以细分为铺房、迎娶、下轿利市、拜堂、喜宴、坐帐、撤帐、合髻、合卺、闹房、拜姑舅、回门等小项。根据《元代社会婚姻形态》以及《中国古代女子全书》中所载《至元婚礼》(《元婚礼贡举考》第一章)等资料的记载，婚姻六礼（纳采、问名、纳吉、纳征、请期、亲迎）盛于周秦，代有因革损益……朱子《家礼》的“议婚”，在元朝婚制中被确立，成为结婚程序中的首项礼仪。

经过岁月的荡涤，有的婚俗已经淡出历史舞台，有的婚俗发生了变异，但大部分的传统婚俗则基本都被保存继承下来。下面简单归纳我国中式婚礼的主要婚礼程序。

一、中式婚礼的主要程序

（一）议婚

即“提亲”。男方家长先派一位媒人到女方家中去求婚，称“下达”。

（二）纳采

就是男方家长向女方家长献礼求婚的礼仪。在征得女方家长的同意后，才派使者前去行纳采之礼。

旧时婚俗，纳采、议婚所用的礼品有大雁、如意、百合等。“昏礼下达，纳采用雁”，先秦时代的“采”都用大雁。一是因为大雁随节令变化而飞南飞北，遵时守信，正好符合妻子对丈夫的要求；二来大雁总是雌雄阴阳成双成对，一生中只配偶一次，从此形影不离，纳采用大雁取其白头到老、忠贞不渝的寓意。秦汉以后，提亲纳采的礼品不断变化，但是一般都不会特别贵重，只取其象征意义。例如纳采用如意，象征吉祥如意；纳采用百合，象征百年好合。

婚书是纳采的重要仪项。若是要对古代婚书下一个定义，那就是一个由男女双方家族私下约定的、互不反悔的契约。

纳采时男方家不能贸然前往，一般会通过各种方式先和女方家通报一声，比如说向女方家呈递“请纳采日期启”。

例

伏录亲恩，以令爱账下聘小儿无任欣感，兹以×月×日为定盟之期，敢用预告者伏以道享于吉礼，谨于成惟时月合天地之祯，故男女顺阴阳之美，两家和庆，万嗣蕃昌，伏冀亲仁俯垂照纳不宣。

男家准备好婚书，晨起，奉婚书祝告祠堂，以示祖宗后嗣香火相续，同时也期盼先祖保佑子孙婚姻圆满成功，并以之征得祖宗许可。随后，以本宗亲戚、媒氏为使者前往女家。女家父母或族长出门相迎，媒氏将婚书呈献女方主人；女方父母或族长收受婚书后，祝告于祠堂，以求祖先护佑，不忘先人赐体之功。一般官宦之家还专门躬行虔诚仪式，礼文节仪十分讲究。

纳采、议婚时媒人要了解的内容主要是以下两方面：第一，男女双方的家庭条件，包括财产、社会地位、家庭构成、人缘口碑等；其次，男女双方的个人情况，包括人品、年龄、属相、身体健康状况等。

（三）问名

问名即男方家请媒人求问女方的名字和出生年月日。问名的过程实际上就是男女双方交换庚帖的过程，问名是为下一步的纳吉合婚做准备的，年龄、生肖、八字等都是问名的主要内容，而这些内容正是纳吉合婚时的依据。

在纳采、问名这两个环节中，媒人都发挥着重要的作用。通常情况下，婚事没确定之前，男女双方都希望避人耳目，因而媒人必须替双方保密，否则就会落得“碎嘴媒婆”之名。

在问名过程中重要的文书就是庚帖也叫聘书。聘书实际上是在问名的过程中，男女双方交换的“庚帖”。“庚帖”又叫“八字帖”，上面写有姓名、生辰八字、籍贯、祖宗三代等内容。

问名订亲时，由男方家首先向女方家发出请书，俗称“讨帖儿”。请书除了表达求婚的意向之外，还会附上男方的生辰八字。女方家如若同意则回以“允书”，把女方的姓名、生辰八字等内容附上。

唐代聘书多采用复书式，由正书和别纸两部分构成。一般正书多是用词华美的虚语，但却以此为引子，延伸出别纸写的内容。别纸才是聘书的重点，主要内容包括：男方家向女方家开具主婚者与应婚者的关系，欲向对方求娶何女，以及何人为媒，男方三代祖宗的官品职位，父母在堂或不在堂、田产房舍等大致的家庭情况。唐宋之后，聘书多用单体书，而且内容呈现出越来越简洁的趋势。到清末民初，聘书甚至只是简单地列出男女双方的姓名和生辰八字，顶多再加上媒人的姓名。

例

请书式：

仰候玉音

眷姻弟×××率男×××顿拜

冰人×××

乾命某年某月某时生

宣统×年×月×日

允书式：

谨蒙金诺

眷姻弟×××率×××女顿拜

冰人×××

坤命某年某月某时生

宣统×年×月×日

一般来说，庚帖上的字数忌讳单数，如若恰巧是单数，就得酌情加一个表示吉祥如意的修饰字，使之成双，比如在男子名下加一“健”字，在女子名下加一“瑞”字。此外，庚帖还有一些特殊用词，如男女双方的生辰分别叫“乾造”、“坤造”，落款时间前面，男方写“龙飞”、女方写“凤舞”。

例

乾造

戊子年二月十五日子时健生

坤造

辛卯年五月二十日午时瑞生

“庚帖”忌用白纸，最好是写在红纸上，一般为折子状，按其装帧可分为三类：一类用描金鸾凤纹饰朱笺，属华丽型，乃殷实之家所用；另一类用水印吉祥图案红纸，这种红纸是纸品店出售的专用品，虽不如前者华丽，但纸红图美，极富喜庆气氛，普通百姓多用之；最后一类最简朴，直接书写在素红纸上，虽略显清贫，但不乏喜气。

（四）纳吉

问名之后，男方将女子的名字、八字取回，进行占卜合婚，卜得吉兆后，备礼通知女方家，决定缔结婚姻，这个过程就叫做纳吉，纳吉的过程实际上就是合婚的过程。所谓“合婚”，就是把通过媒人进一步了解到的双方情况合拢到一起，据此作出这门婚事是否适宜的判断。

中国传统文化里，缔结婚姻是件相当谨慎的事情，除了考虑两个人的外貌、性格、学识是否相匹配，还要从命理学的角度来看两个人的年龄是否相宜，生肖是否相配，八字是否相合。所以在合婚阶段，男方家都会到相命馆去请算命先生来为两人合八字，合八字时要绕开年龄、生肖和生克三方面的禁忌。在年龄方面，有的地方忌讳男女双方年龄相差三、六、九，认为这样会犯刑、冲、克、害，对婚姻不利。在生肖方面，北方风俗“女忌属羊”，南方风俗“女忌属虎”，具体到男女双方的生肖搭配，则有着更多的禁忌，比如两虎不同山、鸡狗不一家、猪猴不到头、青龙克白虎、虎鼠不结亲等。相比年龄禁忌与生肖禁忌，合婚时对生克的禁忌更为重视，生克禁忌的依据是“五行八字”，命相家常以人的生日所值的干支来推断人的命运。一个人出生的年、月、日、时与天干地支相匹配，四项共得八字，每个字又分属金、木、水、火、土“五行”中的一项。古代婚姻中的“合八字”在人们心目中占有很重要的位置，人们认为这不仅关系到夫妇关系的和睦，而且影响到整个家族的幸福。五行相生、八字相谐就预示着婚姻的幸福。五行相克，注定婚姻不能长久，甚至会祸及家人。比如《红楼梦》中林黛玉命相为木，贾宝玉命相为土，木克土，所以他俩的缘分只能是“木石前盟”，而薛宝钗的命相为金，土生金，所以贾宝玉与薛宝钗的婚姻就是“金玉良缘”。

除了去相命馆请专门的算命先生合婚以外，民间也有一些自行合婚的方法。比如将对方的庚帖和自家的庚帖一起压在设有祖宗牌位的神龛前，或者放在号称“一家之主”的灶王爷神像前，然后焚香祝祷，根据香头烟气或燃烧的时间长短等情况，作出婚事宜、忌的判断。

（五）纳币

纳币亦称纳征，也就是所谓的“下聘”。民间又有纳红定、吃肯酒的说法。吃肯酒即是许亲订婚，男家需向女家送纳“订婚礼物”。

纳币等同于婚姻缔结的承诺，只要女方收下聘礼，就意味着婚事已定，作出了嫁人的承诺。对男方来说，聘礼相当于娶妻的承诺；对于女方来说，聘礼相当于女子在夫家地位和身份的保证。

纳币的程序一般分为放大定和放小定两个部分。放小定，又称“文定”，主要内容就是男方向女方赠送相对简单的订婚礼物，一般是戒指、耳环、手镯、项圈四样。放大定，又称“过大礼”或“换帖”，比放小定规格要高，也更为隆重。除了数量更多，价值更高以外，种类也更为复杂。例如老北京放大定的聘礼主要有四类：衣料首饰，酒肉食品，面食，干鲜果品（四鲜果、四干果）。

在纳币过程中还要写礼书，即礼物清单，由纳币过程中男方的出帖与女方的回帖两部分组成，即男方的聘礼单和女方的妆奁单。大部分聘礼单是直接开具聘礼和嫁妆的种类和数目，有的则会在礼单之前先说几句谦辞和吉祥话，而在礼单之后加上敬语。

例一

囍　　谨具

聘金　喜礼足银四锭　金翠时式头箍成围　金翠时式顶簪成支

金翠时式耳坠成副　金翠时式偏花成对　镀金如意寸簪成支

镀金人物宫锁成把随身　镀金起花手镯成对随身　镀金挂串带扣成副

雪银人物云锁成把　雪银长命绳成条随身　雪银纽扣手镯成对

雪银人物带扣成副随身　雪银铜铁顶针叁圆　雪银子孙颗颗两双

天青贡缎棉衣裳成件　翠蓝湖绉棉袄成件　雪青湖绉朝裙成条

天青宁绸衣裳料成件　秋葵宁绸夹袄成件　雪红湘绉裙料成条

天青绒绉单衣裳成件　雪青绒绉大衫成件　米色绣花单裙成条

真红湖绉裤料成条　真红湖绉衫尖成方

奉申

纳征之敬

忝眷姻晚李宗密顿首拜

例二

忝眷席丰燕熏沐端肃拜

伏以贵府不弃寒微，过听冰议，许以令媛与小孙结为百年伉俪，光生蓬荜，喜溢门阑。月值榴花之辰，礼重男先之典。不腆微仪，敬订姻盟。

仰惟亲慈俯重鉴念不宣。谨具：

聘金廿大锭　髻仪贰锭　珊瑚玉花　白银瓜簪

翠勒一条　镀金挖簪　白银挖簪　镀金耳坠

白银三穗　蒜台银钏　戒指二枚　乌纱首帕

红绣汗巾　大红绉袄　玫瑰缎帽　红缎膝衣

豆绿丝带　花糕一座　喜榴成双　点心四样

时菜四色　鲜豚一方　喜酒盈樽

奉申

岁维大清光绪拾年岁次甲申仲秋中浣谷旦　燕再顿首

妆奁不仅是对男方聘礼的回应，也是女儿在娘家继承权的主要表现，嫁妆一般以抬或箱来计算，所以妆奁单也一般也以此为单位来陈列。

例

第一号

一号之一：金爱国环一对　玉腕环一对

一号之二：金链桃形颈饰一条　金链宝石珍珠颈饰一条

第二号

二号之一：平面金纽扣三枚　珍珠金纽扣三枚

二号之二：珍珠边花一对　珍珠中心花一芷

第三号

绣软绵枕一对

第四号

化妆品全箱

……

第二十二号

六仙桌成件

……

第三十号

书类橱成件

（六）请期

请期，即男方家择定婚期，备礼告知女方家，求其同意。请期仪式历代大致相同，即男方家派使者去女方家请期，送礼，然后致辞，说明所定婚期，女方家表示接受，最后使者返回复命。婚期一般是男方家避开传统禁忌，并根据男女双方生辰八字选出的一个吉祥如意的好日子。请期的过程中，一般只是男女双方家人当面交流确认，讲究一些的人家则会专门出具请期文书。

（七）铺房

所谓“铺房”，就是举行婚礼前夕布置装饰新房，是婚礼的序幕，通常由女方亲友进行。据文献记载，这项婚礼仪式至迟于宋代已经十分流行。明清以来，此俗一直相沿至今。

（八）亲迎

即新郎亲自到女家迎接新娘。如今所谓“婚礼”，是指结婚典礼仪式，亦即古代六礼的“亲迎”。

当迎亲的花轿到达女方家时，女方家人要拦门障车来表达对新娘出嫁的不舍。除此之外，亲迎的过程中，还有亮轿、发轿、泼轿、起轿、颠轿等一系列求吉禳灾的习俗，迎亲途中也有着种种讲究，关于这一礼仪，《仪礼·士昏礼》中有详细记载。

在亲迎时男家必须递交亲迎书，即迎娶新娘之书，结婚当日接新娘过门时用。嫁娶对于男女双方家庭来说都是件大事，为求吉利，筹备过程中总是小心翼翼地着手于每一个环节来趋吉避凶。到迎娶的关键时刻，更是免不了要根据阴阳五行、风水、星相、命理来细心推算每一个细节的吉时、方位和注意事项，以免冲撞神灵或沾染邪气。迎书一般就是由男方家参照择吉典籍或请专业的风水先生和命理师来拟定迎娶当日的行动指南。

例

伏以

天缘合配两姓之欢

月老传言百年之好

谨遵《钦定协纪辨书·永宁通书》

吉择二月初三日巳时通信，吉择二月二十二日迎娶。

新人上、下轿宜用未时，面朝正南方位，恭迎天喜大吉。

新人下轿交拜天地，面朝正南方位大吉。

新人坐帐交杯合卺，面朝正南方位大吉。

新人当日理发梳妆，用未时，面朝正南方向大吉。

一路逢井遇庙，并黄童幼女、孕妇孀妇，又忌当年蛇、鸡、牛三相生人，均宜避之大吉。

谨付贵宅，庚辰年良日迎娶吉庆，照用全书。

（九）下轿利市

即新妇被迎娶至夫家后下轿、下车入门过程的祈吉庆贺活动，主要有撒谷豆、跨鞍、跨火、抱毡等。据宋高承《事物纪原》所考，撒谷豆之习始于汉代。至宋代，兼撒钱、果，如《梦粱录·嫁娶》载，新妇入门“赳择官执花斗，盛五谷豆钱彩果，望门而撒，小儿争拾之，谓之撒谷豆”。

跨鞍意在取“鞍”的谐音“平安”之“安”的口彩，据认为滥觞于北方骑猎民族。

新妇跨火，本是从火堆上跨过，始于北朝。其初始寓意，或云除秽驱邪。

抱毡，即新妇下轿后足不沾地而踏红毡入室，或以红毡裹新妇抱之进门。据考，此仪始于唐代。明外方山人《谈征·事部》：“今人娶妇，舆轿迎至大门则转毡以入，弗令履地。读白太傅〈春深娶妇家〉诗云：‘青衣转毡褥，锦绣一条斜。’则此俗唐时已然矣。”

（十）拜堂

又称“拜天地”或“拜花堂”，是婚礼过程中的最重要的仪式和高潮，通常是新婚夫妇同拜天地和互拜，也就是现在在许多影视作品中可见的“一拜天地，二拜高堂，夫妻交拜”。唐封演《封氏闻见记·花烛》、清翟灏《通俗编·仪节》及赵翼《咳徐丛考·拜堂》等多有记述，亦见于诗文等。按传统婚俗，拜堂之后即成夫妇，为社会所承认。因而，拜堂是婚礼诸仪式中的大礼。礼成之后，新人就会被送入洞房，直到这时新郎才能揭去新娘头上的喜帕。

（十一）喜宴

即婚礼中的庆贺筵席，今俗称之“喝喜酒”。从古至今，各种喜庆活动多有酒筵相伴，一向被视为人生大礼的婚礼自不例外。

（十二）坐帐

宋代称“坐虚帐”、“坐富贵”等，即迎新妇入新房。《梦粱录·嫁娶》载，新妇下轿诸利市仪式过后，“入中门，至一室中少歇，当中悬帐，谓之坐虚帐；或径迎入房室，内坐于床上，谓之坐床富贵”。

（十三）撒帐

新婚夫妇交拜之后或坐帐之际，向帐内散掷金钱彩果的祈吉仪式。相传始于汉武帝时婚仪，历代相承迄今。至今仍广泛流行的以枣、栗撒帐的撒帐歌。

（十四）合髻

又称“结发”。成婚之夕，新婚夫妇分男左女右共髻束发仪式，源自古代成年礼。合髻、结发多为新房中仪式，又出自成年礼仪式，故后世称原配夫妻为“结发夫妻”。

（十五）合卺

又称“合匏”、“合欢”、“交杯酒”等，即新婚夫妇合饮交杯酒（同心酒），象征夫妇合体相亲。其礼仪始于周代，历代相承。无论皇室贵族还是庶民百姓，行合卺礼都是婚礼中除拜堂而外的又一重要仪式，故也以合卺代称成婚。唐宋以来，行合卺之礼开始以杯代瓢，因而别有“合欢杯”、“交杯酒”等说。

（十六）闹房

即“闹洞房”。

（十七）妇见舅姑

这是成婚次日或第三日新妇拜见公婆的仪式，始于周代。在古代，新妇拜舅姑是其正式为夫家宗族所接受、确认其成为本家族成员的一种庄严仪式，所以十分认真，甚至还要参拜家庙。唐代朱庆馀《近试上张水部》

诗，即以拜舅姑来隐喻其恭求水部员外郎张籍引荐：“洞房昨夜停红烛，待晓堂前拜舅姑。妆罢低声问夫婿，画眉深浅入时无?”拜见时，新娘要献枣和栗子于公公，献干肉于婆婆。

（十八）庙见

第三天，男家主人带新娘去参拜祠堂。如果结婚时舅姑已死，则在婚后三个月到祖庙去奠祭舅姑，称“庙见”。新妇只有在拜见舅姑和庙见这两项仪式完成之后，才能成为丈夫宗族中的一员，整个婚礼才算完成，否则，“女子未庙见而死，归葬于女氏之党，示未成妇也”。

（十九）回门

又称“谢门”，新婚夫妇于婚后首次至女家问安、示谢兼新婿拜认女方亲属。回门时间，或婚后三五日、一个月，因地区、时代及路途远近而异，是传统婚礼的最末一项仪式。据汉代何休《春秋公羊传解诂》记载，远在公元前770至公元前476年的春秋时期，已有此礼仪。宋代称作“拜门礼”。

二、中式婚礼过程中的其他礼仪

（一）安床礼仪

1. 铺床

北宋孟元老的《东京梦华录·娶妇》中写道：“前一日，女家先来挂帐，铺设房卧，谓之‘铺床’。”铺床是女方家在护送嫁妆到男方家后，为新人布置新房的一种婚俗，实际上是婚礼前所进行的一项安床仪式，包含着对新郎新娘成家立业、早生贵子的美好祝愿。铺床的重点在于床位和被褥。

婚床的安放是一件极为重要的事情，关系到身体健康、家庭和睦和子孙兴旺。讲究的人家在动手铺床之前，要焚香祭拜“床神”，即“床公床母”。据说床公好茶，床母嗜酒，所以茶水和酒水是祭“床神”时必备的物品。祭拜完毕，按照方位的要求，安放婚床。新婚床帐在新房中的摆放方位很有讲究，女方家一般会在铺床前专门请算命先生为其择日择时，于吉日吉时将婚床按正确的方位安置在新婚夫妇的婚房中。安放婚床时什么方位才是正确的床位呢？民间自古以来就有着多种规矩和讲究。古书上记载："女家铺设帐仪，帐须在宅上西南吉地。"这主要指的是床头朝向，也就是说背北向南的房子，南就是吉方，背东向西的房子，则西为吉方。

除此之外，婚床的安放还有以下规矩：床要靠墙而放，不宜放在中央，否则会成为孤家寡人，不利婚姻；床的上方不能压横梁，悬挂吊灯、吊扇，否则不但会影响运气，而且还会影响夫妻感情；床的背方不能靠窗或开天窗，否则会散气、耗神、漏财，不利健康；床不宜背门，或顺着门向而放，否则易招小人，或被人压抑，不利事业；以坐在床上，背靠床头，面向床尾来看：床左为青龙，床右为白虎，白虎的空间要比青龙宽敞，否则易做噩梦，而且不利怀孕与生育；床下不宜堆积杂物，尖锐之物更忌，否则易得肠胃、四肢与筋骨疾病；切忌刚刚安放好婚床，就有女子坐在上面，尤其是怀孕的女子。虽然婚床床位的安置规矩全国大致相同，但是各地也有不同的安床习俗，例如台湾地区的安床习俗是先取八枚铜钱放在床脚下，谓之"八字合同（铜）"；又取若干铜钱放在床头床尾，谓之"同（铜）心同（铜）体。除此之外，安床的时候床角不能对着桌角，而是必须边对边，据说这样才能保证夫妇和睦，不犯口角。

婚床的被褥由夫妻俱在、双母双父、儿女双全的"全福太太"缝做，忌讳孕妇和寡妇参加。被褥本来讲究舒适，但此时却不同，要往被套里装进红枣、花生、栗子、核桃等干果，但是喜被的一头必须是敞开不缝的，风俗里认为是留着钻小孩用。"全福太太"在铺床的时候必须边铺床边唱铺床歌，例如"被角挨被角，当年就抱小；被边压被边，养个儿子好做官，一把栗子一把枣，小的跟着大的跑"。"铺床铺床，金玉满堂，早生贵子，好抱儿郎"。

2. 压床

所谓压床，就是安置好婚床之后，不能让它空着，也不可以新郎一个人在新床上独睡，必须找到合适的人选与新郎同睡。一般会找健康活泼、聪明俊秀的未婚童男子。因为传统习俗里认为健康童男有吉祥之气，能够保证新人婚后生活吉祥如意，更能让新娘及早怀孕生男。压床童子最好是新郎的晚辈，如新郎侄子或者外甥。讲究一点的人家还认为压床童子的属相最好是属龙或属蛇，或者与新娘的属相相同。早晨起来，压床的童子要讨枣子汤喝，喝枣子汤不用汤匙而用筷子，以求“早子”、“快子”。民间流行一句俗语：“尿半床，是吉祥；尿一床，更兴旺。”如果压床童子尿湿了婚床，不仅不会被责备，还是兴旺吉祥的好兆头。

压床活动的主要参与者各地风俗不一，除了童子压床以外，有的地方是让新郎的未婚弟弟陪伴压床，称之为“小叔压床，儿女成行”，也有的地方是请新郎的父亲陪伴压床，称之为“公爹压新房，儿女一大帮”。压床的时间一般是在婚礼头一天，也有的地区周期比较长，在婚礼前一周就开始压床了。

从以下这首民间流传的压床宝塔诗中，我们就能够看出，压床的意义在于趋吉避凶，祈孕求子。

啥？
压床。
陪新郎，
讨个吉利。
菩萨帮啥忙？
小夫小妻安康。
生个儿子状元郎，
光宗耀祖让人称扬。

（二）上头、开脸、红盖头的礼仪

1. 上头、开脸礼仪

“上头”也叫“梳头”或“上笄”，它最早起源于先秦时代女子的成人礼——及笄礼。女子及笄礼和婚姻有着密不可分的关系。行了及笄礼之后，就具备嫁人的资格了。旧时女子及笄礼的年龄跟随嫁娶同步，而各个朝代的婚龄各不相同，所以发展到后来，就取消了及笄礼，演化成为结婚之前女子的“梳头”仪式。

新娘的梳头仪式一般都由母亲亲自主持和动手，如果新娘没有母亲，就要找子孙齐全、身体健康、家庭美满的“全福太太”来主持。举行仪式的时候，执梳人要一边给新娘梳发一边说着祝福新娘的吉祥话：“一梳梳到尾，二梳梳到白发齐眉，三梳梳到儿孙满堂。”梳头的发型一般都是精美的盘髻，盘髻有低髻和高髻之分，低髻一般是在脑后或两侧盘髻而悬，高髻发式是用网络套、簪子一类的东西把头发束于头顶，插上朱花等装饰品。

“开脸”，亦称“开面”。所谓开脸就是用两根线互相绞合来绞尽脸面上或脖子上的汗毛，修齐鬓角，其做法类似于男性第一次刮胡须。开脸之后的新娘面部光洁清爽、容光焕发，所以说开脸作为一项古老的美容项目保存至今，但是值得注意的是敏感性疤痕体质的新娘不宜开脸，因为开脸的过程中，压迫面部毛细血管，很容易造成面部红肿，结果往往会适得其反。

开脸一般在婚前头一天进行，而且必须由儿女双全的有福妇人来完成。开脸的过程中，“全福太太”一边拔线，口中一边念念有词地说着吉祥话。近、现代某些地区仍有这样的礼俗。巴金先生的小说《春》里曾写过这样一个细节：蕙要出嫁了，她的姑姑周氏来给蕙开脸，她一面用丝线仔细地绞拔蕙脸上和颈上的汗毛，一面絮絮地对蕙讲了一些到人家去做媳妇的礼节。开脸之后便是蒙上“盖头”，或坐轿或骑马前往夫家了。

2. 红盖头礼仪

传统的中式婚礼，新娘头上都会蒙着一块别致的大红绸缎，被称为“红盖头”，这块盖头要入洞房时由新郎揭开。《红楼梦》里王熙凤之所以能利用“掉包计”瞒过一心要娶林妹妹的贾宝玉，正是巧妙地利用了这一婚俗。关于新娘为什么要蒙红盖头的缘由，有两种说法：一种说法是伏羲女娲兄妹结婚，伏羲怕妹妹害羞，特意用草扇为她遮羞，后人给新娘遮面是这一举动的遗俗。另有一种说法是新娘出嫁时蒙红盖头遮面的习俗起源于魏晋，魏晋时兵荒马乱，嫁娶之家无暇择吉按时操办喜事，往往以轻纱蒙女面首后，将其载到婆家就算成礼了。

（三）嫁妆礼仪

1. 攒妆添箱

嫁妆的丰俭厚薄成为衡量女方门第贵贱、身份高低的一个标志，所以与此“体面”有直接或间接关系的亲朋好友们都会在嫁妆的备办上赞助一下。所以嫁妆的来源通常由两部分构成：一部分出自自家的积蓄和采办，即“攒妆”；另一部分来自亲朋好友的赠送，谓之“添箱”或“添妆”。讲究礼仪的人家在收到男方的大定聘礼或请期议定之后，便把聘礼中的酒肉点心，干鲜水果分成很多份，随同喜帖，一起给亲朋好友送去。这些人收到喜帖之后，自然会把礼金和“添箱”礼物送来。

2. 嫁妆托子

“嫁妆托子”即“陪嫁桌”，旧时婚礼一般从喜轿铺里租来“嫁妆托子”抬嫁妆。嫁妆托子是一种特制的长方形金漆雕花桌子，四周围有栏杆，放在桌上的箱柜匣盒、古董陈设、各类器皿及其他一切杂物用具，都用红线绳与栏杆拴系牢固。桌面以下，用红布围住，两侧穿上抬杆，由抬夫用双肩或双手抬行。一桌嫁妆称为“一抬”，嫁妆多少按“抬”来计算。小康人家十至二十抬不等，一般要凑成双数，富贵人家的嫁妆几十抬乃至一百二十抬的都有。

3. 子孙桶

“子孙桶”又称“喜桶”，就是漆红的马桶，桶里放上些红枣、花生、桂圆、瓜子、云片糕以及半生不熟的红鸡蛋等物品，取其“早生贵子”的寓意。桶盖上贴上红喜字，再用红线扎牢，讲究一点的人家还要用块大红布将其包住。送嫁时必须请一个模样俊秀的小男孩背着“子孙桶”跟着抬嫁妆的队伍一起走。

到了新郎家，依照各地不同的习俗，对“子孙桶”有不同的处理方式。有的地方是男方家请来一个健康活泼的男孩掀开马桶盖子，取出桶里的“彩头”，然后朝里面撒尿，意在祝福新婚夫妇头胎就生男孩。有的地方是成亲之夜，喜娘一边往外倒桶内的物品，一边念“口彩”：“子孙桶，滴溜圆，子子孙孙做状元。”有的地方是男方收下“子孙桶”后，取出里面的东西，然后请一女厨用烧沸的肉汤来涮洗，称之为“百子汤”。

4. 安妆仪式

当女方家把嫁妆送到男方家，男方会先派亲友数人到路口“迎妆”，送妆队伍由迎妆人引导到男方家门前，然后举行“安妆”仪式。女方家的至亲手持一份嫁妆清单，逐项念唱，男方家请来的帮手逐一将其抬进院内。嫁妆中的田契、地契和金银珠宝一般装在箱柜里，报单完毕，报单人将妆帖及箱柜钥匙一起交给新郎，同时向其贺喜。

（四）迎娶礼仪

1. 亮轿

“亮轿”也叫“晾轿”，是流行于北方的习俗，也就是等喜棚搭好之后，在婚礼前一天将明天用来迎娶新娘的花轿以及全套执事（即亲迎仪仗）放在棚内摆一晚上，旁边燃灯点烛，供人观瞻。亮轿的规矩是轿帘正对女方家院门，下半截还得掀起来，露出内套小轿底部。

2. 拦门

男方迎亲队伍到达女方家时，女方家要把院门关紧，不许迎娶新娘的花轿进门，谓之“拦门”。“拦门”的本意是对新娘出嫁的惜别，后来逐渐演变为向新郎索取酒食钱财的借口，被拦在门外的新郎不能急不能恼，要赔着笑脸向围观的人群散发喜果花红，同时由媒人作为代表，先将凤冠霞帔、花粉画彩等新娘用以打扮的行头用品送进门去。现代的“拦门”风俗大多是新娘的亲朋好友出难题来有意为难新郎，更多了一层考验新郎的意味。

3. 上轿

新娘上轿的时候有许多禁忌，尤其是不能带走娘家的“财气”，具体体现在不能带走“娘家土”。应对方法主要有以下两种：一是新娘的兄弟姐妹用椅子把新娘抬出屋子，放到花轿中；二是由新娘兄弟将新娘背入花轿中。现在很多地区把这一婚俗简化了，变成新娘上轿前的“换鞋”仪式。除此之外，新娘上轿的禁忌还包括上轿以后，禁止回头看家，认为这样预示着今后的婚姻会发生变故，如离婚或被婆家遣返回娘家；婚嫁当日，禁止翻白眼，认为翻白眼会导致新娘将来的婚姻遭遇不幸。

虽然新娘上轿时不能带走“娘家土”，但是有些趋吉辟邪的物品却是新娘上轿时必须携带的。例如新娘上轿前怀揣铜镜，可以吓跑“凶神太岁”；上轿前扎上一条红腰带以辟邪；上轿前穿上“五子衣”以求早生贵子；上轿前手握苹果或怀抱“百宝瓶”以求平平安安；上轿前带上一把伞，以求开枝散叶、多子多孙。

4. 发轿

迎亲发轿一般是根据算命先生选定的“良辰”以及从男方家到女方家

的距离来安排起程时间，通常在正午前后。起程时，必须举行敲锣吹号，唢呐齐鸣的发轿仪式。发轿仪式一般由“搜轿”和“熏轿”两部分构成。“搜轿”就是请一对夫妇齐眉、儿孙绕膝的老人充当“福”、“禄”二星，手持镜子与烛光，将花轿的前后、左右、上下、内外都映照一遍。“熏轿”是用燃满芝香的熨斗或芭兰香在轿内晃几下。俗信以为“搜轿”、“熏轿”之后，便能驱赶潜伏在喜轿内的妖魔，确保迎亲顺利。

5. 起轿

男方迎亲队伍从女方家往回抬新娘，谓之“起轿”。起轿时，整个队伍依次调转头来，排列顺序像原先一样。此时，女方家会有许多祝福性的礼仪，如撒筷子、燃放花炮、撒五色粮、撒黄金豆粒等。回抬的花轿队伍不能走来时的原道，谓之“不走回头路”。

6. 泼轿

俗话说：“嫁出去的女儿泼出去的水。”很多地区都有“泼轿”的习俗，即等新娘上了花轿以后，向花轿泼水，一边泼还要一边念着“钵水泼上轿，新娘变新样”之类的吉祥话。“泼轿”习俗主要是新娘家人不希望新娘因为婚姻不幸而返回娘家的心理表现。

7. 颠轿

颠轿是一种迎亲途中戏谑新娘的行为，抬轿者故意将轿子上下颠簸，使新娘在内坐卧不安，头晕眼花，直至呕吐。有的人家在新娘上轿前事先在轿内放一只盛灰的脚炉，如果轿夫闹得过分，新娘就将脚炉踢出轿外以示警告，轿夫就不敢恶作剧了。一般认为颠轿行为是对新娘迟迟不上轿的惩罚，但也有人认为颠轿习俗的意义是在施行对新娘的生殖力感染，新娘的呕吐便是感染的结果，即妊娠的象征。因此迎亲路上严禁新娘下轿方便，免得象征中的“妊娠”不幸流失。

8. “喜冲喜”、“抢路”与“凶冲喜”

旧时对婚礼日子的选择十分讲究，黄道吉日经常会遇到几家人同时行嫁娶之礼，也难免在接亲途中遇到别家办婚事。如果途中两轿相遇，如何处理很有一番讲究。一般来说，如果出现这种情况，为了保证两个新娘都平安，需要两家交换礼物，采取以物易物的方式来“喜冲喜”，比如说两个新娘互换小手绢或小首饰。此外，也有一些地方采取两个花轿“抢路”的方式来解决这个问题，谁抢到上风，就等于抢到了对方新娘子的福气好运，而且还能比对方早生孩子。所以如若两花轿相遇，双方都互不相让。这时双方会派人拿出自己事先准备好的“礼让包封”，当面拆开，按照规矩，钱少的自然让道。

另外，迎亲途中，最忌讳遇到送葬的队伍。“凶冲喜”被认为是十分晦气的，必须想方设法避开，以免新娘沾染丧气。而新娘在出嫁前一般会采取相应的对策来预防“凶冲喜”的情况。例如福建等一些地区的新娘在出嫁时会捏碎一个桂圆干，以趋吉避凶。

（五）进门礼仪

1. 转席传袋

唐代诗人白居易在《春深娶妇家》中曾形象地描述了新娘进门时转席传袋的习俗：“何处春深好，春深嫁女家。青衣转毡褥，锦绣一条斜。”花轿抬到男家大门前，新娘下轿不能双脚直接触地，必须走在席子、红毡或布袋之类的铺垫物上，由媒人扶着缓缓而行。一般人家没那么多席毡，要有人前后传递，转移铺接，俗称“转席”、“铺毡”或“传袋”。转席传袋习俗起初同土地崇拜的民俗信仰有关，主要突出“不得踏地”的意味，唯恐冲犯了土地神。再往后，人们巧妙利用了布袋之“袋”与后代之“代”的谐音，成为祝子的象征。

2. 过门跨鞍

新娘顺着毡道来到大门前，不能像平时一样跨过门槛而进，通常的做法是在门槛上放一个马鞍，新娘怀抱百宝瓶小心翼翼地跨鞍而过，取平（瓶）安（鞍）之吉。《酉阳杂俎》中写道：“今士大夫家婚礼，新妇乘马鞍，悉北朝之余风也。”跨马鞍原本是北方少数民族的婚俗，北方少数民族娶亲都是新娘随新郎骑在马上，进入中原后，跟随汉族习俗，改用车辇迎亲，但仍用个马鞍做道具，以“尚乘鞍马之义，夫鞍者，安也欲其安稳同载者”。后来，汉族巧用“鞍”与“安”同音，也效仿其做法，将过门跨鞍的习俗传承下来。

3. 撒豆驱邪

“撒谷豆”是新娘跨过马鞍走进男家庭院以后，男方亲友必须履行的一个驱邪禳灾的仪式，具体做法是拿一个内盛谷、豆、钱、草的筛子，边念咒语边往院中抛撒，以驱赶邪恶。

4. 射箭越火

射箭越火是新娘经过庭院走进举行婚礼的“喜堂”之前的一个禳灾仪式。“射箭”就是由新郎拉开弓弩，对准堂内空射三箭（即并无箭矢，只是做个样子）。有的地方习俗是新娘下轿子前，先由新郎对着花轿空射三箭，主要目的是吓跑“丧门星”，驱赶邪气。“越火”就是让未进门的新娘从火盆上跨过去，以消除邪气，同时也取“红红火火的好兆头”。

（六）拜堂礼仪

1. 红绸牵巾

据宋代孟元老的《东京梦华录》记载，新娘迎娶到男方家时，两家各出一根彩缎绾成同心结，男女各执一头，相牵而行，拜谒祖先，然后夫妻对拜。南宋吴自牧的《梦粱录》中也详述了“牵巾”的内容：“新郎披红挂绿，手持槐树木所制的木筒，牵着同心结倒着走，另一端新娘面向男方而行。”“红绸牵巾”就是新郎新娘各执红绸巾的一端，当中挽成一个同心结，相牵而行，完成拜堂仪式，然后由新郎背对洞房倒行，把新娘牵进屋内。

2. 拜堂仪式

拜堂婚俗风行全国各地，至今仍然流行。旧时人们普遍认为，只有经过拜堂这一仪式，婚姻关系才算正式成立。

拜堂仪式的场所一般是由男方家的堂屋布置成的喜堂，在喜堂正面放一张供奉天地诸神的“天地桌”，桌上除了放置天地牌位、祖先神座、彩印神马、龙凤花烛之外，还有算盘、剪刀、镜子和盛满粮食的米斗，斗中插有尺、秤等物品，俗称“三媒六证”。天地桌后和喜堂两边挂着亲友送贺的喜幛贺联和各种吉祥画，还有太师椅两把，给男方的父母接受拜礼时坐。吉时一到，燃香点烛，奏乐鸣爆竹。乐止，司仪喝令，新郎、新娘分男左女右站定，随掌礼人喊令声开始跪拜。拜堂口令因地而异，有的是“一拜天地，二拜高堂，夫妻交拜”；有的是“一拜天地，二拜祖先，三拜高堂，夫妻交拜”。此外，也有许多地区把拜天地安排在庭院中，或是新人拜天地时背对花烛面向庭院，对空而拜，庭院无遮无盖，上有天，下有地，确实是名副其实的拜天地。

（七）洞房礼仪

1. 闹洞房

闹洞房古称“戏妇”、“谑亲”，俗称“暖房”、“闹房”、“闹新媳妇”、“戏新郎”。特指新婚当夜在新房内举行的以戏谑新郎、新娘为主要内容的一种庆贺形式。

闹洞房的风俗最晚在汉代起已经流行。两汉之后，关于闹房的记载不绝于史。关于闹房习俗的来历，民间的说法是源于驱邪避灾，通过闹房可以吓退躲在洞房里的妖魅，保佑新人平安地度过新婚第一夜，所谓“人闹鬼不闹”。另外一种说法认为，闹洞房与古代聘娶婚的特点密切相关，新婚夫妇在此之前大多互不相识，通过闹房者的有力撮合，可以消除彼此的陌生感，特别是消除新娘的害羞，促进两人的感情。此外，很多地方的风俗里认为“不闹不发，越闹越发”，闹房能带来子孙满堂、家业兴旺。

2. 秤挑盖头

秤挑盖头是新婚夫妇进入洞房之后的第一个仪式。“挑盖头”，亦称“挑红巾”，就是新郎手执一根秤杆将新娘用来盖头蒙面的红巾挑起。为何要秤挑盖头？民间的说法是秤杆上的秤星乃是天象，即北斗七星、南斗六星加福、禄、寿三星，用秤杆来挑盖头大吉大利。另一说法是“秤”与“称”同音，秤挑盖头便能称心如意。

古俗里“夫妻相识在洞房”，挑起盖头的一瞬间，男女双方互相满意与否，是喜是悲都在各自的神情中表露出来。但是“改口茶”已喝，“天地”已拜，木已成舟，一切不可改变，而俗信“一日夫妻百日恩”，夫妻感情自然会培养起来。

3. 坐床撒帐

“坐床”又称“坐帐”、“坐福”或“坐富贵”。传统婚俗中，新娘进入洞房之后，要坐在婚床上，或是盘膝坐于帐中，不能随意走动。新娘坐帐讲究方位，要面对“喜神”的方向。“喜神”又称“吉神”，是保佑新人幸福和好运的吉祥之神，“喜神”的具体方位只能听从阴阳先生的指点。

民间风俗里认为，新娘坐帐时间越长，寓意婚后越有福气。此外，新娘坐帐期间不得上厕所，为此新娘家人通常在新娘出嫁之前的几天就开始严格控制新娘饮食。尤其是婚礼前三天，新娘要少吃饭、少喝水，以防到关键时刻破坏了规矩。

“撒帐”即一对新人坐到婚床上，主持撒帐者以金钱、喜果等向他们身上撒掷，边撒边唱撒帐歌或说吉祥话，例如“摸个枣，领个小；撒个栗，领个妮；一把栗子一把枣，小的跟着大的跑”。

4. 共牢合卺

撒帐之后的共牢合卺是洞房礼仪中最为庄重的一项仪式，“共牢”亦称“同牢”，即夫妇同食一头牲畜，表示此后夫妻“体同为一”。后代逐渐演变为合卺后新人同食子孙饺子。

“合卺”又称“合瓢”、“合欢杯”或“交杯酒”，就是将一个葫芦一分为二，成为两个葫芦瓢，夫妇各取一瓢饮酒成礼。唐代以后，合卺礼改为饮交杯酒，一般是用两只红线拴起来的木制酒杯盛酒，新郎新娘各饮半杯，再互相交换同时饮尽。然后两人一起将酒杯掷于床上，倘若两个杯子一仰一合，便是吉兆。现代婚礼中喝交杯酒的仪式，动作改为新郎新娘对面而立，各以拿酒杯的手臂相互套折，同时饮酒，喝完杯中酒后再放开手臂。

《礼记·昏义》中写道：“妇至，婿揖妇以入，共牢而食，所以合体，同尊卑，以亲之也。”共牢和合卺都含有夫妻相亲相爱，从此合为一体之意。古人常把共牢合卺作为结婚的代称，其意义不亚于拜堂。

5. 同心结发

唐代女诗人晁采的《子夜歌十八首》中第一首便写道：“侬既剪云鬟，郎亦分丝发。觅向无人处，绾作同心结。”这说的正是洞房中的同心结发礼。从诗歌的描述来看，结发礼是新郎新娘各剪下一缕头发，结成同心样式的髻，以青丝系同心。但实际上结发礼的具体操作方式历代不同。先秦、秦汉时的结发，就是新郎亲手解去新娘在娘家时所结的许婚之缨，俟重新梳理头发后再为之系上。隋唐之后的结发才演变为由男女双方各剪下一绺头发，挽成“合髻”，表示同心偕老。“合髻”一般是交给新娘保存或是小心放置于床下。

6. 守花烛

新婚之夜，新人要一起动手将新娘陪嫁带来的一对制成龙凤形状的彩绘蜡烛点燃，陈列在新房中，俗称“点花烛”。因为蜡烛只有一根芯，代表夫妇一心一意，同甘共苦。俗谓左烛先燃尽新郎先逝，右烛先燃尽新娘先逝，因而又形成了“守花烛”的习俗，即新人新婚之夜必须随时注意花烛的燃烧情形，如一烛熄灭，赶紧将另一烛也吹灭，以祈白首同归。

三、中式婚礼中新娘嫁妆礼俗

在新娘嫁妆中有着大量的礼俗。比如新娘嫁妆中要有剪刀，寓意蝴蝶双飞；要备有痰盂，寓意子孙桶；要备有尺，寓意良田万顷；要备有片糖，寓意甜甜蜜蜜；要备有银包皮带，寓意腰缠万贯；要备有花瓶，寓意花开富贵；要备有铜盆及鞋，寓意同偕到老；要备有龙凤被、床单及枕头一对和两双用红绳捆着的筷子及碗，寓意有衣食；要备有七十二套衣服，并用扁柏、莲子、龙眼及利是伴着，寓意丰衣足食等，每样物品都有其不同的含义。

而相对于西方白色婚纱的历史，中国婚礼中的大红色的凤袍的历史则较简单。龙和凤在中国的神话中有着重要的地位。龙主阳凤主阴，而阳则代表男子，阴就表示女子。因此新娘就用凤表示。所以在红色的礼服上绣着凤也就很容易理解了。

知识点二　西方婚俗礼仪

西方人大多信仰基督教，所以这里所说的西方婚姻礼仪主要是指西方中世纪的教会婚礼。基督教认为，婚姻是上帝所设立的，是神圣的、是庄严的、是婚姻当事人永远的约定。“伊甸园是礼堂，上帝是主礼人，亚当与夏娃结为一夫一妻，这正是基督教婚姻的根据。”在中世纪的四五世纪，教会开始要求结婚的基督徒从教士那里得到婚姻祝福，教会的婚礼仪式首次形成。在以后的世纪里，教会想把婚姻以某种教会仪式标志出来的愿望越来越强烈，以致在11世纪末12世纪初，完整的基督教会婚姻仪式出现了。

一、西式婚礼仪式的主要程序

下面是一个较完整的、从11世纪起流行于英国的婚礼仪式书，从中我们可以了解基督教会婚姻仪式的过程。

（一）作证

新郎和新娘被领到教堂门口或教堂前面，以上帝、教士和围观的人群作证。新郎站在新娘的右手，因为女人是从亚当身上左边的肋骨制成的①。

（二）征询公众意见

教士开始向众人询问结婚预告："我的兄弟们，现在我们聚集在这里，在上帝和他的天使及所有的圣徒面前，在教会面前，使两个身体结合在一起，从今以后，他们将可能成为一体，他们在上帝的信仰和法律中是两个灵魂，而最终他们可能将结合一生。因此，我以圣父、圣子和圣灵的名义向你们询问，如果你们中任何一个人知道任何一种这两个人不能合法地结合在一起的原因，请现在陈述出来……"

同样的询问也被问及新郎新娘：他们是否秘密地做过什么，是否发过什么誓言，是否知道他们之间有任何方式的联系。如果其中有任何一种障碍被陈述出来并被保证加以证实，那么婚姻就要被推迟直到事实被澄清。

这种结婚预告一般要被张贴三次，在三个特定的神圣日子，每个日子间隔一星期。

（三）宣誓

如果没有结婚障碍被提出，婚礼就正式举行，教士向新郎问道：

---

① 山东临沂师范学院外国语学院党委副书记于建波在《西方婚礼习俗一瞥》一文中说道："至于新娘站在新郎左边则是很有趣的说法。古时候抢婚成风，新郎用左手护住未来的新娘的同时，还必须腾出右手，用剑打败并赶走其他想抢她为妻的人。"也是一种解释。

“你愿意娶这位女子为妻，爱她、尊敬她、维护她、保护她，不论在健康还是生病时，都作为一个基督徒丈夫对待他的妻子那样，只要你们生活在一起？”

“我愿意。”

新娘也被问及同样的问题……

“我愿意。”

新郎以上帝和他自己的忠诚，当着教士的面，用自己的右手拉着新娘的右手，以现在时向新娘发誓：

“从今天起，我以你作为我的妻子，不论好、坏，不论贫、富，不论生病、健康，只有死亡才会将我们分开，让圣洁的教会作证，我发誓。”

新娘也向新郎发类似的誓：……

（四）交换戒指

接着，新郎把金或银的一枚戒指放在盘子或书上，由教士祝圣戒指：

“让我们祈祷，人类的创造者和保持者，精神荣耀的给予者，永久得救的赐予者，我主上帝，赐福这枚戒指，让戴上它的人以天国防卫的力量武装起来，以有利于她的得救，阿门……”

然后，教士把戒指递给新郎，新郎用右手拿着戒指，左手拉起新娘的右手，说道：“用这枚戒指我娶你为妻，我给你金、银，用我的身体尊敬你，用我世间所有的财产尊敬你。”

新郎依次把戒指戴在新娘的拇指、食指和中指上，分别说道：“以圣父（圣子，圣灵）的名义。”最后让戒指停留在第v个手指上，说道：“阿门。”因为这个手指有某种静脉，通到心脏，在它们之间，内在的感情总是鲜艳明朗，真正的银制戒指象征着这一点。然后新郎新娘低头，教士向他们祝福。

（五）祈祷

之后，所有的人都走入教堂，新人跪在祭坛前，接受教士和众人的祈祷，祈祷生活美好、后代昌盛、和平永久、相爱到老，祈祷上帝赐福荣耀给灵魂和肉体。然后新人被带入教堂内殿，做弥撒。之后，在教堂举行的婚礼仪式全部结束。

当天晚上，在新人上床后，教士还要来祝福婚床，以保护他们不受魔鬼的侵袭，教士用圣水点洒他们，给他们散播和平，然后离开……

一般而言，教堂婚礼主要包括以下环节：入场、仪式、赞美歌、宣誓、交换戒指、拥吻、祈祷、退场。

（六）天主教和基督教的婚礼仪式的不同之处

天主教和基督教的婚礼仪式有颇多相似之处，以下是天主教婚礼仪式和基督教婚礼仪式的基本程序，细节的增减新人可与神父或牧师商讨。

1. 天主教结婚仪式

（1）奏婚乐。

（2）新人进堂。

（3）咏唱。

（4）神职人员致辞，新人致谢宾客。

（5）读经、咏唱。

（6）讲道。

（7）神职人员向新人致辞，新人誓言、交换戒指。

（8）读天主经或进行感恩礼。

（9）隆重祝福新人。

（10）签署结婚证书。

（11）步出教堂与亲友拍照及进行茶会。

2. 基督教（新教）结婚仪式

（1）奏婚乐。

（2）新人进堂。

（3）主礼牧师致辞。

（4）咏唱。

（5）祈祷。

（6）读经、献诗。

（7）牧师向新人致辞，新人宣誓、交换戒指、签署婚书。

（8）祈祷、咏唱诗歌。

（9）隆重祝福新人。

（10）奏乐，新人步出教堂。

（11）新人再步入礼堂向宾客致谢。

（12）与亲友拍照，茶点招待。

二、西式婚礼的基本礼仪及习俗

（一）交换戒指礼仪

《圣经》上说，在远古时代，男子向女子求婚时的证物就是指环。9世纪时，教皇尼古拉一世颁布法令，规定男方赠送婚戒给女方是正式求婚不可缺少的步骤。直到现代的西式婚礼中交换戒指也是必不可少的一个环节。婚戒在西方婚俗中何以如此重要，主要是因为婚戒具有以下几方面的含义：第一，禁戒。对于罗马人来说，戒指是法律上对婚姻的承诺，女性一旦接受了指环，便无法解除这段婚姻，自此便不再自由。戒指的佩戴有禁戒之意，女子佩戴戒指于无名指上，表明她已名花有主，禁戒别的男子向她示爱。男子佩戴亦包含同样的寓意。第二，保证金。在古代西方社会，婚戒不仅是爱的标志，也具有婚姻“保证金”的意义。从英国圣公会交换结婚戒指的誓词里，就能看出婚戒的这层含义，“我以金银（戒指）献给你，以身心尊敬你，以世间财物与你共享，因父及子及圣灵之名”。其实不仅在英国，甚至在多数其他欧洲国家，也通常把婚戒看做是婚礼上交换贵重物品的标志。有些地方甚至直接将婚戒作为交换条件，例如德国就曾有这样的惯例：“我给你这个指环作为我们之间许诺婚姻的标志，条件是你父亲给予1000帝国元的一套嫁妆。”因为婚戒具有“保证金”的含义，所以通常情况下，一旦悔婚，之前送给对方的订婚戒指将不再归还。第三，誓约的象征。婚戒是一对新人缔结婚约的见证，西式婚礼中新人宣誓过后的下一个环节便是双方交换戒指，所以我们可以说戒指是新人誓约的象征。从西式教堂婚礼中新人的结婚誓词就能明显看出婚戒的这层含义：“我给予你的这枚戒指象征着我的誓约，我的身与心，我所拥有的全部，我对你的尊重。以圣父、圣子、圣灵的名义，以这戒指为凭，你我结为夫妇。”第四，无止境的爱。圆形的戒指象征着无休止的爱，一旦为对方戴上婚戒，就象征着男女双方的爱情永无止境。所以婚戒的另一层重要含义就是无止境的爱。从西式教堂婚礼中，教士的祈祷词里就能深刻体会到婚戒的这层含义："求主赐福这对戒指，祝愿这无缝的指环成为你们无尽的爱的象征，并使你们谨记今天发下的神圣誓言：要相互忠诚、珍爱和善待对方。"

1. 钻戒的意义

钻戒定情的由来可以追溯到1477年，奥地利大公马克西米连一世被法国公主玛丽的美貌及优雅举止所倾倒，但玛丽拥有众多追求者。痴情的奥地利大公便召集了很多谋士为他出谋划策。最后有人提议，将象征坚贞永恒爱情的钻戒戴上公主的手指，便可以得到她的爱。马克西米连采纳了这个建议，果然打动了公主的芳心。此后，赠送钻戒订婚的传统便开始流传。

钻石一词英文为"diamond"，它起源于古希腊文"adamas"，意思是不可征服。有人说丘比特爱情之箭的箭尖就是钻石做成的，因此它变得无坚不摧，具有了征服爱情的力量。

古人认为钻石是星星坠落时所留下的碎片，充满了神秘、传奇、浪漫的色彩。钻石的无色洁净象征着爱情纯净得不掺一丝杂质；钻石的璀璨坚硬象征着爱情在岁月流转中的那份永恒；钻石的稀有罕见象征着爱情的弥足珍贵，犹如茫茫人海中觅得人生的唯一情缘。正因为钻石纯净、璀璨、稀有、罕见的特性恰好契合了人们对于一份完美爱情的期待，所以钻戒成为大部分新人在挑选婚戒时的首选。

2. 婚戒的佩戴习俗

婚戒一般佩戴在左手无名指上，按照西方的传统习惯来说，左手代表着上帝赐予的运气，而左手无名指的血管直通心脏，是"爱情之脉"（vena amoris），将婚戒戴于新人左手的无名指是西方英语国家的惯例。从前的婚礼上，新郎会把结婚戒指轮流戴在新娘的三个手指上，以象征圣父、圣子、圣灵三位一体，最后就把戒指套在新娘的无名指上。

当然也有部分西方国家遵循的是婚戒戴在右手的传统。这个传统主要源于罗马风俗。左边的拉丁语"sinister"，意思是邪恶；而右边的拉丁语"dexter"，有灵巧聪敏之意。因此，古罗马的风俗一般是把婚戒戴在新人的右手上。西方国家中，东正教徒一般将婚戒戴在右手上，希腊人许多是东正教徒，所以大部分希腊人是把婚戒戴在右手上的。除此之外，德国、挪威、西班牙等国家，婚戒也是戴在右手上。

3. 订婚戒指与结婚戒指的佩戴习俗

西方婚俗中有一系列与婚姻相关的指环，其中最为重要的是订婚戒指与结婚戒指。在有的欧洲国家，结婚指环与订婚指环是同一对，而它所代表的状态改变会通过上面的雕刻及佩戴的位置所反映出来。而在大部分的西方国家，订婚戒指与结婚戒指是不同的。订婚戒指一般镶嵌有精美的钻石和宝石，价值不菲。结婚戒指是为了婚后每天都要戴的，所以舒适度非常重要，一般是素戒，还可以把名字或者结婚纪念日刻在上面。如果订婚戒指与结婚戒指不同，新人可自行选择在婚礼上是否还佩戴订婚戒指。假若选择佩戴的话，新娘可以把它佩戴在左手无名指，让新郎在订婚戒指之上再为其戴上结婚指环。也可把订婚戒指佩戴在右手无名指上，结婚戒指戴在左手无名指上，这样可防止指环互相刮花及磨损。

4. 配偶一方离世后的婚戒佩戴习俗

虽然法律上婚姻在配偶其中一方死亡时终结，不过在配偶死后佩戴婚戒的习俗上，不同地区有不同的做法。有些地区配偶死亡后仍在世的一方会继续戴着自己的婚戒，并除去离世配偶的婚戒，将其和自己的婚戒戴在同一手指上，或者戴在自己另外一只手的无名指上。有些地区会在配偶的葬礼上除去自己和离世配偶的婚戒，葬礼结束后，将一对婚戒好好收藏保管。

（二）新娘头纱礼仪

几乎每个新娘在婚礼出场的时候都会低着头缓缓走向仪式台，笑容在头纱后面若隐若现。新郎揭开新娘头纱的一霎那，全场惊艳，这就是新娘头纱带给整个婚礼的效果，可以说它在婚礼中扮演着不可或缺的重要角色。

1. 头纱由来

据说，当年美国第一夫人玛莎·华盛顿的孙女妮莉·华乐斯的未婚夫看见她站在蕾丝窗帘后的朦胧之美，惊为天人，赞叹不已。这给了妮莉·

华乐斯在婚礼时戴白纱的灵感，所以她在结婚时别出心裁地蒙着白色围巾来完成婚礼仪式，掀起了一时风尚。此后，西方新娘出嫁时戴白色头纱的习俗便流传下来。

2. 头纱习俗演变

戴头纱的习俗可以追溯到公元前10世纪。当时幼发拉底河和底格里斯河的两河流域就已盛行女子戴头纱的习俗，这应该与当时中东西亚地区犹太教的教义不无关系。

在古希腊，举行结婚仪式时不仅新娘要戴亚麻或毛织品的头纱，而且一对新人都要戴上花冠。

到了罗马时代，不同宗教信仰的人要戴不同颜色的头纱以示区别。《圣经》训诫教徒："凡女人祷告或是讲道，若不蒙着头，就羞辱自己的头。因为这就如同剃了头发一样。女人若不蒙着头，就该剪了头发。女人若以剪发剃发为羞愧，就该蒙着头。"传统的基督教教义里，女性去教堂都必须头戴蕾丝头纱。头纱的颜色主要是黑白两色，白色代表着纯洁，黑色一般是寡妇。

中世纪以后，宫廷贵族之中出现了用珍珠装饰的花冠。而后，发展成为白色头纱，并且尺码日益延长，并遍及欧洲各地。

3. 揭头纱礼仪

新娘的头纱是一道坚固的围墙，在说出"我愿意"之前始终保持着神秘的美感，直至她以新娘身份破茧重生的最后一刻。揭头纱礼标志着新娘身份的转变，由此开始，她的人生翻开崭新的一页。一般来说，揭头纱礼有三种方式。第一种是当新娘的父亲把新娘护送到新郎面前后，帮女儿揭开头纱，然后将其交付给新郎。第二种是在一对新人宣誓之后，行亲吻礼之前，由新郎亲自揭开新娘的头纱。还有第三种方式是由新娘自己掀开头纱，当然这只是极少部分，如若那样，则代表着新娘的独立。

（三）新人站位礼仪

西式婚礼中新人的站位是面对主婚人，新娘站在左边，新郎站在右边。为什么西式婚礼的站位是男右女左呢？这是根据古罗马战乱时期男人出门要随时佩带宝剑，特别是携妻或未婚妻出门时，如果遇到敌情左手保护右手迎敌的历史延续下来的。还有另外一种说法，是因为古时候，盎格鲁—撒克逊的新郎常常须挺身而出，以保护新娘不被别人抢走。在结婚典礼时，新郎让新娘子站在自己的左边，一旦情敌出现，就可以立即拔出剑，英勇击退敌人①。

婚礼仪式上，主伴郎站在新郎的旁边，戒童和伴郎们站在他的右边。主伴娘站在新娘子旁边，其他的伴娘团成员和花童站在她的左边。在仪式结束时，一对新人率先退场，身后是戒童和花童。伴娘团成员和伴郎团成员各成一队，两两一对。当队伍走到门口或仪式现场的后面时，指定的伴郎要回到里面护送新人的母亲、祖母和一些尊贵的客人退场。

（四）新人吻礼

根据习俗，当教士或法官宣布你可以亲吻你的新娘的时候，新郎掀开新娘的面纱，亲吻他的新娘，整个婚礼仪式即宣告结束。通过亲吻，一个人的气息和部分灵魂就留在了另一个人的体内，爱使他们合二为一。所以亲吻礼在西式婚礼中具有非同一般的重要意义。

从罗马帝国开始，亲吻新娘成为西方婚礼仪式中重要的组成部分。在已订婚的罗马夫妇中，亲吻被视为一种法律的契约，是一种象征性结合的公众证明。如果男女双方已经亲吻过的话，一旦缔结婚约的一方在正式的婚礼仪式前去世，那么生还者对结婚礼物持有所有权。亲吻的象征性价值来源于人们这样一种根深蒂固的观念：亲吻是一种传递力量与灵魂交流的重要途径。

亲吻作为一种结合的标志在现代的婚礼仪式中保存下来，根据教会和国家的规定，当司仪或教士宣布一对新人结为夫妻的时候，他们就已经合二为一了。但这对于宾客来说是远远不够的，只有当新郎和新娘行过亲吻礼之后，他们的婚礼仪式才被社会视为完整。

婚礼仪式上的亲吻礼标志着新娘状态的改变。当新郎撩起新娘的面纱，亲吻她嘴唇的时候，丈夫用自己的行动向人们宣告：他明确并接受她作为妻子的新身份。犹如王子唤醒睡美人那轻柔的一吻，新郎作为新娘的

① 见本书第212页脚注，还有另一种解释。

白马王子，他深情的一吻同样打破了新娘少女时代的沉睡状态，带她步入成人的生活。

通常情况下，在西式婚礼中伴随着婚礼仪式的结束，每一个宾客同样可以亲吻新娘。这一习俗看起来似乎也是在强调这将是一个全新的开始。宾客们的亲吻礼可以说是对新郎亲吻礼的认可与加强。

（五）抱新娘礼

西式婚礼中抱新娘的习俗是从一些土著部落的婚俗演变而来的，由于这些部落里的单身女子太少，所以男子们要到邻近的村落去抢亲，将邻村女子扛走，这个过程当中不能让女子的双脚着地，免得她们脚一沾地就会逃走。如今的很多西式婚礼中依旧保留着新娘进门时必须由新郎抱着跨过门槛的习俗。据说这是由于新郎的家人把蜂蜜涂在了新房的门槛上，目的是希望一对新人婚姻甜如蜜。所以，在进门时新郎要将新娘抱起，是为了避免她的裙子粘上蜂蜜。另外还有一种说法就是新郎的家人会将上好的油和香草一起涂在门槛上以辟邪，为了防止新娘不小心滑倒，新郎就将新娘抱起来跨过去。

抱新娘礼是现代西式婚礼中摄影、摄像拍摄的重点，但也往往是非常容易出糗的环节，一不小心就会被绊倒或是让新娘走光。为了防止这样的情况发生，新郎在抱起新娘的时候一定要将新娘婚纱裙撑下边的裙子也一并托起，以免走路时踩到裙子绊着。在抱起新娘后，伴娘要及时替新娘整理婚纱，以防走光。

三、西式婚礼中的必备物品及礼俗

（一）新娘装束中必备的五样东西

西式婚礼中，关于新娘装束有一条不成文的规定，新娘在婚礼当天的穿着中必须带有五样东西：一样旧的，一样新的，一样借的，一样蓝的，还有一枚硬币。美国婚礼中的这一穿戴习俗源自维多利亚时代。“一样旧的”寓意新娘与娘家以及未出嫁前的朋友不会断了联系，他们的亲情与友谊将会在婚后持续下去。这通常通过新娘佩戴一件家传首饰来体现，有的新娘则会穿上母亲出嫁时的婚纱或披上母亲出嫁时的头纱。“一样新的”

则代表新娘婚后的生活是一个全新的开始。新娘婚礼装束中充满了新购买的物件，这些都可以用来代表这一传统。“一样借的”是指新娘必须向亲友中一位婚姻幸福的女子借一样她婚礼上用过的物件，以求能沾染她们的福气，为自己带来好运。常见的做法是借一块手绢或一件小饰物。婚礼后，这件借来的东西一定要物归原主，以便应验这个“借”字。“一样蓝的”则是因为在西方的传统习俗中，蓝色代表了纯洁和忠诚。这个传统通常通过新娘吊袜带上的蓝边或所佩戴饰物中的蓝色点缀来表现。此外，西式婚礼中还通常要将一枚硬币放在新娘的鞋子里，这主要是希望一对新人婚后生活富裕。

（二）婚礼蛋糕

蛋糕一词出自于英语，最早的意思的扁圆的面包，同时也意味着“快乐幸福”。多层婚礼蛋糕也起源于早期的英国，在当时的欧洲社会，流行着这样一个风俗：被邀请参加婚礼的客人都要带一个小型的面包赴宴，然后把各自带来的面包高高地堆在桌子上，堆成小山状，让新郎新娘在“面包山”的两侧，隔“山”接吻，象征着一对新人的爱情能跨越重重困难，最终获得坚贞的爱和幸福。而今，婚礼上常用的多层蛋糕每层都有着不同的用意：底层是供参加婚宴的宾客分享的；中层是为未能出席婚礼的远方亲友准备的；蛋糕顶端一般就是精美的装饰物，多被新人精心保管，用来纪念周年婚礼或迎接他们爱情结晶的诞生。

另有一说法是：最早的婚礼蛋糕出现在古罗马时代。当时富家子弟举办婚礼时，都要做一只特制的蛋糕，不仅在婚宴上新郎新娘一起吃，而且也请来贺喜的客人们一起吃。宾客们通过吃蛋糕分享新婚夫妇的喜悦。古罗马时代，蛋糕是放在新娘头上被切开的，认为这样才能沾染新娘的喜气，分享新人的幸福。

关于婚礼蛋糕，传统的西方婚俗中还有一些让人津津乐道的趣俗。例如，因为制作婚礼蛋糕的原材料小麦粉象征着生育能力，所以从前在婚礼上会将小麦粉撒在新娘的头上，以此来象征幸运与繁荣。此外，婚宴上会在新娘头顶掰碎蛋糕，单身女孩若把蛋糕的碎屑带回家，放在枕头底下，便能在梦中看见自己未来的丈夫。

（三）婚礼香槟塔

在婚礼上倒香槟酒的仪式源于法国，法国著名的玛丽皇后早年是香槟区埃佩尔纳的葡萄酒农的女儿，她在1770年被路易十六选为王后，当时年仅18岁，埃佩尔纳的酒农为了纪念这位年轻的皇后特意修建了一座凯旋门，并在玛丽王后出嫁前全镇出动欢送她，在高潮时刻，玛丽皇后将随身携带的香槟酒激动地打开并洒向欢乐的人群。所以，在婚礼等盛大而隆重的时刻，人们会打开香槟地以示庆祝。

香槟塔在西式婚礼中很好地起到了烘托气氛的作用，同时也寓意着新人婚后的生活节节高。最早的香槟塔都是人搭起来的，用很多个法国弓箭杯，下面用个防滑垫，垒得高高的，像个塔一样。随着婚庆花样的不断增多，香槟塔也开始发展变化，香槟塔架作为专门的婚庆道具也随之出现，其稳固性比酒杯搭成的香槟塔大大提高。在西方文化里，香槟几乎与快乐、欢笑和高兴同义。欢庆的时刻，总少不了香槟酒的身影，香槟酒那如珠串般不停升起的气泡，是人们欢愉心情和热闹氛围的最佳注解。婚宴上，当新人往香槟塔上缓缓注入香槟酒的时候，犹如幸福的蔓延，构成一幅醉人的画面感染着每一位宾客。

（四）点烛礼

蜡烛在基督教文化里，是一件神圣的物品。西方教堂里点燃着的一支支蜡烛，担负着不同的使命。它为新生儿祝愿，为新婚夫妇祝福，为活着的人祈祷，为死去的人哀悼。祈祷烛（Votive candle）象征照亮黑暗的光明，更承载着虔诚的祈祷，寄托着良好的祝愿。

西式婚礼中的点烛礼正是通过点燃生命之烛，来请上帝见证一对新人的结合，祈求上帝赐福于一对新人。点烛仪式开始前，放置在新人面前的蜡烛台上有三根蜡烛，位于两侧的称为“家庭之烛”，中间的称为“婚姻之烛”或“合一之烛”。通常情况下，“婚姻之烛”比“家庭之烛”大些。点烛礼一般分两个程序进行，第一个程序是点燃两侧的“家庭之烛”，第二部分是点燃中间的“婚姻之烛”。“家庭之烛”分别代表新郎新娘此时此刻之前的生命，由新人双方的家人分别点燃，代表他们从父母那里所领受的信心、智能及爱心。“婚姻之烛”，由新郎新娘共同点燃，象征他们的生命从此融为一体，同享乐，共患难。当点燃中间的“婚姻之烛”后，旁边的蜡烛继续点燃，象征他们仍然需要完全接纳彼此不一样的特点。“婚姻之烛”寓意着两人将永远生活在一起，成为不可分割的一体，所以在婚礼后必须好好保管，尤其不能割断的。如若不小心摔断，也被视为不祥之兆，预示着两人的婚姻会出现变故。

（五）抛手捧花与吊袜带

鲜花代表激情和奖赏，是天上献给人间最美好的礼物。婚礼上新娘的手捧花更是象征着幸福。新娘的手捧花是婚礼中最重要的一束花，按照西方人古老的习俗观念，认为气味浓烈的香料及香草（甚至包括大蒜和细香葱）是婚礼的守护使者，可以守护婚礼上的人们免遭厄运及疾病的侵害，这项婚俗经过几百年的演变，香草和香料变成了婚礼中的鲜花，所以说新娘结婚的时候带上手捧花，就能得到上天的祝福和庇佑。如果在参加朋友婚礼时依旧单身，而且期望遇到一份美好的感情，那么可以从新娘手捧花中采下一片花瓣放到自己的皮夹里，就会得到一份良好的幸运。西式婚礼中，新娘要背向观众抛出手捧花，因此新娘的手捧花可以说是“幸福使者”，未婚女子在婚礼上接到新娘丢出的捧花，就会找到自己的幸福伴侣，成为下一位幸福的新娘。所以婚礼上新娘手中的手捧花被形象地称为“幸福接力棒”，它将此时此刻新娘的幸福转接到另一个女孩手里，让她也是幸福的。

除了新娘抛出手捧花之外，西式婚礼中还有另外一项习俗就是新郎解下新娘的吊袜带抛向观众，单身男士抢到会有好运，预示着他将成为下一个幸运的新郎。无论是抛手捧花与抛吊袜带都同样是蕴涵着传递幸福的寓意。关于抛手捧花与吊袜带，在西方婚俗中也有另外一种做法，那就是将那个抢到花束的未婚女宾配给抢到吊袜带的未婚男宾。当然这并不是普遍现象，大部分情况下还是不会强行拉郎配，仅仅是将两位幸运者视为下一位准新娘和下一位准新郎。

（六）鸣笛与扔鞋子

西式婚礼中，当婚礼仪式结束后，一对新人离开教堂或酒店时，会在他们的婚车后绑上气球、锡罐等物品，婚车一启动，发出噼里啪啦、叮叮当当的嘈杂声。在新人汽车后面的车队也一路不停地鸣笛，以噪声驱除邪恶之类的跟随。

除此之外，西式婚礼中还有扔鞋子的习俗。扔鞋子通常情况下是贬义的，意味着侮辱和鄙视，而西方婚俗中的扔鞋子却全然没有这层意思。参加婚礼的宾客可向新人的婚车扔鞋子，如果有鞋子恰巧击中了新人乘坐的喜车，那么就会给扔鞋子的人带来好运。

（七）第一支舞

西式婚礼中，通常会在仪式之后安排舞会，随着舞曲奏起，新娘和新郎步入舞池开始跳第一支舞。根据传统习惯，跳舞的次序如下：

1. 新郎与新娘；
2. 新娘的父亲与新娘；
3. 新郎与新娘的母亲；
4. 新郎的父亲与新娘；
5. 新娘的父亲与新娘的母亲；
6. 新郎与新郎的母亲；
7. 新娘的父亲与新郎的母亲；
8. 新郎的父亲与新娘的母亲；
9. 伴郎与新娘，新郎与伴娘；

随即其他宾客也开始步入舞池起舞。

【教学任务】

任务一　传统中式婚庆典礼礼仪实训

在掌握了中国传统婚俗礼仪的基础上，需要加强对迎亲礼仪、进门礼仪、拜堂礼仪和洞房礼仪等传统中式婚庆典礼礼仪的实训，从而使得这些婚俗礼仪知识能够运用到婚庆服务的实践中。

活动一　迎亲礼仪实训

（一）讲解实训要求

教师讲解实训课教学内容、教学目的。

1. 拦门

男方迎亲队伍到达女方家时，女方家要把大门关紧，不许迎娶新娘的花轿进门，新娘的亲朋好友出难题来有意为难新郎，被拦在门外的新郎不能急不能恼，要赔着笑脸向围观的人们散发喜果花红。

2. 上轿

（1）新娘上轿方式：一是把新娘抬入花轿中，二是将新娘背入花轿中，三是新娘上轿前举行“换鞋”仪式。

（2）新娘上轿的禁忌：禁止回头看家，禁止翻白眼。

（3）新娘上轿时必须携带的吉祥物品：铜镜、红腰带、五子衣、苹果、百宝瓶、伞等。

3. 发轿

（1）搜轿：手持镜子与烛光，将花轿的前后、左右、上下、内外都映照一遍。

（2）熏轿：用燃满芝香的熨斗或芭兰香在轿内晃几下。

4. 起轿

（1）起轿时整个迎亲队伍依次调转头来，排列顺序像原先一样。

（2）起轿时女方家祝福性的礼仪：撒筷子、燃放花炮、撒五色粮、撒黄金豆粒。

（二）教师示范

教师扮演新娘，挑选2—5名学生配合示范表演传统中式婚庆典礼中拦门、上轿、发轿、起轿等各项迎亲礼仪。

（三）学生训练、教师巡查

1. 学生按照6人一组，分别扮演新郎、新娘、伴郎、伴娘、新娘家人模拟表演迎亲礼仪中的拦门、上轿、发轿、起轿等各项礼俗，小组之间互相点评打分。

2. 教师指导学生，并在每个小组表演完后给予点评打分。

（四）实训检测表记分

表 6－1 中式婚礼迎亲礼仪实训检测表

考核项目	考核内容	分值	自评分（20%）	小组评分（30%）	教师评分（50%）	实得分
拦门						
上轿						
发轿						
起轿						
总分						

活动二　婚礼典礼礼仪实训

（一）讲解实训要求

教师讲解实训课教学内容、教学目的。

1. 新娘进门礼仪

（1）转席传袋。新娘下轿不能双脚直接触地，必须走在席子、红毡或布袋之类的铺垫物上，由媒人或伴娘扶着缓缓而行。席毡需要有人前后传递，转移铺接。

（2）过门跨鞍。在门槛上放一个马鞍，新娘怀抱百宝瓶小心翼翼地跨鞍而过。

（3）撒豆驱邪。拿一个内盛谷、豆、钱、草的筛子，边念咒语边往院中抛撒，以驱赶邪恶。

（4）射箭越火。射箭：新娘下轿子前，先由新郎拉开弓弩对着花轿空射三箭，或是对准堂内空射三箭。越火：让未进门的新娘从火盆上跨过去，以消除邪气。

2. 拜堂礼仪

（1）布置喜堂。在喜堂正面放一张供奉天地诸神的“天地桌”，桌上除了放置天地牌位、祖先神座、彩印神马、龙凤花烛之外，还有算盘、剪刀、镜子和盛满粮食的米斗，斗中插有尺、秤等物品。

（2）拜天地。司仪喝令，新郎、新娘分男左女右站定，随掌礼人喊令声开始跪拜。拜堂口令可以是“一拜天地，二拜高堂，夫妻交拜”；也可是“一拜天地，二拜祖先，三拜高堂，夫妻交拜”。

3. 洞房礼仪

（1）秤挑盖头。新郎手执一根秤杆将新娘用来盖头蒙面的红巾挑起。

（2）坐床撒帐。一对新人坐到婚床上，主持撒帐者以金钱、喜果等向他们身上撒掷，边撒边唱撒帐歌或说吉祥话。

（3）共牢合卺。共牢：一对新人同食一头牲畜或同食子孙饺子。合卺：合卺的方法主要有两种，一是用两只红线拴起来的木制酒杯盛酒，新郎新娘各饮半杯，再互相交换同时饮尽；二是新郎新娘对面而立，各以拿酒杯的手臂相互套折，同时饮酒，喝完杯中酒后再放开手臂。

（4）同心结发。新郎新娘各剪下一缕头发，结成同心样式的髻，以青丝系同心。

（5）守花烛。新人一起动手将新娘陪嫁带来的一对制成龙凤形状的彩绘蜡烛点燃，并随时注意花烛的燃烧情形，如一烛熄灭，赶紧将另一烛也吹灭，以祈白首同归。

（二）教师示范

1. 教师扮演新娘，挑选2名学生配合示范表演传统中式婚庆典礼中的新娘进门礼仪。

2. 教师扮演司仪，挑选4名学生配合示范表演传统中式婚庆典礼中的拜堂礼仪。

3. 教师扮演新人，挑选2名学生配合示范表演传统中式婚庆典礼中的洞房礼仪。

（三）学生训练、教师巡查

1. 学生按照9人一组，分别扮演新郎、新娘、伴郎、伴娘、新郎父母、新娘父母、司仪，模拟表演中国传统婚姻庆典仪式中的新娘进门礼仪、拜堂礼仪和洞房礼仪，小组之间互相点评打分。

2. 教师指导学生，并在每个小组表演完后给予点评打分。

（四）实训检测表记分

表6-2　　中式婚礼典礼礼仪实训检测表

考核项目	考核内容	分值	自评分（20%）	小组评分（30%）	教师评分（50%）	实得分
进门礼仪						
拜堂礼仪						
洞房礼仪						
总分						

任务二　西式婚庆典礼礼仪实训

西方婚俗礼仪中交换戒指、揭头纱、新人站位与退场、抱新娘等都是西式婚庆典礼中重要的环节，通过对这些环节的礼仪实训练习，能够使我们熟悉西式婚礼的礼仪规范。

活动一　交换戒指礼仪实训

（一）讲解实训要求

教师讲解实训课教学内容、教学目的。

1. 交换戒指时的新人誓词

西式婚礼中新人双方交换戒指时，常常要说如下一段誓词："我给予你的这枚戒指象征着我的誓约，我的身与心，我所拥有的全部，我对你的尊重。以圣父、圣子、圣灵的名义，以这戒指为凭，你我结为夫妇。"

2. 交换戒指后的教士祈祷

西式教堂婚礼中，新人双方交换戒指后，教士往往要说如下一段祈祷词："求主赐福这对戒指，祝愿这无缝的指环成为你们无尽的爱的象征，并使你们谨记今天发下的神圣誓言：要相互忠诚、珍爱和善待对方。"

3. 订婚戒指与结婚戒指的佩戴习俗

新人假若选择在婚礼上还佩戴订婚戒指，新娘可以把它佩戴在左手无名指，让新郎在订婚戒指之上再为其戴上结婚指环。也可把订婚戒指佩戴在右手无名指，结婚戒指戴在左手无名指，这样可防止指环互相刮花及磨损。

（二）教师示范

1. 教师扮演新人，模拟表演交换戒指时的结婚誓词。

2. 教师扮演教士，模拟表演交换戒指后的教士祈祷。

3. 教师示范订婚戒指与结婚戒指的佩戴方式。

（三）学生训练、教师巡查

1. 学生按照3人一组，分别扮演新郎、新娘和教士，模拟表演西式教堂婚礼中的交换戒指仪式，小组之间相互点评打分。

2. 教师随时巡查，指导学生，并点评打分。

（四）实训检测表记分

表6－3　　西式婚礼交换戒指礼仪实训检测表

考核项目	考核内容	分值	自评分（20%）	小组评分（30%）	教师评分（50%）	实得分
交换戒指时的新人誓词						
交换戒指后的教士祈祷						
订婚戒指与结婚戒指的佩戴						
总分						

活动二　新娘头纱礼仪实训

（一）讲解实训要求

教师讲解实训课教学内容、教学目的。

揭头纱礼的三种方式：第一，新娘的父亲把新娘护送到新郎面前后，帮女儿揭开头纱，然后将其交付给新郎；第二，在一对新人宣誓之后，行亲吻礼之前，由新郎亲自揭开新娘的头纱；第三，由新娘自己掀开头纱。

（二）教师示范

1. 教师扮演新娘父亲，模拟表演新娘父亲揭头纱。

2. 教师扮演新郎，模拟表演新郎揭头纱。

3. 教师扮演新娘，模拟表演新娘揭头纱。

（三）学生训练、教师巡查

1. 学生按照 3 人一组，分别扮演新郎、新娘和新娘父亲，模拟表演西式婚礼中揭头纱的三种方式，小组之间相互点评打分。

2. 教师随时巡查，指导学生，并点评打分。

（四）实训检测表记分

表 6－4　　西式婚礼新娘头纱礼仪实训检测表

考核项目	考核内容	分值	自评分（20%）	小组评分（30%）	教师评分（50%）	实得分
新娘父亲揭头纱						
新郎揭头纱						
新娘揭头纱						
总分						

活动三　新人站位礼仪实训

（一）讲解实训要求

教师讲解实训课教学内容、教学目的。

1. 西式婚礼站位礼仪

西式婚礼中新人的站位是面对主婚人，新娘站在左边，新郎站在右边。主伴郎站在新郎的旁边，戒童和伴郎们站在他的右边；主伴娘站在新娘子旁边，其他的伴娘团成员和花童站在她的左边。

2. 西式婚礼退场礼仪

在西式婚礼仪式结束时，一对新人率先退场，身后是戒童和花童。伴娘团成员和伴郎团成员各成一队，两两一对。当队伍走到门口或仪式现场的后面时，指定的伴郎要回到里面护送新人的母亲、祖母和一些尊贵的客人退场。

（二）教师示范

1. 教师扮演新人，挑选 7 名学生配合，模拟表演西式婚礼站位礼仪。

2. 教师扮演新人，挑选7名学生配合，模拟表演西式婚礼退场礼仪。

（三）学生训练、教师巡查

1. 学生按照8人一组，分别扮演新郎、新娘、伴郎、伴娘、戒童、花童，模拟表演西式婚礼中的站位礼仪和退场礼仪，小组之间相互点评打分。

2. 教师指导学生，并在每个小组表演完后给予点评打分。

（四）实训检测表记分

表6－5　　西式婚礼新人站位礼仪实训检测表

考核项目	考核内容	分值	自评分（20%）	小组评分（30%）	教师评分（50%）	实得分
西式婚礼站位礼仪						
西式婚礼退场礼仪						
总分						

活动四　抱新娘礼实训

（一）讲解实训要求

教师讲解实训课教学内容、教学目的。

新郎在抱起新娘的时候一定要将新娘婚纱裙撑下边的裙子也一并托起，以免走路时踩到裙子绊着。在抱起新娘后，伴娘要及时替新娘整理婚纱，以防走光。

（二）教师示范

教师扮演新郎，挑选1名女生配合，模拟表演西式婚礼中的抱新娘礼。

（三）学生训练、教师巡查

1. 学生按照2人一组，分别扮演新郎、新娘，模拟表演西式婚礼中的抱新娘礼，小组之间相互点评打分。

2. 教师随时巡查，指导学生，并点评打分。

（四）实训检测表记分

表 6－6　　西式婚礼抱新娘礼实训检测表

考核项目	考核内容	分值	自评分（20%）	小组评分（30%）	教师评分（50%）	实得分
抱新娘礼						
总分						

【本章小结】

1. 中国传统婚俗中的“六礼”指的就是聘娶婚从议婚到完婚的六个环节——纳采、问名、纳吉、纳征、请期、亲迎。纳采是“六礼”中的第一个环节，又称议婚，是媒人带着礼物代表男方去女方家提亲。问名，即男方家请媒人求问女方的名字和出生年月日。问名之后，男方将女子的名字、八字取回，要进行占卜合婚，卜得吉兆后，备礼通知女方家，决定缔结婚姻，这个过程就是纳吉。纳征，亦称纳币，是下聘礼，即男方家以聘礼送给女方家。请期，即男方家择定婚期，备礼告知女方家，求其同意。亲迎是新郎亲自到女方家迎娶新娘。

2. 中国传统婚俗中的安床礼仪一般由铺床和压床两个部分组成。铺床是女方家在护送嫁妆到男方家后，为新人布置新房的一项婚俗，包含着对新郎新娘成家立业、早生贵子的美好祝愿。铺床的重点在于床位和被褥。所谓压床，就是安置好新床之后，不能让它空着，也不可以新郎一个人在新床上独睡，必须找到合适的人选与新郎同睡一宿，一般会找健康活泼、聪明俊秀的未婚童男子来陪同新郎压床，所以又称“童子压床”。

3. “上头”也叫“梳头”或“上笄”，它最早起源于先秦时代女子的成人礼——及笄礼。新娘的梳头仪式一般都由母亲亲自主持和动手，如果新娘没有母亲，就要找来“全福太太”来主持。开脸，亦称开面。所谓开脸就是用两根线互相绞合来绞尽脸面上或脖子上的汗毛，修齐鬓角。开脸仪式一般在婚前头一天进行，也是必须让儿女双全的“全福太太”来完成。

4. 传统中式婚礼的迎娶礼仪包括亮轿、拦门、上轿、发轿、起轿、泼轿、颠轿等习俗。新娘进门礼仪包括转席传袋、过门跨鞍、撒豆驱邪、射箭越火四个部分。拜堂仪式是一对新人对着供奉天地诸神和摆放有“三媒六证”的天地桌，以及就坐于天地桌旁的父母行跪拜之礼。洞房礼仪包括秤挑盖头、坐床撒帐、共牢合卺、同心结发、守花烛等内容。

5. 婚戒在西方婚俗中具有极为重要的地位，这主要是因为它具有以下四方面的含义：禁戒、保证金、誓约的象征和无止境的爱。钻石纯净、璀璨、稀有、罕见的特性恰好契合了人们对于一份完美爱情的期待，所以钻戒成为大部分新人在挑选婚戒时的首选。将婚戒戴于新人左手的无名指是西方英语国家的惯例，因为左手代表着上帝赐予的运气，而左手无名指的血管直通心脏，是“爱情之脉”。

6. 揭头纱礼标志着新娘身份的转变，由此开始，她的人生翻开崭新的一页。一般来说，揭头纱礼有三种方式：由新娘父亲揭开头纱，由新郎揭开头纱，由新娘自己揭开头纱。

7. 西式婚礼中新人的站位是面对主婚人，新娘站在左边，新郎站在右边。

8. 从罗马王朝开始，亲吻新娘成为西方婚礼仪式中重要的组成部分。在已订婚的罗马夫妇中，亲吻被视为一种法律的契约，是一种象征性结合的公众证明。婚礼仪式上的亲吻礼标志着新娘状态的改变。当新郎撩起新娘的面纱，亲吻她嘴唇的时候，丈夫用自己的行动向人们宣告：他明确并接受她作为妻子的新身份。

9. 西式婚礼中，关于新娘装束有一条不成文的规定，新娘在婚礼当天的穿着中必须带有五样东西：一样旧的，一样新的，一样借的，一样蓝的，还有一枚硬币。

【核心概念】

六礼　铺床　压床　上头开脸　钻戒礼仪　头纱礼仪　亲吻礼

【能力检测】

1. 简述中国传统婚俗中的“六礼”。

2. 中国传统婚俗中的安床礼仪由哪两部分组成?

3. 什么是“上头开脸”?

4. 简述传统中式婚礼中的迎娶礼仪、新娘进门礼仪、拜堂礼仪、洞房礼仪。

5. 简述婚戒的含义和钻戒的意义。

6. 简述西式婚礼中的新娘头纱礼仪和亲吻礼。

7. 简述西式婚礼中新娘装束必备的五样东西。

项目七　婚礼新人礼仪

【学习目标】

通过本章的学习，你应该能够：

1. 掌握新娘仪表礼仪及着装要点；
2. 掌握新娘走姿、立姿等仪态要点；
3. 掌握新娘在婚礼庆典仪式中各环节的礼仪要点；
4. 掌握新郎仪表礼仪及着装要点；
5. 掌握新郎走姿、立姿等仪态要点；
6. 掌握新郎在婚礼庆典仪式中各环节的礼仪要点。

【本章概览】

掌握婚礼新人礼仪是婚礼策划师、婚礼督导师和婚礼主持人对新人进行辅导，保证新人在婚礼中以最佳的面貌和优雅的行为展示给到场的嘉宾。核心目标是了解和掌握新娘礼仪内容和方式，了解和掌握新郎礼仪的内容和方式。为了实现本目标，需要完成两项任务：第一，掌握新娘礼仪的实际操作；第二，掌握新郎礼仪的实际操作。

【核心技能】

新娘仪表礼仪　新娘仪态礼仪　新郎仪表礼仪　新郎仪态礼仪

【理论知识】

知识点一　新娘和新郎的仪表礼仪

礼仪是向他人表达尊重、善意与体贴的行为。礼仪的原则性知识有助于发展人的镇静、自信与自尊，从而能应对突发情况。而在婚礼庆典仪式现场，新娘和新郎是婚礼中众人瞩目的焦点，无论是行走的步态，还是与宾客寒暄的问候；是幸福的微笑，还是感动地落泪，新娘和新郎的礼仪姿态不能小觑。华丽的婚纱和礼服、精致的妆容和仪表只能美化人物的外表，只有优雅大方的举止仪态，才会成就一位自信、美丽、光彩照人的新娘和新郎。

一、新娘仪表礼仪

婚礼是一生中的大事，每位新娘都希望盛装出席，尽可能地展现自己的魅力。但是从礼仪标准方面讲，在婚礼这种隆重而正式的场合，新娘的装扮除了要满足美观这个要求外，还需要注重仪表的礼仪，这是对到场宾客的尊敬。

（一）新娘的妆面礼仪

西式婚礼中的新娘是神圣而纯洁的，此时的新娘的妆面应该高贵、庄重的；而中式婚礼讲究喜庆、热闹，此时的新娘妆面应是面若桃花、含羞待放的；流行现代的婚礼氛围充满的浪漫、时尚的气息，此时的新娘是清新、活泼、甜美的风格。无论是何种婚礼庆典，新娘妆面都要符合天然美、健康美、端庄美的这三个标准，而且要符合人物性格、气质、职业等特点，也就是要做到个性化、人性化地进行妆容设计，并且一定要拿捏尺度，既要展现出异于平常的美丽，又不能浓妆艳抹、夸张失真。

1. 眼睛

眼睛是心灵的窗户，新娘的眼睛要动人而传神，尤其需要精心修饰。

中式的、传统的审美标准眼形是丹凤眼，这种眼形的新娘散发着迷人的东方韵味。但是不要刻意地打造西方的深眼窝、大眼睛，而要尊重新娘的东方气质。丹凤眼的眼神虽然不够深邃，但可以通过眼线的延伸、弧度和上翘位置打造出妩媚感，这种中式新娘眼妆看起来更加柔和，有种中国式的温婉和韵味。

西式浪漫的眼妆特点是清澈深邃、圆润饱满，可以通过个性的眼影、飞翘的眼尾、浓密的睫毛来凸显动人的美眸，用假睫毛使新娘变得更加富有魅力和性感。

以下是眼妆的基本画法：

第一步是画眉。首先拔去多余的眉毛，然后用眉刷将眉毛按生长方向轻刷，随后选用与眉毛颜色接近的眉粉填补眉毛缺失部分，最后用眉笔画出眉毛的纹理与眉尾。

第二步是画眼影。首先在眼皮上刷上较深的眼影，笔触是由睫毛根部往上画半圆至眼凹，以制造阴影形成深邃的效果；然后使用眼线笔在内眼线往上画，直到填满睫毛根部，以增加眼睛轮廓；随后使用中度颜色的眼影在眼线上轻轻推开，形成自然地过渡；接着，使用最亮的珠光色眼影刷在眼球突起的高点处，以降低深色的色块感，增加眼球的立体感；最后，在下眼睫毛根部均匀地刷上中度色彩的眼影。

第三步是睫毛。如果是自然的睫毛的话，首先用睫毛夹夹弯睫毛，选择防水且加长的睫毛液涂染，涂抹时要从睫毛根部向睫毛尖部刷；为了增大眼睛轮廓，可以选择使用假睫毛。在贴假睫毛之前先确认眼头的位置，然后根据新娘的眼形将假睫毛修剪成理想的长度，随后用夹子仔细地贴在睫毛根部。在假睫毛的使用时，要注意胶水的用量不宜多，但粘连一定要牢固，并且保持整洁、分明。

2. 嘴唇

嘴唇是脸部最富色彩、最有生动的细节，尤其是新娘的嘴唇永远都是瞩目的焦点，所以新娘的唇妆是妆容礼仪中不能忽略的一个重要细节。新娘完美的唇妆要丰润、光泽，给人以柔软、湿润的感觉，唇色最好是自然、健康的。

如果新娘的肤色偏白适合偏紫色的红色，它能柔和地融入苍白的肌肤，让人看上去更温润；自然肤色的新娘适合通透感的正红，明亮的红可以提升人的气色；偏黄肤色的新娘适合偏橘色或金色的红，可以映衬皮肤的光泽感。

3. 鼻子

鼻子位于整张脸庞的正中央，在脸上占有着重要的地位，却是人们最容易忽略的部分。由于东方人的面容过平，缺乏立体感，要想凸显面部轮廓，尤其要在鼻子上精心装扮。可以使用修容粉或鼻影粉修饰鼻侧面，可以起到挺拔的效果，使整张脸看起来更有层次感。但鼻梁较窄或两眼距离较近的新娘，不宜涂鼻影，否则会使鼻梁看起来更窄或双眼的距离更近。

4. 腮红

新娘要想从内而外透出自然红润，显示年轻、活力，迅速提升肤色，腮红是在短时间内达到这种效果的美丽武器。新娘的腮红要淡柔轻雅、温柔婉转，这就需要根据肤色、唇色等因素选择腮红的色彩。

白皙肌肤的新娘适合浅色系列的腮红，如粉色，浅桃色等，这类颜色自然而突兀，会形成自然肤色的光泽感。偏黄色肌肤的新娘适合亮粉色、玫瑰色或金棕色等，这些颜色能中和皮肤本身的厚重感，令人看上去健康、活泼。肤色偏红的新娘可少用腮红，否则会给人浓妆艳抹的感觉。

腮红的位置同样重要，它和人物的气质特点有密切的联系。甜美新娘的腮红要涂在微笑时颧骨的最高点，以画圆的手法涂抹在两颊颧骨处。成熟新娘的腮红应从颧骨下方开始延至太阳穴的位置，打出斜线状腮红。

（二）新娘的发型

在拥有了美丽的妆容后，新娘还需要适合脸型、服饰、妆容和场合的发型，这样才可以成为婚礼殿堂的亮点。一般情况下，户外婚礼适合比较舒适、休闲、松散、飘逸的发型，教堂式婚礼适合用整洁、神圣、庄重、梳起的盘发，流行时尚的婚礼适合凸显新娘个性的、富有设计感的发型，中式婚礼则适合圆满、丰润的盘发。

除此之外，适合自己的发型才能准确地表达人物的特点，提升新娘的气质、气度，帮助自己表现良好的仪表、仪态。

1. 发型与气质

（1）性格内向、安静的新娘，适合自然、清新、整洁的韩式盘发发型，以采用小巧、精致的款式，在配饰上适合色彩纯净的发饰；

（2）性格开朗、潇洒的新娘，适合波浪式、长发的散发发型，以采用一个个性、醒目的发饰固定在发型一侧即可；

（3）性格活泼、可爱的新娘，适合甜美的、卷发、有刘海儿的发型，适合花环、公主皇冠等造型可爱、饱满的发饰；

（4）性格温柔、知性的新娘，适合柔顺的、直长发式的发型，适合轻薄、大气的发饰；

（5）性格帅气、具有中性气质的新娘，适合简单、利落的短发发型，可以选择小礼帽、发卡等造型的发饰。

2. 发型与脸型①

（1）长脸形。长脸形的新娘容易给人严肃、刻板的感觉，要想打破这种印象可以选用优雅、可爱的盘发来缓解。在整体轮廓上，顶部应平伏，前额的头发应自然下垂，这样可以使面部看起来更为圆润，另外要增加两侧的发量，以弥补过于消瘦的面颊，使其显得更为丰满。若将头发做成大波浪式的卷发，使其自然蓬松、飘逸灵动，更可增加新娘优雅的品位。

（2）圆脸形。圆脸形的新娘容易给人以丰满的感觉，要想做一位小脸、精致的新娘，从发型上可以增加发顶的高度，起到拉长脸形的效果，面颊两侧的头发宜平伏些，以降低颧骨的宽度，给人以协调、自然的美感。更可以采用侧分头的直发，垂直向下、纵向的发线可以在视角上减弱脸部的宽度，使面容看起来娇小可人。

（3）方形脸。方形脸的新娘略显刚硬、强势一些，要想增加柔美、温婉的感觉，可以多采用圆形的元素，以起到以圆破方、以柔克刚的感觉。

---

① 发型VS脸型做这个季节最美丽的新娘．新浪女性［EB OL］．http：//eladies. sina. com. cn/beauty/xiufa/p/2009/0701/0816883746_ 2. shtml

在盘发时，方形脸的新娘尤其不能留直刘海儿，也不宜露出额头，可将刘海儿中分或侧分，分成两股头发作出弧度，自然地盘在耳后，用圆润的线条打破面部方正的线条。

（4）菱形脸。菱形脸的新娘上额为正三角形状，下巴为倒三角形状，会给人消瘦之感。在设计发型时可以将额头的头发拉宽，额下头发逐步减少发量，可设计大波浪式的卷发束，营造自然、蓬松感觉，以遮盖缺点，造成视觉上的丰腴之感。

3. 发型与身形

发型设计的目的是要利用发型整体的设计弥补人物面部、头型的缺陷，起到修饰人物身形，提升人物气质，表达个人性格特色的作用。所以说，发型设计与人物整体有一定联系。

（1）娇小身材的新娘发型。娇小身材的新娘给人一种小巧玲珑的感觉，尤其是在婚礼庆典中，新娘应该散发着女人的魅力，如若显得稚嫩反而不符合婚礼的氛围。在发型设计时，应强调丰满与魅力，但应以秀气、精致为主，避免粗犷、蓬松，否则会使头部与整个形体的比例失调，给人以头大身小之感。另外，可利用盘发增加身体高度，但一定要注重发型的花式、块面等细节，力求符合小巧、精致的要求。

（2）高挑身材的新娘发型。也许这种体型是标准的模特身材，但是在秀场上的完美标准，未必适合婚礼庆典仪式中对新娘的审美要求。这样的新娘容易给人以单薄之感。这就要求发型生动、饱满，避免紧贴头皮或过分蓬松的发型，无论哪种发型，都会给人造成比例失调的视觉印象。高挑身材的新娘适宜于留中长直发，不适合短薄、轻盈的发型，或高髻盘发。

（3）丰满身材的新娘发型。丰满的新娘往往会有一种活力的健康美，可以选择有层次的、整体发式向上的、刘海儿翻翘的发型。由于丰满者一般脖子显短，因此不宜留披肩长发、长波浪或长直发。尽可能地让发型向高处发展，显露脖颈以增加身体高度感。头发应避免过于蓬松或过宽。

（4）高大身材的新娘发型。这种体型的新娘给人以一种力量美、健康美，缺少女性的苗条、纤细的美感。在发型设计时可以设计大方、健康、洒脱的发型，但要减少强势的印象。一般以留简单的直短发为宜，或大波浪卷发，切忌发型花样繁复、造作，也不宜太蓬松。总的原则是简洁、明快、线条流畅。

（三）新娘的头纱

新娘的头纱象征着青春和纯洁，以前基督徒的新娘都戴着白色头纱，以表示清纯与欢庆。

1. 新娘头纱的样式①

（1）小教堂式的新娘头纱会有2.5米长，适合较为正式的婚礼仪式。

（2）蔓帝拉式是西班牙风格的新娘头纱，它悬挂在头部，常由蕾丝制成。

（3）华尔兹式是长款的新娘头纱，可以一直延伸到新娘的脚踝。

（4）双层式是双层新娘头纱，而且两层的长度不等。

（5）肘长式是到新娘胳膊肘处长短的头纱，是最常见的、适合流行式婚礼的款式。

（6）指长式是新娘手臂自然下垂的时能垂到指尖的位置，也是常见的款式，造型活泼、浪漫。

2. 新娘头纱上的配饰

新娘头纱上的配饰要越少越好，如果过多会造成头发过紧而不适，或给人以头重脚轻的感觉。常见的配饰一般是小碎钻、水晶、珍珠、珠片或者蕾丝材质的，由于材质、光泽度等的不同，会打造出不同的效果，在选择时要和新人的气质特点、身体特征及服装风格相统一。

二、新郎仪表礼仪

在婚礼现场，最传神的莫过于新娘新郎的妆容了，新郎除了头发修剪整齐，胡须刮得干净整洁外，还要化点淡妆。新郎的妆容要清新、自然，保持容光焕发。

每位新郎都希望婚礼成为自己永恒完美的记忆，但是婚前的新郎们都会忙得不可开交，身体会出现一些问题，如头发没有光泽、脸上出现小红

---

① 头纱．百度百科［EB OL］．http：//baike. baidu. com/view/653480. htm

疙瘩、肤色发暗等，因此，婚前皮肤的保养、头发的护理、膳食的搭配就显得非常重要。

（一）适时的修整毛发

宜在婚前前一周找熟悉的发型师理发，让头发有足够的时间长出自然的感激。一定别在这个重要关头尝试新发型，以免出现差池，后悔莫及。其他如鼻孔等尴尬部位长出的茂密毛发，要修剪干净。

（二）修理指甲

为免影响结婚当天的整体表现，小节也不可忽略。事先应该把指甲剪短。

（三）赶走体臭

选定一种适合自己的止汗剂。尽量于行礼前用漱口水驱除口臭。当然，清新爽朗的古龙水最好准备浓度不高过新娘的，不然会令男子汉的形象大打折扣。

（四）新郎的礼服礼仪

无论新郎个头高与否、长相帅气与否，最重要的要体现出新郎内在的气质，男士穿上笔挺的西服，看上去都会精神许多，这也是为什么在婚礼上新郎穿西服受推崇的原因。

1. 礼服

虽然市面上可看到带有袖扣的礼服衬衫，但是用链扣扣住的法国式袖口最为流行。大多数礼服衬衫在前部扣纽扣，但这些衬衫也在衣领下特别留有纽扣孔以便扣上前胸饰钮。衬衫上有四个饰钮，并与链扣相匹配。链扣和前胸饰钮通常由玛瑙或珍珠木制成，并镀上金银。

2. 领结/领带

正式的丝织或绸缎材质的蝴蝶结与装饰带是最流行的，但许多男士还是选择灰色或黑色绸缎质地的古典领结。

3. 礼服衬衫

世界上有许多类型的礼服衬衫，包括褶皱衬衫以及更宽松优雅的褶皱衬衫。用凹凸织物做成的胸衣也很受欢迎，穿在魁梧的男士身上比较合身。还有其他的衬衫可供选择，如半开襟或水平褶皱的衬衫。这些衬衫有三种领子：硬翻领，这是最流行的领子，穿上带有这种领子的衬衣可以看到整个蝴蝶结领结；小翻领，穿上这种衬衣只露出蝴蝶结；还有领圈，穿上这种衬衫就不用扎领结——用一个类似链扣的扣子在领口处扣住衬衫①。

三、新娘的婚纱礼仪

（一）新娘婚纱的选择

每个女孩都有一个完美的婚礼梦想，其中最重要的就是圣洁、高贵的嫁衣。尤其是婚纱，是新娘一生中最重要的一件礼服，尤其是现在的婚纱款式、色彩、材质，多种多样，如何选择适合自己的婚纱就成了一个难题。

在婚纱选择前，要了解自己的礼服的尺寸、身高、身材特点，甚至是挑选的婚纱要符合自己的年龄、气质，不要刻意去追求年轻，或大胆地尝试夸张的造型。

1. 婚纱颜色的选择

白色的婚纱始于维多利亚女王的婚礼，白色代表着快乐、圣洁和忠贞，甚至有种说法，再婚的女士不可以穿纯白色的婚纱，而要穿粉红色的。而我国传统的礼服则是以大红色为吉祥之意。尤其是随着世界潮流不断有变，婚纱除了白色、象牙白、香槟色等传统颜色外，像粉红、粉橙、粉蓝、粉紫、粉绿及浅银灰色等也非常流行，而且视觉感柔和、悦目；甚至有大胆的墨绿、枣红、深紫婚纱②。

要注意的一点是，婚纱是什么颜色并不太重要，最重要的是要与新娘的肤色配合。东方女性的肤色偏黄，穿纯白婚纱会显得暗哑，反而穿象牙色的婚纱会比较和谐自然，而偏冷色调的蓝、紫等色与黄皮肤也不太协调。如果新娘的皮肤白里透红，或者是健康的古铜色皮肤，穿纯白婚纱反而会非常漂亮。

---

① 美丽婚嫁网 . http：//www. marry52. com/News/Html/20100809/4871_ 1. shtml

② 烟台婷·婚纱衣饰教您如何选择适合的婚纱 . 烟台好网 [EB OL] . http：//www. qingdaonews. com/gb/content/2010 - 11/09/content_ 8556545. htm

2. 婚纱裙款的选择①

（1）公主款式的婚纱。公主款式的婚纱特点是使用纱质为主，层次与装饰品比较多，款式形状多为蓬松样式。这种款式会使新娘看起来活泼、可爱而又不失乖巧，适合多种体形的新娘。身材娇小、偏瘦的新娘适合选择高腰设计，可以使腿部的线条拉长；胸部饱满的新娘，可以选择深V领，使颈部看起来更修长。

（2）蓬裙款式的婚纱。蓬裙款式的婚纱是传统婚纱款式，其特点是胸部合体、腰部收紧、下身饱满，常配合定型裙撑穿着。比较适合身材丰满或胸部丰腴的新娘，尤其是长袖款式或V字形腰线设计，可以起到瘦身的效果；不太适合娇小的新娘，因为裙摆过于宽大，更会显得新娘的身材矮小、纤瘦。

（3）鱼尾款式的婚纱。鱼尾款式的婚纱设计简洁，往往依身体曲线贴身剪裁，多数不用裙撑。材质多以丝质、绉绸等下垂感强的面料。鱼尾型的婚纱最能显示女性的曲线美，而且具有现代感。此款婚纱往往比较适合身材修长、外在条件比较好的新娘，或娇小玲珑的新娘；不适合下半身丰满或想法传统保守的新娘。

（4）王后款式的婚纱。王后款式婚纱的腰线设计较高，胸部剪裁合身紧贴，裙摆呈微A字形，可以充分展现肩部和胸部的线条，对腰腹部和臀部也有很好的掩饰效果。适合身材较矮小、腰臀比较丰满的新娘，不适合身材高大、胸部不够丰满的新娘。

3. 婚纱领型的选择

（1）抹胸款。抹胸款是最常见的婚纱款式，这种款式会给人隆重、高贵的感觉，适合大多数身材的新娘，但不适合上臂、腋下比较丰满或胸部不够丰满的新娘。

（2）吊带款。吊带款的婚纱会显得新娘比较活泼而性感，此种款式同样适合大多数身材的新娘，但不适合上臂、腋下比较丰满或胸部不够丰满的新娘。

---

① 婚纱．百度百科［EB OL］．http：//baike. baidu. com/view/55001. htm

（3）一字肩款。这种款式适合玲珑、小巧的新娘，不适合肩膀宽、胸部较小的新娘。

（4）V字领款。V字领可以遮挡人物肩膀和上臂的部分，会显得颈部修长，比较适合于身材丰满的新娘，不适合骨感新娘和胸部较小的新娘。

（5）斜肩款。斜肩款的婚纱性感、又不失活泼适合个性、爽快的新娘，尤其是新娘的肩较宽、胸部比较丰满比较适合。

（6）立领款。这种款式不太多见，因为这种款式比较适合又高又瘦的新娘，对女性的身材要求比较高，丰满、较矮的新娘不适合这种款式。

（7）圆领款。比较适合娃娃脸的新娘，尤其是新娘的身材玲珑，更能凸显可爱、活泼的气质，而不适合身材较高、丰满的新娘，会有装可爱之嫌。

（8）方领。方领款式的婚纱是丰满新娘的首选，不但可以隐藏上臂肉，又可掩饰丰满的胸部。

（9）露背款。露背款分小V字露背和大V字露背。小V字露背是露到脊柱中部，大概是女士内衣衣带的位置，适合各种身材新娘；大V字露背是露出整个后背直至腰间。但无论哪种款式，首先要求新娘的肩胛骨是漂亮的，背部皮肤是细腻光滑的，而且后背和腰部紧致、挺拔。

4. 婚纱拖尾的选择

（1）小拖尾。小拖尾的婚纱首先是穿着舒适、行路轻便，而且又符合新娘对婚纱拖尾的情节，足够典雅、浪漫，并且适合多种身材的新娘。

（2）中拖尾。中拖尾的长度最适合走红毯，因为这种长度既不需要花童提婚纱，也不用担心出现意外。值得注意的是在上下花车、走楼梯等时刻，需要伴娘帮新娘去收拾婚纱拖尾。

（3）大拖尾。大拖尾适合于身材高挑的新娘，这时就需要可爱的花童帮助新娘托着裙尾了，也是最具魅力和婚礼气氛的款式。

（二）新娘服饰的搭配

1. 婚鞋的选择

一双精致的婚鞋不仅令新娘的装扮更加完美，也承载着伴随新人走完幸福一生的美好愿望。

（1）婚鞋的色彩。在新娘选择白色婚纱作为嫁衣时，其实已经选择了西式婚礼或流行式婚礼了，那么就不要再拘泥于中国婚礼喜庆、热闹的大红色了，一定要选择白色、米白色、闪亮粉、银色或香槟色等给人西式感觉的鞋子，否则会和婚纱及头纱等服饰的风格非常不协调。

如果是中式服装造型的新娘，则要选择富有中国传统特色的鞋子，如绣花鞋。中式的婚鞋除了是大红色的这个主要特征外，在面料上一般讲究缎面、棉布、印染布等，而且要配搭手工刺绣各种富有寓意的图案，如一对凤凰、一双鸳鸯等。

（2）婚鞋的款式。婚鞋的款式很多，在选择时一般鞋头和后跟均为封闭，而且多为高跟鞋，而且鞋头是小尖头款式为佳，因为这样可以透显出新娘优雅、高贵的气质①。而鞋跟的高度一定要见过自己穿着的舒适度和新人两人的身高，这样不仅会穿起来合脚，减少新娘的顾虑，而且可以使新娘与新郎看起来更般配。

2. 新娘的专用内衣

与之相比婚纱，新娘的内衣更是私密而贴身的衣物，更要重视。一般会有新娘红色的内衣配婚纱，但是一定要注意，如果不小心露出内衣细节，将是十分不合体和令人尴尬的情形，所以最好选购专用的内衣。

3. 新娘手捧花

手捧花看似是婚礼中最常见的一种装饰，但它也是极有讲究的。

（1）西式手捧花。西式手捧花的造型要根据婚纱的款式选择，有半球形、球形、瀑布形、三角形、象鼻形、半月形等；鲜花的颜色应以粉色、白色、香槟色为主，不宜多用大红色；花材一般用玫瑰、百合等，辅材则用情人草、满天星、勿忘我等。而常见的康乃馨、马蹄莲、菊花、火鹤等则不适合用在婚礼上。

（2）手捧花的正确拿法。首先小指应与拇指同侧，将花整个夹住，若是双手持花则应抬头挺胸、双肩自然垂下、双手持花置于腰骨上方，给人以怡然舒适、自信稳重的感觉。若单手持花应该以左手拿住手花。

---

① 准新娘课堂之：婚鞋的选择与搭配．久久结婚网［EB OL］．http：//bbs. 99wed. com/content/380866_ 1. htm

知识点二　新娘和新郎的仪态礼仪

仪态礼仪包括新娘新郎的立姿、行姿、坐姿等，无论什么样姿势作为婚礼现场令人瞩目的新娘和新郎都必须符合基本的礼仪规范，体现出优雅、大方和得体的风度。

一、新娘和新郎的立姿

在婚礼庆典仪式中新娘大多数时间是处于站立姿态状态，所以在新娘的礼仪姿态中，立姿是最基础、最重要的基本礼仪。

其一，新娘和新郎应挺胸直背，端庄站立。身体脊柱伸展、收腹挺胸、气沉丹田。眼神直视正前方，抬头下巴微收，背部有向上伸展感，头部、臀部和脚后跟成一条直线，上半身有被吊起的感觉。

其二，两臂略向后伸展，以协助胸部自然挺起，但两臂不要夹得过紧，否则会显得生硬。

其三，新娘的脸要偏向新郎，呈内“八字”。新郎亦要采取此立姿。

其四，新郎轻曲左臂，新娘手插新郎肘里，切不可拉拽新郎的衣服。挽新郎的手要稍露出戴手套的手指。

其五，新娘的手捧花的花束要朝着外侧。

其六，站立时，新娘的双脚脚尖稍微分开一定的角度，如是短款婚纱，脚部的姿势尤其要注意，不能呈现“内八字”的立姿。

其七，新郎、新娘同时站立时，新娘应站在新郎身边靠后约 15 厘米处，右手挎新郎左臂，两人以“八字”型站立。

二、新娘和新郎的行姿

在婚礼庆典仪式中，新娘和新郎的行姿尤其重要，尤其是在进场的时刻，在众人瞩目之下的新娘和新郎应该自信而优雅地走向幸福。

入场时，新郎要挺直腰背、目视前方、步幅中等、速度稍慢，让身边的新娘从容跟随。要注意的是新娘不要拉着新郎的衣服，让人有胆怯的感觉。新郎也不要紧挽新娘，以免踩到裙子，不要离得太远。

一般情况下，新娘行走的步幅应比平时略小，抬脚轻、落地缓。眼睛直视前方，尽量将视线放于10米前，有点含羞、神圣的感觉。不可因为婚纱过长的原因而低头看地。

如果婚纱过长而行走不便，可以略提起婚纱中部，婚纱以便于行走而不露脚面为宜。行走时，抬脚尖上扬用力将裙边踢向前方，足底擦过地面，伸展脊柱，气提丹田，徐徐前行，行走间距保持在5厘米左右。注意行走时，左右脚应分别走直线，不能像模特走台步一样双脚走直线。

新郎在行走时双脚尽量走在同一条直线上，步伐大小以自己足部长度为准，速度不快不慢，尽量不要低头看地面，那样容易使人们感觉你要从地上捡起什么东西。走路时，腰部应稍用力，收小腹，臀部收紧，背脊要挺直，抬头挺胸，切勿垂头丧气。气要平，脚步要从容和缓，要尽量避免短而急的步伐，鞋跟不要发出太大声响。

在新郎新娘同时行走时，步调要缓慢一致，新娘可略错后新郎半步，由新郎引领新娘前行。头纱或婚纱拖尾可由伴娘或花童帮助拖行。

正确的走路姿态会给人一种充满自信的印象，同时也给人一种专业的信赖感觉，让人赞赏，因此走路时应该抬头、挺胸、精神饱满，不宜将手插入裤袋中。

在婚礼前，新娘应穿上婚纱和婚鞋多多练习，以适应、掌握提婚纱的高度和行走的步伐。尽可能不要选用鞋跟过高的婚鞋，以免造成行走姿势不雅、不便，或长时间站立而疲劳等情况。

三、新娘和新郎的坐姿

新娘坐下时，应面向前方顺势慢慢浅坐在椅子上，椅子方向或婚纱可由伴娘帮助调整，新娘不可转身或弯身。

坐时应上半身腰板挺直，新娘双手叠放在膝上，双腿并拢为偏向身体一侧。和新郎坐一起时，稍稍扭腰向新郎一侧，双腿并拢，呈“八字”；新郎坐下时双手握拳置于大腿上，双脚打开与肩同宽，呈“外八字”。

入座时切不可过于放松，以免给人疲劳之感，也不可过于紧张，以免自身身体疲劳造成僵硬的感觉。新娘如果面对宾客不要把身体向后仰，否则很失礼。

新郎如果无精打采地坐着时，裤腿会自动向上提，露出袜子，不雅观，所以要特别注意，坐下去前，先提一下膝盖部的裤子。椅子要浅坐一些，和亲属拍照时，上半身的姿态最关键，若有了“啊，好不容易能坐下了”这种想法，瞬间就会像泄了气的皮球似的猫起腰来，很难看的。不能大意，要时刻保持紧张感，

四、新娘和新郎的鞠躬礼仪

在婚礼庆典中，新人要在宾客进场、退场、祝词等环节以鞠躬礼答谢宾客。

一般情况下，深鞠躬90度代表着衷心的感谢，但在婚礼中新人鞠躬以15度—20度为佳。新郎新娘在一起时，两人动作的和谐、步调一致最为重要。新娘弯腰程度和时间要与新郎一致，弯腰时同时数1、2，之后起身。

婚礼上频频鞠躬要领：第一，背要直，腰部以上的身体向前倾。第二，鞠躬时要满怀感情，弯腰的幅度约15度左右，两个人要配合，不要此起彼伏。按照1秒钟低下身，1秒钟保持，1秒钟起身掌握鞠躬时间。注意不要突出下巴，只点头行礼或弯腰过度都会显得不文雅，注意鞠躬的时候不要抬眼看人。起身要缓慢，起身后恢复正确的立姿，不可随手整理头发或服装。

新娘行礼时，应一手轻遮胸口，以免礼服胸口过低而走光，头部、上身顺势低下到达合适位置，视线落点应在距离脚尖约2至3步远处。

行礼时要保证让对方看到自己的微笑。

五、新娘和新郎的手势礼仪

我们常说：“手是人的第二张脸。”手部的姿态可以表现出人物的内心情绪。在婚礼庆典中，很多仪式环节都是涉及很多的手部姿态，如牵手、托手、吻手、握手、挽手、戴戒指等。

在婚礼中，新娘和新郎的手势一般不要超过对方的视线，下界不低于

自己的腰所在的水平线，左右摆动的范围不要太宽，应在人的胸前或右方进行，应多用柔和曲线手势。新娘少用生硬的直线条手势，以突出新娘的柔美与优雅。

新娘要注意不应因紧张或激动等情绪变化，造成手势动作幅度过大，次数过多。新郎不能有“兰花指”等手势，否则会给人留下装腔作势、缺乏涵养的感觉。

六、新娘的转身礼仪

新人要想在婚礼中体现高贵的气质，就应避免任何大的动作。需要转身时，身体应该随着脚步同时转动，转身幅度要轻缓，动作既要利索，又要避免给人匆忙不稳重的感觉。如果婚纱或礼服裙摆较大，在转身时可以用与旋转方向相反的手轻轻抓住裙边和裙撑稍微向上提，轻缓转身。之后，让伴娘整理婚纱。

知识点三　新娘和新郎的表情、语言礼仪

新娘与新郎的表情礼仪包括笑容、眼神和谢语等神态，在婚礼过程中新娘和新郎必须注意这些神态和语言礼仪。

一、新娘和新郎的笑容礼仪

笑容虽说是一种生理现象，是人思想感情的外露，人们可以通过笑容来沟通情感、传递信息，它可以消除人与人之间的陌生感，产生安全感、亲切感和愉悦感[①]。在婚礼中，新娘和新郎的笑容传达着幸福、甜蜜的情感，营造了美满、和谐的氛围，也象征着新人对未来生活的希望与憧憬。

在婚礼庆典中，少不了欢声笑语，但并不是所有的笑容都能够准确、

---

① 文明礼仪知识．中国新县［EB OL］．http：//www.hnxx.gov.cn/hnxx/ztzl/jswmjs/2010/06/1276059553388613.htm

美观地传递情感，尤其是新娘和新郎的笑容，要想让它成为最美的画面，比任何鲜艳的花朵都要美丽动人，需要良好的仪表礼仪练习。嘴角上翘，柔和地微笑一对新人脸上的幸福笑容是宾客们喜欢看到的，很多人拍照时的笑脸是刻意堆出来的，拍完了，脸上的笑容也没有，这样的笑很假。一定要避免。

当然，新娘和新郎还要避免因长时间微笑而引起的表情僵硬，秘诀在于会不会让眼睛也带有笑意。在与客人有目光的接触时，同时展示笑容，必要时还可以对客人点头致意，有交流的笑容，会使新娘和新郎的表情更自然，不会变得僵硬呆板。新娘要避免大笑，这样会使唇边粉底的纹路加深，破坏整体妆容。

二、新娘和新郎的眼神礼仪

"眼睛是心灵窗户"，一双美丽的眼睛绝对是新娘的亮点，但在婚礼这个庄重而浪漫的场合，新娘的眼神不仅要散发着圣洁而幸福的光辉，更应符合交际礼仪标准。

（一）对新郎（新娘）的眼神

新郎看新娘或新娘看向新郎应是较长时间的亲密注视、凝视、对视，尤其要面带微笑、稍显娇羞或自信、真诚为佳。眼睛转动的幅度与快慢都必须遵循一个"度"，不要太快或太慢，眼睛转动稍快表示聪明而富有活力，但如果太快则表示回避、不成熟，给人轻浮、不庄重的印象，如"挤眉弄眼"。但是，眼睛也不能转得太慢，否则就是"死鱼眼睛"，会给人头脑迟钝或没有认真倾听之感。眼睛转动的范围也要适度，范围过大给人以白眼多的感觉，过小则显得木讷。

新郎的眼神应该充满自信、真诚，目光应该是始终直视前方，尽量将视线放于 10 米前，这样有利于拍照。

（二）对宾客的眼神

对于宾客，新娘和新郎不能长时间凝视，可以自然地飘动视线。在与宾客交谈时或听司仪、证婚人等讲话时，不可显出茫然失神、若有所思的样子，也会有失礼之嫌。

（三）谈话时的眼神

眼睛看对方眼睛到嘴巴的“三角区”，标准注视时间是交谈时间的30%—60%，这叫“社交注视”。眼睛注视对方的时间超过整个交谈时间的60%，属于超时型注视，一般使用这种眼神看人是失礼的；眼睛注视对方的时间低于整个交谈时间的30%，属低时型注视，一般也是失礼的注视，表明他的内心自卑或企图掩饰什么或对人对话题都不感兴趣[①]。

三、新娘和新郎的谢语

新郎、新娘应手持鲜花双双立于大门口迎接客人，不可来回走动；客人到来时应热情地表示欢迎和感谢，并适时地把客人介绍给家中的长辈或其他来宾，然后依长辈或辈分按次序让座。

对于客人此时送上的红包，不论礼轻礼重，新郎、新娘都要一视同仁地致以谢意。

敬烟、敬茶时要用双手送上，并为吸烟的长辈或平辈客人点火。

新郎向来宾致谢辞，语气诚恳、态度谦虚。在表达自己对新娘的关爱同时，亦感谢双方父母的养育，证婚人以及其他亲友的厚爱等。范例如下：

本人今天与某某小姐在这里举行婚礼，并请某某先生证婚。对各位亲友的光临，感到十分荣幸。刚才证婚人与各位长辈的训词，我们一定永志不忘，以后还需要各位长辈、亲友和兄弟姐妹多多指教。今天招待不周的地方，请各位原谅。敬祝各位身体健康，全家幸福！

语言可以表达一个人的才华、常识、修养和交际风度，有时一句诙谐幽默的语言，会给人留下很深的印象，使人无形中产生好感。所以，应该知道什么时候该说什么话，语言得当，诙谐幽默很关键。在婚礼中，新娘和新郎的语言应庄重而饱含感情，在宣誓或感谢宾客时，语气一定要认真、真诚，正式朗读时，读字要清晰准确，富有节奏，能使来宾有所共鸣，尽量营造出一个充满深情的氛围。

---

① 眼睛、眼神的礼仪．健康产业网［EB OL］．http：//www.gkang.com/detail.asp？id＝13583

知识点四　新娘和新郎在婚礼程序各个环节中的礼仪

婚礼的各个环节包括迎亲礼仪、上下花车礼仪、步入红地毯礼仪、宣誓礼仪、互拜礼仪、交换戒指礼仪、揭头纱礼仪、点蜡烛礼仪、切蛋糕礼仪等。

一、叫门迎亲礼仪

新郎到新娘家接亲时，新娘的家人会故意刁难新郎，新郎要费尽心思，经过一番艰苦的“谈判”，塞进红包讨好娘家人，才能让娘家人把门打开把新娘娶回家。这样做一方面让新郎感到这段婚姻来之不易，要好好珍惜自己的妻子；另一方面也是为婚礼增添喜庆热闹的气氛。这是我国很多地方的婚俗，对此，新郎要有心理准备，不能感觉是娘家人在为难自己、出自己的洋相，否则就会很尴尬。当然，新娘家的姐妹团也要注意适可而止，不要把场面弄僵了。叫门一般有红包叫门、香烟叫门、表演叫门等形式。无论采用哪种叫门方式，红包是少不了的，但叫门主要是热闹一下，红包多少并不重要。

新郎到新娘家叫门时，手里必须拿着手捧花，这时要注意与门呈45 度站好，千万不要趴在门上，手捧花也要注意不要挡住新郎的胸和脸，新郎递红包时也要注意要就高不就低，不要从地下塞红包。这样的话，摄影师才能将“喜”字和新郎的一切表情拍摄到镜头中。

二、献花、戴花礼仪

如果举行的是西式婚礼，新郎进门后，就是给新娘献花环节了。新郎不要急于将手中的手捧花献给新娘，最好单膝跪地，说些甜蜜的话，然后将手捧花献给新娘，起身时可以行吻手礼。

如果举行的是中式婚礼，新郎进门后新娘要给新郎佩戴胸花。新郎献给新娘的花就是伴随婚礼始终的手捧花。

新郎佩戴的胸花一般是新娘手捧花中的主花，在新郎将手捧花献给新娘时，新娘会从手捧花中摘下一朵，别在新郎的西装外套的左领扣眼处。如果没有扣眼可放置于西装领上，花梗垂下对准鞋子的位置即可。

要注意，新娘是不需要戴胸花的。有的地方流行新娘穿着白色婚纱，新郎穿着西服，胸前分别戴着一朵写着“新娘”、“新郎”的红色胸花，是不正确的。因为戴胸花是从西方传过来的习惯，起的是标志的作用，而穿着婚纱的新娘本身就有标志了，无须佩戴胸花。在西式婚礼仪式上，一般下列人员戴胸花：（1）新郎；（2）伴郎；（3）戒童；（4）新人父母；（5）婚礼主持人；（6）证婚人；（7）其他在婚礼上需要上台讲话的人员。

三、敬茶礼仪

在我国，敬茶是人们日常社交和家庭生活中普遍的礼仪，在中式婚礼或中西合璧婚礼中，新人要向双方父母敬茶。在敬茶时，茶不要太满，以八分满为宜。水温不宜太烫。上茶时应以右手端茶，从父母的右方奉上，并面带微笑，眼睛注视对方。若依照旧式俗例，新人要向双亲奉茶跪拜，现代新人则站着奉茶给双方父母。

接新娘时，在新娘家人敬茶时，茶水应由新娘递给新郎，再由新郎敬岳父、岳母并叫“爸”、“妈”。父母可事先准备好红包作为给女婿的见面礼，在其敬茶后给新郎。在新郎家也一样，应由新郎将茶水递给新娘，再由新娘给公婆敬茶，公婆喝完媳妇茶后，会给媳妇传家宝或事先准备好的红包作为见面礼。

新人敬茶时，要双手呈上，按辈分敬茶，先敬最年长的长辈，敬茶的茶杯以有把手的陶瓷杯子为好，上品为细瓷大红喜字盖碗茶杯，美观大方。

喝完敬茶，新郎就要带着新娘离开新娘家上花车了。这时，伴郎要为新郎开车门，新郎为新娘开车门，新人要坐花车后排，新娘下车时应正对酒店门口，伴郎坐副驾驶位置，伴娘坐在第二辆车上。

四、上下花车礼仪

新人到达婚礼现场后，要等随车来的宾朋下车后再依次下车。顺序是伴郎下车后给新郎开车门，新郎给新娘开车门。

新娘在上下花车时，最应注意自己的举止姿态。上下车时应采用背入式和正出式。在上车时，新娘应该背部对车内，臀部先坐下，同时上身及头部入内，然后将双腿并拢送进车内，婚纱的拖尾可以由伴娘帮助顺着下垂的褶皱叠好放于身体一侧。在花车开出前，应与新郎一起向车外亲朋好友挥手致意。下车时，应正面朝车门，双脚先着地，将婚纱稍作整理后，再将上体头部伸出车外①。新娘下车新郎必须适时协助，注意在一只手开车门时，另一只手要挡住新娘的头顶处，以免新娘起身时撞到头。

五、步入红地毯礼仪

入场仪式非常庄重，比较讲究走步方式，要求右脚迈出之后，左脚与右脚合并，停顿两秒钟，再迈左脚继续走，随即右脚合至左脚处、停顿。此时，新人的步幅和速度要保持一致，步态讲究轻缓、稳重，步幅应比平常时小，新娘最好错后新郎半步，由新郎引领新娘。新娘右手应挎新郎左臂，新郎手臂自然弯曲，两人的距离保持在 15 厘米左右比较合适。走动时，新人必须始终目视前方。

六、宣誓礼仪

誓言是新人对爱情的保证，是对彼此的终身的承诺，此时，新人应自信、真诚、庄严地宣誓。教堂婚礼会有牧师或神父询问在座来宾有否反对这场婚礼，若没人反对后，便祷告、献诗及证婚。随后，新人在神及来宾面前，宣告愿意结为夫妇，不论疾病穷困、永结同心。而现在流行式婚礼会有主持人代替牧师或神父的角色进行誓词的询问，或由新人自己宣读。在宣誓时，新人一定要相视而立，眼神有所交流。

---

① 上下车姿态礼仪．中国礼仪网［EB OL］．http：//www. welcome. org. cn/yanxingjuzhi/2008 – 5 – 28/ShangXiaCheZiTaiLiYi. html

如果新娘在此时流下了幸福的泪水，一定要用手帕（或手帕纸）拭泪，擦拭眼泪时要轻按在眼睛上，不可来回擦拭以免破坏眼部的妆容。

七、互拜礼仪

在新人互拜时，双方应尽量保持一致的幅度，幅度不宜过大，约15度左右为佳，停留的时间以1秒钟为宜。鞠躬时眼神自然向下看，不要向前或看向宾客。如果新娘的婚纱和礼服是抹胸或低胸的款式，弯腰鞠躬时可一手轻按胸口，以免走光带来尴尬。文雅的鞠躬姿势要领是：一是背要直，腰部以上的身体向前倾；二是鞠躬时要满怀深情，速度慢，起身缓。

八、交换戒指礼仪

交换戒指是一个美丽、神圣而意义非凡的时刻，为此新人应做好充足的准备。如果新娘戴着手套，那么应在彩排时先试戴一下婚戒，如果戴不进去，应该在仪式开始前将手套摘掉。摘手套时，新娘的指甲应向正前方，手指应自然并拢，轻捏手套的指尖部，从拇指到小指依次摘下，摘下后交由伴娘或专人放在新娘身边。在婚礼中，有时会有戒童为新人保管戒指，如果没有戒童，新郎的戒指应由伴娘保管，新娘的戒指则由伴郎保管。

当新郎为新娘戴戒指时，伴娘应上前递上戒枕，并接过新娘的手捧花，然后迅速地让到一边，新郎轻托新娘的手，新娘手指伸直，新郎用右手大拇指、食指、中指捏住戒指将戒指戴在新娘左手无名指上。注意只要将新娘的拇指和食指朝上即可，无须把新娘的手腕抬高。新娘的肘弯以90度为宜。并保持左手手背面向镜头。新娘没有动作的那只手也要摆好姿势，将手放在腰的位置。

新郎为新娘佩戴完后，伴郎再上前让新娘从戒枕上取戒指，此时，新郎应弯曲肘部，把手伸到自然的高度，新娘用左手托新郎的手，右手的拇指、食指和中指捏住戒指，戴入新郎的无名指，并保持左手手背面向镜头。

切忌为了戴的方便把对方手拉到眼前，或把手捏得很紧，都会很难看。双方戴好戒指后，一定要共同手握手向来宾展示自己的戒指，为摄影摄像留下美妙的镜头。同时，还要注意戴戒指的速度，不能太快，使摄影师、摄像师无法拍到最美的镜头，当然，也不能太慢，让人有作秀的感觉。在交换戒指时，伴娘和伴郎要尽量避免出现在镜头中，当伴郎、伴娘递上戒指后应迅速让到一边，防止在新郎或新娘给对方戴戒指时与新郎或新娘共同出现在镜头中。

九、揭头纱礼仪

新郎为新娘揭头纱是一个神圣的礼仪环节，此时新郎的动作应该流畅而缓慢。

新人自然靠近，新娘应该膝盖微蹲以配合新郎，蹲下时一脚前为支撑，一只脚向后跨一小步，双手在腹部交叠，挺直腰板，微屈膝盖，不要翘臀，头部尽量与新郎的胸部持平。

新郎双手捏住头纱，手背朝前，展开双臂，双手的距离与新娘的肩宽一致，并慢慢向上揭，避免中途停顿，心中默数 1、2、3，慢慢将掀起的头纱放在新娘的头后部，并整理一下头纱，保持婚纱洁净。

新郎缓缓掀头纱过程中，新娘仍然保持膝盖微屈的状态，目光依旧向下看，不要急于抬头，待新郎帮助新娘整理好头纱，新娘缓缓起身站直，微笑地面对大家。

十、吻礼

在众人瞩目和亲朋好友见证的接吻礼，是人生中一次难忘的经历。此时应当自然、大方地完成神圣的吻礼。

正确姿势如下：新郎轻轻扶住新娘的手臂，另一只手搂住新娘的腰部，以此作为暗示，新娘将脸稍稍抬起，让旁观者感觉两人是以很自然的姿态靠近，有一种神秘感，显得漂亮，接吻的时机由两人先说好，这样到时候才不会出差错，新娘应事先用餐巾纸轻轻拭去表面浓艳的口红，免得在新郎脸上留下很清晰的唇印。轻轻抱住胳膊，将脸略上抬更自然，别像盖章一样。

接吻后新娘不要害羞而捂住嘴巴或下意识地咬住嘴唇。害羞会让一切不自然，一定要自然大方。接吻时，双方切不可撅嘴太明显，出现“章鱼吻”。

还要注意吻的位置是可以变的，既可以吻嘴唇，也可以吻脸颊、额头。

十一、结婚誓言礼仪

新郎和新娘在宣读结婚誓言时应面向宾客，吐字清晰、语速适中，面露笑意以表衷心感谢之情。以下是常见的结婚誓言模板。

各位领导、各位亲朋好友：

人生能有几次最难忘、最幸福的时刻，今天我才真正从内心里感到无比激动，无比幸福，更无比难忘。今天我和心上人×××小姐结婚，我们的长辈、亲戚、知心朋友和领导在百忙当中远道而来参加我俩婚礼庆典，给今天的婚礼带来了欢乐，带来了喜悦，带来了真诚的祝福。借此机会，让我们俩再一次真诚地感谢父母把我们养育成人，感谢领导的关心，感谢朋友们的祝福。

也要感谢我的岳父岳母，请你们相信，我会永远深深爱着我的妻子，并通过我们勤劳智慧的双手，一定会创造美满的幸福家庭。

最后，请大家与我们一起分享着幸福快乐的夜晚。

祝大家万事如意、梦想事成①

谢谢！

新郎：×××　　新娘：×××

在结婚誓言宣读时本人一定要亲自事先练习一下，以免在正式朗读时有偏差，内容应当真实，能使来宾有所共鸣，尽量营造出一个充满深情的氛围。

十二、点蜡烛礼仪

当全场的灯熄灭时，新人点起象征同欢乐、共患难的蜡烛时，将是如

① 春雨．现代婚礼实用礼仪——献给即将走向幸福殿堂的年轻朋友［EB OL］．http：//chunyu1954. blog. 163. com/blog/static/30798815200922211200384/

画般的景象。

此时，新郎应引导新娘站在距桌子半步之遥处，新郎一手持点火棒，一手轻揽新娘的腰。新娘则要将手捧花正面朝外，注意要腰脊挺直，下巴收拢，不要上扬，新郎应该考虑新娘的臂长，选择一个合适的站立点。站得太远，姿势就会勉强，会使下颚抬起，甚至嘴也会张开，一定要注意。

点蜡烛的时候，动作要缓慢而优雅地进行。

十三、倒香槟礼仪

在现代的婚礼中，人们会搭起香槟塔，寓意新人婚后生活甜甜蜜蜜、节节高。一般情况下，在婚礼舞台下的两侧会分别摆放着蛋糕和香槟塔。香槟塔摆放的高度是以新人的身高为标准的。如果太高，新人倒香槟酒时会感觉手臂酸累，并且增加了倒塌的危险性，一般香槟塔以4—5层最佳。

一般情况下，香槟酒是由服务生打开，在新人倒香槟酒时，新郎应用右手托住瓶身较宽部位，以支撑整个瓶身的重量，左手可以辅助右手控制方向，而新娘的右手应握住瓶口处，左手搭在瓶身后面，配合新郎。

需要注意的是，到香槟酒时，新郎和新娘拿起香槟酒站稳后，要共同看一下来宾和镜头，然后瓶口对准第一只酒杯的正中心，速度不可太快，以免酒水冲倒杯塔。当柔顺、清新的香槟酒顺势流下，为层层香槟塔浅浅的金色时，婚礼满场将是幸福与甜蜜。

十四、交杯酒礼仪

交杯酒是中式婚礼中的传统礼仪之一，古时称“合卺”。在现代的婚礼上，人们用精美的高脚杯来代替卺盛美酒。

一般将酒倒至酒杯中的1/3处即可，酒杯间用红线或红丝带相连，约半臂长，中间打蝴蝶结或中国结。

在喝交杯酒时，新郎和新娘各取一杯美酒，相视而立，交叉右臂，举到尽可能高，但不要和脸部重合，保持优雅的笑容和感激的情绪，新娘的脸在外，双目对视，一饮而尽。

十五、切蛋糕礼仪

在欧洲，婚礼蛋糕是夫妇共同生活的象征，把婚礼蛋糕分切后分给宾客也表示宾客对新婚夫妇的祝福，现在婚礼蛋糕已经成为婚礼上不可缺少的婚礼用品之一，婚礼蛋糕设计师也成为婚庆服务行业中的热门职业。

而甜美、隆重的婚礼蛋糕是婚礼用品中的亮点，现在的新人们尤其讲究定制自己独一无二的婚礼蛋糕。值得注意的是，有复杂图案的蛋糕要尽早定制，还要向蛋糕制作人员详细说明会场的大小、气氛、宾客的人数。

在新人切蛋糕时，摄影师、摄像师会采取近距离拍摄，这时就要求新人高度注意礼仪细节。

切蛋糕的正确姿势是新娘右手持刀，刀举起时要平，不能刀头上挑向上，新郎右手握住新娘的右手，而新郎的左手则要轻轻搂住新娘的腰，新娘的左手用来辅助右手切蛋糕。两人的立姿应该是比较亲密的八字形，一定要保持视线一致。同时新人要保持真诚的微笑，一边轻缓自然地切蛋糕一边回应大家的欢呼，两人的视线一定要会合一处，新郎要尽量配合新娘的动作，用力要恰到好处，不要表现很费劲的样子。

值得注意的是切蛋糕时刀子的握法，重点是由新娘控制操刀的动作，新郎配合，刀口尽量放平，不要向上，对着宾客切好后再一起微笑地向宾客致意。

切蛋糕应当从最底下一层开始切，先切两块两人互喂，然后切其他各层蛋糕，首先送新郎、新娘家人，然后送其他宾客。

除此之外，在欧美婚礼中，新人切完蛋糕后会互相喂对方吃蛋糕，此时会将新人的双眼蒙住，如果两人能够顺利将蛋糕喂到对方嘴里，就预示着新人未来的生活是幸福、甜蜜的。

十六、抛花球礼仪

传说西方年轻的男子为了向心爱人表达爱意，会沿途一路采摘路边漂亮的鲜花，并且将这些美丽的花扎成一个漂亮的花束，送给他心爱的人。如果女孩子接受小伙子的求爱，她便将这花束收下，并且将里面最美的一枝花取下来送给小伙子。这就是婚礼中抛花球仪式的来源。

但是到了今天，抛花球仪式已经成为婚礼中的高潮环节之一，而且花球的寓意演变成新娘宛如盛开的花朵一样纯洁、高贵、清新、典雅，象征着新娘的幸福甜蜜。而新娘将幸福的花球抛向现场未婚的女子，也象征着爱的传递、幸福的蔓延，哪位未婚的姑娘接到新娘的手捧花她将成为下一个幸福的新娘。

新娘在抛花球的时候，应面带笑容，手臂自然弯曲，轻轻转身背对台下，稍微用力将花球向高处靠后的位置抛出即可，动作幅度不要过大。

在抛花球环节时，一定要注意，首先，一定要保证抛出的花球有人接，故一定要内定一位姐妹来接花。其次，花球不能抛散（有分离之意），所以最好选用小巧的圆形花球。

十七、大合影礼仪

婚礼庆典仪式中设有专门的合影拍摄环节，在此环节中，亲朋好友要有序与新人拍摄。如果是规模较大的全体合影，就要按照一定的长幼尊卑顺序来占位。

新娘在拍摄合影时，身体应稍稍偏向侧面站立，因为在正面面对镜头时，不易展现人物五官的立体感和身体的线条感，容易显得呆板。另外，要微收下巴，时刻保持微笑注视镜头，手臂自然放松下垂，或轻挽新郎手臂，较正式的合影不能摆出过于生活化的姿势，如“V”字手势。

如果拍摄照片新娘和新郎需要坐下拍照时，新娘要慢慢入座，伴娘一定要注意整理新娘的婚纱，新娘在椅子上要坐得靠前一些，腰背挺直，双手放在膝上，双腿并上并微微偏向一侧，显得优雅而甜美。

新郎在拍摄前特别注意，坐下去前，先提一下膝盖部的裤子。椅子要浅坐一些，拍照时，上半身的姿态最关键，要坐正，上身挺直，双腿略分开，双肩平正放直松，两臂自然弯曲，双手放在双膝上或椅子上，注意要掌心向下，不宜双手叠放在一起，会显得缺少阳刚之气。

十八、敬酒礼仪

对于婚礼而言，婚宴是极其重要且不可或缺的一部分，我国的宴会礼仪更是丰富而微妙，尤其是“酒文化”，酒可以婚宴待客、迎宾送客、聚朋会友，彼此沟通，传递友情，新娘尤其要严格遵循“酒”礼仪，否则失礼于人将会颇为失礼[①]。

（一）聆听祝酒词

在聆听祝酒词时，新郎和新娘应摘下手套，放在桌子上，酒杯应端至胸前，右手轻捏杯腿，左手稳托杯底。干杯时，杯体应稍斜上举，幅度不宜过大，而且注意不能将酒杯举得过高，以免遮住脸部，影响摄影师、摄像师的拍摄效果。

（二）敬酒礼仪

在婚宴中，新人要到各桌给宾客敬酒，此时要时刻注意酒杯应时刻端在胸前，不要单手拿着空酒杯随意摇晃。新郎和新娘要站成八字形敬酒。

（三）饮酒礼仪

新娘饮酒时要应让酒杯轻轻靠近嘴，酒杯应低于面部，寒暄的时候要把酒杯端放在胸前的位置，在“干杯”时将酒杯端到脸部下方，注意不要端至与面部平行的位置，并面带优雅的笑容及感谢的情绪，尽量保持优雅、矜持。

十九、送客礼仪

送客时，新人一般站在大门右侧，面带笑容，向来宾一一致谢，并请走好或向宾客、长辈亲属问好。也可以微微鞠躬以表示衷心感激，然后迅速直起身体来，目送宾客离开，直至客人的身影完全消失，否则，宾客再次回头致意时，会有失礼之嫌。

婚礼回礼是必不可少的，其中尤其不能忘记辛苦的伴郎和伴娘，一块手表、一条领带或一盒化妆品都是不错的礼物。

二十、承担责任

婚礼不是一个人的事，新郎要在婚礼中充当主角。确定宾客名单、典礼和婚宴的车辆、蜜月旅行计划等繁累的活儿，新郎应该主动承担，这也

---

① 婚宴礼仪之宴席时如何说话．瑞丽女性新娘频道［EB OL］．http：// bride. rayli. com. cn/0068/2009 – 11 – 09/L0068001_ 599500_ 3. html

是新郎礼仪的一个重要方面。

【教学任务】

任务一 新娘和新郎的仪表礼仪实训

在掌握了新娘和新郎的婚礼礼仪要求和标准之后，应进行实训练习，以巩固礼仪知识，加深对各项礼仪标准的认识和操作。尤其是众人瞩目的新娘和新郎，更应在婚礼督导师的指导下，展现优雅、庄重的礼仪。

活动一 新娘仪表礼仪实训

（一）讲解实训要求

教师讲解实训课教学内容、教学目的。

1. 新娘的妆面礼仪要求

（1）眼睛。中式新娘眼妆应具有东方的传统韵味，可以通过眼线的延伸、弧度和上翘位置打造出妩媚感。西式新娘眼妆特点是清澈深邃、圆润饱满，可以通过个性的眼影、飞翘的眼尾、浓密的睫毛来凸显动人的美眸。

（2）嘴唇。新娘唇妆要丰润、光泽，给人以柔软、湿润的感觉，并应根据新娘肤色选择相适应的色彩。

（3）鼻子。可以根据新娘的面容特征使用修容粉或鼻影粉修饰鼻侧面，以起到挺拔鼻型的效果。

（4）腮红。白皙肌肤的新娘适合浅色系列的腮红，如粉色，浅桃色等；偏黄色肌肤的新娘适合亮粉色、玫瑰色或金棕色等；肤色偏红的新娘应少用腮红。

2. 新娘的发型礼仪要求

（1）发型应与新人的气质、性格相吻合。

（2）发型应起到修饰脸型的效果。

（3）发型设计与新娘整体造型有一定联系。

3. 新娘的头纱礼仪要求

（1）新娘头纱的样式应考虑婚礼举行的场合及新人的发型、妆容、礼服款式和新人身材特征等因素。

（2）新娘头纱上的配饰应少而精，并与新人的气质特点、身体特征及服装风格相统一。

（二）教师示范

1. 教师模拟化妆师和发型师，演示新娘化妆、发型的过程。

2. 抽选一名学生做模特，进行新娘化妆和发型的演示。

（三）学生训练、教师巡查

1. 学生按照三人一组，分别扮演化妆师、发型师和模特练习新娘化妆、发型的操作，然后互换角色，相互点评。

2. 教师随时巡查，指导学生。

（四）实训检测表记分

表 7－1　　新娘仪表礼仪实训检测表

考核项目	考核内容	分值	自评分（20%）	小组评分（30%）	教师评分（50%）	实得分
新娘眼妆						
新娘唇妆						
新娘面容						
新娘发型						
头纱款式						
头纱装饰						
总分						

活动二　新郎仪表礼仪实训

（一）讲解实训要求

教师讲解实训课教学内容、教学目的。

1. 新郎基本仪表礼仪要求

（1）适时的修整发型，修剪鼻孔等部位毛发。

（2）修剪指甲。

（3）赶走体臭。

2. 新郎的礼服礼仪要求

（1）选择合体的礼服。

（2）搭配正式、庄重的领结或领带。

（3）根据时令、地点以及当地的习俗挑选礼服和衬衫。

（二）教师示范

1. 教师模拟化妆师和发型师，演示新郎仪表礼仪的过程。

2. 抽选一名学生做模特，进行新郎仪表礼仪的演示。

（三）学生训练、教师巡查

1. 学生按照三人一组，分别扮演化妆师、发型师和模特练习新郎仪表礼仪的操作，然后互换角色，相互点评。

2. 教师随时巡查，指导学生。

（四）实训检测表记分

表 7－2　　新郎仪表礼仪实训检测表

考核项目	考核内容	分值	自评分（20%）	小组评分（30%）	教师评分（50%）	实得分
新郎面容						
新郎发型						
新郎服装款式及搭配						
总分						

活动三　新娘婚纱礼仪实训

（一）讲解实训要求

教师讲解实训课教学内容、教学目的。

1. 新娘婚纱颜色的选择方法及要点

（1）婚纱颜色的选择最重要的是要与新娘的肤色配合，并符合婚礼庆典仪式的主题和场合。

（2）肤色偏黄的新娘适合象牙色的婚纱，白皮肤和古铜色皮肤的新娘适合穿纯白婚纱。

2. 新娘婚纱裙款的选择方法及要点

（1）公主款式的婚纱适合多种体型的新娘，但娇小的新娘应配合高腰设计，胸部饱满的新娘配合深 V 领款式。

（2）蓬裙款式的婚纱适合身材丰满或胸部丰腴的新娘，若加上长袖款式或 V 字形腰线的设计效果更佳。

（3）鱼尾款式的婚纱对新娘身材要求较高，适合身材修长、外在条件较好的新娘。

（4）王后款式的婚纱适合身材较娇小、腰臀丰满的新娘。

3. 新娘婚纱领型的选择方法及要点

（1）抹胸款和吊带款的婚纱给人隆重、高贵的感觉，适合大多数身材的新娘，但不适合上臂、腋下比较丰满或胸部不够丰满的新娘。

（2）一字肩款的婚纱适合玲珑、小巧的新娘，不适合肩膀宽、胸部较小的新娘。

（3）V 字领款的婚纱适合于身材丰满的新娘，不适合骨感新娘和胸部较小的新娘。

（4）斜肩款的婚纱适合肩较宽、胸部较丰满的新娘。

（5）立领款的婚纱适合身材高挑的新娘。

（6）圆领款的婚纱适合娃娃脸、身材玲珑的新娘。

（7）方领款式的婚纱是丰满新娘的首选，可以隐藏上臂赘肉，掩饰过于丰满的胸部。

（8）露背款的婚纱要求新娘的肩胛骨是漂亮的，背部皮肤是细腻光滑的，而且后背和腰部紧致、挺拔。

4. 新娘婚纱拖尾的选择方法及要点

（1）小拖尾穿着舒适、行走轻便，适合多种身材的新娘。

（2）中拖尾适合走红毯，同样适合多种身材的新娘。

（3）大拖尾最具婚礼气氛和女性魅力，适合于身材高挑的新娘。

5. 新娘婚鞋的选择方法及要点

（1）新娘婚鞋的颜色选择应与婚纱及婚礼庆典主题相吻合。西式婚礼或流行式婚礼可以选择白色、米白色、闪亮粉、银色或香槟色等；中式婚礼则可以选择红色且富有传统特色的鞋子。

（2）婚鞋一般鞋头和后跟均为封闭，鞋头是小尖头款式为佳，且多为高跟鞋。鞋跟的高度应根据新郎身高选配，且穿着舒适。

6. 新娘拿手捧花的正确姿势及要点

（1）小指应与拇指同侧，将花整整夹住。

（2）若双手持花则应抬头挺胸、双肩自然垂下、双手持花置于腰骨上方。

（3）若单手持花应该以左手拿住手花。

7. 穿婚纱走姿礼仪实训

8. 穿婚纱坐姿礼仪实训

9. 穿婚纱立姿礼仪实训

10. 穿婚纱照相礼仪姿势实训

（二）教师示范

1. 教师模拟造型师，演示新娘婚纱及配饰的搭配方法和持手捧花的礼仪。

2. 抽选一名学生做模特，进行新娘婚纱及配饰的搭配方法和持手捧花礼仪的演示。

（三）学生训练、教师巡查

1. 学生按照两人一组，分别扮演新娘和造型师，然后互换角色练习、点评。

2. 教师随时巡查，指导学生。

（四）实训检测表记分

表 7－3　　新娘婚纱礼仪实训检测表

考核项目	考核内容	分值	自评分（20%）	小组评分（30%）	教师评分（50%）	实得分
婚纱颜色、裙款、领型、拖尾选择						
婚鞋选择						
持花礼仪						
婚纱走姿礼仪						
婚纱坐姿礼仪						
婚纱照相姿态礼仪						
总分						

任务二　新娘和新郎的仪态礼仪实训

婚礼是新郎和新娘爱情的见证仪式，不仅需要表现爱情的甜蜜和幸福，也要表达新人对父母、宾客的感恩之情，因此的新人的仪态、谈吐尤为重要。

活动一　新娘与新郎仪态礼仪实训

（一）讲解实训要求

教师讲解实训课教学内容、教学目的。

1. 新娘的立姿礼仪要求及练习要点

（1）新娘应挺胸直背，端庄站立。身体脊柱伸展，收腹挺胸，气沉丹田。眼神直视正前方，抬头下巴微收，背部有向上伸展感，头部、臀部和脚后跟成一条直线，上半身有被吊起的感觉。

（2）两臂略向后伸展，以协助胸部自然地挺起，两臂不要夹得过紧，否则会显得生硬。

（3）双脚脚尖稍微分开一定的角度，但不能呈现“内八字”立姿。

2. 新郎的立姿礼仪要求及练习要点

（1）新郎背部应自然地挺直背脊，脊柱伸展、收腹挺胸，气沉丹田、直视正前方。

（2）新郎应站在新娘前方 15 厘米左右，轻曲左臂，让新娘右手挽住自己的臂弯，两人成“八”字形站立。

（3）入场时，新郎要挺直腰背、目视前方、步幅中等、速度稍慢，让身边的新娘从容跟随。新郎轻曲左胳膊，让新娘把手插在肘里。

3. 新娘的坐姿礼仪要求及练习要点

（1）新娘坐下时，应面向前方顺势缓慢浅坐在椅子上，不可转身或弯身。

（2）新娘坐时应上半身腰板挺直，双手叠放在膝上，双腿并拢为偏向身体一侧。

4. 新郎的坐姿礼仪要求及练习要点

新郎坐下去前，应先提一下膝盖部的裤子，坐时上半身的姿态应端正。

5. 新娘的走姿礼仪要求及练习要点

（1）新娘行走的步幅应比平时略小，抬脚轻、落地缓。

（2）眼睛直视前方，尽量将视线放于 10 米前，不可低头看地。

（3）可以略提起婚纱中部以便于行走，但不可露出脚面。

（4）行走时，脚尖轻踢裙边，足底擦过地面，伸展脊柱，气提丹田，徐徐前行。

6. 新郎的走姿礼仪要求及练习要点

（1）新郎走路时要将双腿并拢，身体挺直，双手自然放下，下巴微向内收，眼睛平视，双手自然垂于身体两侧，随脚步微微前后摆动。

（2）新郎的目光应该是始终直视前方，尽量将视线放于 10 米前。

（3）新郎的双脚尽量走在同一条直线上，步伐大小以自己足部长度为准，速度不快不慢。

（4）走路时，腰部应稍用力，收小腹，臀部收紧，背脊要挺直，抬头挺胸。

7. 新娘答谢鞠躬礼仪要求及练习要点

（1）在婚礼中新人鞠躬以15度—20度为佳。

（2）新郎、新娘两人动作要一致，步调要和谐。

（3）新娘行礼时，应一手轻遮胸口，头部、上身顺势低下到达合适位置，视线落点应在距离脚尖约2—3步远处。

（4）鞠躬应略停顿2秒钟，起身缓慢，起身后恢复正确的立姿。

8. 新郎的鞠躬礼仪要求及练习要点

（1）背要直，腰部以上的身体向前倾。

（2）鞠躬时要满怀感情，弯腰的幅度约15度左右，并适当停顿2秒钟。

（3）注意不要突出下巴，只点头行礼或弯腰过度都会显得不文雅，注意鞠躬的时候不要抬眼看人。

9. 新娘和新郎的手势礼仪要求及练习要点

（1）新人的手势一般不要超过对方的视线，下界不低于自己的腰所在的水平线，左右摆动应在胸前或右方进行。

（2）应多用柔和曲线手势，少用生硬的直线条手势，手势动作幅度过大，次数过多。

（二）教师示范

1. 教师模拟婚礼督导师，演示新娘和新郎标准的立姿、坐姿、行姿、谢礼和手势的礼仪。

2. 抽选两名学生做模特，进行新娘和新郎立姿、坐姿、行姿、谢礼和手势礼仪的演示。

（三）学生训练、教师巡查

1. 学生按照三人一组，两人扮演新娘和新郎进行立姿、坐姿、行姿、谢礼和手势礼仪的练习，一人扮演婚礼督导师进行点评与纠正，然后互换角色练习、点评。

2. 教师随时巡查，指导学生。

（四）实训检测表记分

表 7－4 新娘仪态礼仪实训检测表

考核项目	考核内容	分值	自评分（20%）	小组评分（30%）	教师评分（50%）	实得分
新娘立姿 新郎立姿						
新娘坐姿 新郎坐姿						
新娘行姿 新郎行姿						
新娘谢礼 新郎谢礼						
新娘手势 新郎手势						
总分						

活动二 新娘和新郎表情、语言礼仪实训

（一）讲解实训要求

教师讲解实训课教学内容、教学目的。

1. 新娘和新郎微笑礼仪要求及练习要点

（1）新娘和新郎的微笑应发自内心的情感流露，要眼带笑意，略微低头收下巴，给人含蓄之意。

（2）新娘和新郎在轻笑时要注意露出的牙齿，嘴部张开不宜过大，以露 8 颗牙为宜。

练习方法：嘴里横含一根筷子，嘴角上翘，保持嘴形不变。

2. 新娘和新郎的眼神礼仪要求及练习要点

（1）新娘看向新郎应是面带微笑、稍显娇羞的亲密注视、凝视、对视。

（2）新娘不能长时间凝视宾客，可以自然地飘动视线。

（3）新娘面对交谈对方应看对方眼睛到嘴巴的“三角区”，注视时间

是交谈时间的30%—60%。

（4）新郎的眼神应该充满自信、真诚，目光应该是始终直视前方，尽量将视线放于10米前。

3. 新娘和新郎的谢语礼仪要求及练习要点

（1）新娘和新郎的语言应庄重而饱含感情，在宣誓或感谢宾客时，语气一定要认真、真诚。

（2）新娘和新郎在正式朗读时应读字清晰准确且富有节奏。

（二）教师示范

1. 教师模拟婚礼督导师，演示新娘和新郎标准的笑容、眼神和谢语的礼仪。

2. 抽选两名学生做模特，进行新娘和新郎笑容、眼神和谢语礼仪的演示。

（三）学生训练、教师巡查

1. 学生按照两三人一组，两人扮演新娘和新郎进行笑容、眼神和谢语礼仪的练习，一人扮演婚礼督导师进行点评与纠正，然后互换角色练习、点评。

2. 教师随时巡查，指导学生。

（四）实训检测表记分

表7－5　　新娘表情、语言礼仪实训检测表

考核项目	考核内容	分值	自评分（20%）	小组评分（30%）	教师评分（50%）	实得分
新娘微笑 新郎微笑						
新娘眼神 新郎眼神						
新娘语言 新郎语言						
新娘谢语 新郎谢语						
总分						

任务三　新娘和新郎在婚礼各个环节的礼仪实训

婚礼的各个环节包括迎亲礼仪、上下花车礼仪、步入红地毯礼仪、宣誓礼仪、互拜礼仪、交换戒指礼仪、揭头纱礼仪、点蜡烛礼仪、切蛋糕礼仪等。对于这些礼仪进行实训练习非常重要。

活动一　讲解实训要求

教师讲解实训课教学内容、教学目的。

（一）叫门迎亲礼仪要求及练习要点

1. 新郎到新娘家叫门时，手里必须拿着手捧花。

2. 要注意与门呈45度站好，千万不要趴在门上。

3. 手捧花要注意不要挡住新郎的胸和脸。

4. 新郎递红包时要注意就高不就低，不要从地下塞红包。

（二）献花、戴花的礼仪要求及练习要点

1. 新郎将手捧花献给新娘，最好单膝跪地，说些甜蜜的话，然后将手捧花献给新娘，起身时可以行吻手礼。

2. 新娘应从手捧花中摘下一朵主花，别在新郎的西装外套的左领扣眼处。

（三）敬茶的礼仪要求及练习要点

1. 上茶时应以右手端茶，从父母的右方奉上，并面带微笑，眼睛注视对方。

2. 在新娘家敬茶时，茶水应由新娘递给新郎，再由新郎敬岳父、岳母。

3. 在新郎家敬茶时，应由新郎将茶水递给新娘，再由新娘给公婆敬茶。

（四）上下花车的礼仪要求及练习要点

1. 新娘上车时应背部对车内，臀部先坐，同时上身及头部入内，然后

双腿并拢送入车内，婚纱拖尾由伴娘叠好放于身体一侧。

2. 花车开出前，新娘应与新郎一起向车外挥手致意。

3. 下车时，新娘应正面朝车门，双脚先着地，将婚纱稍作整理后，将上体头部伸出车外。

（五）步入红地毯的礼仪要求及练习要点

1. 要求新娘右脚迈出之后，左脚与右脚合并，停顿两秒钟，再迈左脚继续走，随即右脚合至左脚处、停顿。

2. 新娘新郎的步幅和速度要保持一致，步态讲究轻缓、稳重，步幅应比平常时小。

3. 新娘右手应挎新郎左臂，新郎手臂自然弯曲，两人的距离保持在15厘米左右比较合适。

（六）宣誓的礼仪要求及练习要点

1. 教堂婚礼中，在牧师或神父询问在座来宾有否反对这场婚礼、祷告、献诗及证婚后。随后，新人在神及来宾面前，宣告愿意结为夫妇，不论疾病穷困、永结同心。

2. 流行式婚礼中，司仪代替牧师或神父进行誓词的询问，或由新人自己宣读。宣誓时，新人一定要相视而立，眼神有所交流。

（七）互拜的礼仪要求及练习要点

1. 在新人互拜时，双方应尽量保持一致的幅度，幅度不宜过大，约15度左右为佳，停留的时间以1秒钟为宜。

2. 鞠躬时新娘的眼神应自然向下看，弯腰鞠躬时可一手轻按胸口。

（八）交换戒指的礼仪要求及练习要点

1. 摘手套时，新娘的指甲应向正前方，手指应自然并拢，轻捏手套的指尖部，从拇指到小指依次摘下，摘下后交由专人放在新娘身边。

2. 戴戒指前，伴郎会上前让新郎从戒枕上取戒指，此时，新娘弯曲肘部，把手伸到自然的高度，新郎用左手托新娘的手，右手的拇指、食指和中指握戒指，戴入新娘的无名指，并保持左手手背面向镜头。

3. 新郎为新娘佩戴完后，伴郎再上前让新娘从戒枕上取戒指，此时，新郎应弯曲肘部，把手伸到自然的高度，新娘用左手托新郎的手，右手的拇指、食指和中指捏住戒指，戴入新郎的无名指，并保持左手手背面向镜头。

（九）揭头纱的礼仪要求及练习要点

1. 新娘应该膝盖微蹲以配合新郎，蹲下时一脚前为支撑，一只脚向后跨一小步，双手在腹部交叠，微微弯腰，目光向下露娇羞之意。

2. 新郎双手捏住头纱，手背朝前，展开双臂，双手的距离与新娘的肩宽一致，并慢慢向上揭，避免中途停顿，心中默数1、2、3，慢慢将掀起的头纱放在新娘的头后部，并整理一下头纱，保持婚纱洁净。

3. 新郎帮助新娘整理好头纱后，新娘应缓缓起身站直，微笑地面对大家。

（十）吻礼的礼仪要求及练习要点

正确姿势如下：新郎轻轻扶住新娘的手臂，另一只手搂住新娘的腰部，以此作为暗示，新娘将脸稍稍抬起，让旁观者感觉两人是以很自然的姿态靠近，有一种神秘感，显得漂亮，接吻的时机由两人先说好，这样到时候才不会出差错，新娘应事先用餐巾纸轻轻拭去表面浓艳的口红，免得在新郎脸上留下很清晰的唇印。轻轻抱住胳膊，将脸略上抬更自然，别像盖章一样。

（十一）致谢辞的礼仪要求及练习要点

致谢辞时新人应面向宾客，吐字清晰、语速适中，面露笑意以表衷心感谢之情。

（十二）点蜡烛的礼仪要求及练习要点

新郎应引导新娘站在距桌子半步之遥处，新郎一手持点火棒，一手轻放于新娘腰上，新娘则要将手捧花正面朝外，注意要腰脊挺直，下巴收拢，缓慢而优雅的进行。

（十三）倒香槟酒的礼仪要求及练习要点

新郎应用右手托住瓶身较宽部位，左手可以辅助右手控制方向，而新娘的右手应握住瓶口处，左手搭在瓶身后面，配合新郎。

（十四）交杯酒的礼仪要求及练习要点

新郎和新娘各取一杯美酒，相视而立，交叉右臂，新娘的脸在外，双目对视一饮而尽。

(十五) 切蛋糕的礼仪要求及练习要点

新娘右手持刀，刀举起时要平，刀头不能上挑，新郎右手握住新娘的右手，左手轻搂新娘腰部，新娘的左手用来辅助右手切蛋糕。

(十六) 抛花球的礼仪要求及练习要点

新娘应面带笑容，手臂自然弯曲，轻轻转身背对台下，稍微用力将花球向高处靠后的位置抛出即可，动作幅度不要过大。

(十七) 大合影的礼仪要求及练习要点

新娘在拍摄合影时，身体应稍稍偏向侧面站立，微收下巴，保持微笑，注视镜头，手臂自然放松下垂，或轻挽新郎手臂。

(十八) 新娘敬酒的礼仪要求及练习要点

1. 在聆听祝酒词时，新娘应摘下手套，放在桌子上，酒杯应端至胸前，轻捏杯腿，应用左手稳托杯底。

2. 干杯时，杯体应稍斜上举，幅度不宜过大，而且注意不能将酒杯举得过高，以免遮住脸部。

3. 敬酒礼仪时，要注意酒杯应时刻端在胸前，不要单手拿着空酒杯随意摇晃。

4. 新娘饮酒时要让酒杯轻轻靠近嘴，酒杯应低于面部，寒暄的时候要把酒杯端放在胸前的位置。

(十九) 送客的礼仪要求及练习要点

1. 送客时，新人一般站在大门右侧，面带笑容，向来宾一一致谢，并请走好或向宾客、长辈亲属问好。

2. 新人也可以微微鞠躬以表示衷心感激，然后迅速直起身体来，目送宾客离开，直至客人的身影完全消失。

活动二　教师示范

(一) 教师模拟婚礼督导师，演示新娘和新郎在婚礼各环节中的礼仪。

(二) 抽选两名学生做模特，进行新娘和新郎在婚礼各环节中礼仪的演示。

活动三　学生训练、教师巡查

（一）学生按照三人一组，一人扮演新娘进行婚礼各环节中礼仪的练习，一人扮演婚礼督导师进行点评与纠正，然后互换角色练习、点评。

（二）教师随时巡查，指导学生。

（三）实训检测表记分。

表 7－6　　新娘和新郎在婚礼仪式各环节的礼仪实训检测表

考核项目	考核内容	分值	自评分（20%）	小组评分（30%）	教师评分（50%）	实得分
叫门迎亲礼仪						
献花、戴胸花礼仪						
敬茶礼仪						
走红毯礼仪						
上下花车礼仪						
宣誓礼仪						
互拜礼仪						
戴戒指礼仪						
揭头纱礼仪						
相吻礼仪						
致辞礼仪						
点蜡烛礼仪						
倒香槟酒礼仪						
交杯酒礼仪						
切蛋糕礼仪						
抛花球礼仪						
合影礼仪						
饮酒礼仪						
送客礼仪						
总分						

【本章小结】

1. 新娘的妆面礼仪。西式婚礼中的新娘是神圣而纯洁的，此时的新娘的妆面应该是高贵、庄重的；而中式婚礼讲究喜庆、热闹，此时的新娘妆面应是面若桃花、含羞待放的；流行现代的婚礼氛围充满浪漫、时尚的气息，此时的新娘是清新、活泼、甜美的风格。新娘化妆主要包括（1）眼睛；（2）嘴唇；（3）鼻子；（4）腮红；（5）发型；（6）头纱。

2. 新娘的仪态礼仪包括：（1）立姿 ；（2）坐姿；（3）走姿；（4）答谢鞠躬 ；（5）手势。

3. 新娘的表情、语言礼仪包括：（1）笑容：微笑的仪表，轻笑的仪表，大笑的仪表。（2）眼神：对新郎的眼神，对宾客的眼神，谈话时的眼神。（3）谢语。

3. 新娘的婚纱礼仪包括：（1）婚纱的选择：婚纱颜色的选择，婚纱裙款的选择，婚纱领型的选择，婚纱拖尾的选择。（2）新娘服饰的搭配：婚鞋的选择，专用内衣，手捧花。

【核心概念】

新娘笑容　婚纱　敬茶　上下花车　立姿　坐姿　走姿

【能力检测】

1. 新娘的妆面礼仪主要包括哪些？

2. 新娘的仪态礼仪、表情、语言礼仪和婚纱礼仪主要包括哪些内容？

3. 新郎的仪态、仪表礼仪主要有哪些？

4. 新娘和新郎在婚礼各环节中的礼仪有哪些？

项目八 婚宴礼仪

【学习目标】

通过本章的学习，你应该能够：

1. 了解中式婚宴的基本特点和要求；
2. 掌握中式婚宴座次和菜式安排礼仪；
3. 掌握中式婚宴进餐、敬酒和送客礼仪；
4. 了解西式婚宴的基本特点和要求；
5. 掌握西式婚宴座次和菜式安排礼仪；
6. 掌握西式婚宴进餐、敬酒和送客礼仪。

【本章概览】

婚宴是婚姻庆典过程中的必要程序之一，作为婚庆服务人员必须掌握和了解有关婚宴的相关礼仪，核心目标是了解和掌握中式婚宴礼仪的内容和规则，了解和掌握西式婚宴礼仪的内容和规则。为了实现本目标，需要完成两项任务：第一，中式婚宴的环节和礼仪实操；第二，西式婚宴的环节和礼仪实操。

【核心技能】

中式婚宴礼仪　西式婚宴礼仪

【理论知识】

知识点一　中式婚宴礼仪

婚礼是人生众多仪礼中人们最重视的仪礼之一，而婚宴又是整个婚礼过程的关键所在。我国民间早就有“无宴不成婚、无酒不嫁女”的说法。

一、中式婚宴的基本特点和要求

中式婚宴通常也称作喜酒。婚宴是婚礼仪式当天答谢宾客举办的隆重筵席。如果说婚礼把整个婚嫁活动推向了高潮的话，那么婚宴则是高潮的顶峰。

中式婚宴的基本特点和要求主要有以下几个方面：

一是中式婚宴的基本特点是仪式古朴，礼节周全，气氛喜庆、热烈。

二是中式婚宴礼仪繁琐而讲究，从入席到上菜，从菜品组成到进餐礼节，乃至席桌的布置、菜品的摆放，等等，都有一整套规矩。

三是中式婚宴环境的布置要突出喜庆、祥和、热闹。我国素有婚礼“不闹不发、大闹大发”的说法，在婚宴过程中，穿插诙谐的结婚趣话、婚宴俗语和婚宴小品，让精心设计的一些新人喜庆游戏把婚宴气氛引到温馨、热烈的氛围中。

四是中式婚宴的主色彩是红色，在菜肴数量上讲究双数。

二、中式婚宴座次和菜式安排礼仪

（一）中式婚宴座次礼仪

婚宴中座次的安排是最为重要的一项内容，在中国传统礼仪中，座次体现着人的身份和地位。其基本要点主要有以下几个方面。

1. 长幼有序

中式婚宴座次的安排，总体来说要按照“长幼有序”的传统理念安排座位。

2. 专人引领

在入席时要有专人负责将前来贺喜的宾客按一定的顺序引入座位。

3. 酒桌摆法

酒桌的摆法一般是从左到右面向厅口排列。如果酒席是 6 桌，那么大厅左上角为首桌，右上角为其次，左中为三，右中为四，左下为五，右下则为六，如果酒桌更多则可以此类推。

4. 席位安排

席位有“主席”、“二席”、“次席”的区别，同一桌席上的座次也有“上座”、“下座”之分。当婚礼规模较大时，安排两个主席会显得相对隆重一些，可将主桌安排在靠近舞台、通道两侧的位置，这样平衡对称的布局能够突出贵宾席的地位，同时两个主桌之间也相对平行，给人一种和谐之感。

一般来说，主席落座的人是新郎、新娘，新郎新娘的长辈、媒人、证婚人和单位领导等重要人物，主席在装饰上应比较考究；二席为新郎新娘的平辈亲戚和一般宾客；其次是新郎新娘的朋友、同事、邻里等。在席位的安排上，可把同性别、年纪相仿、互相熟悉的人安排在一起，因为他们有共同语言，可以增强婚宴的欢乐、喜庆气氛，不熟识的则需在每桌安插一位熟络的好友及时照顾，这样会礼貌一些。

关于各桌席的排列顺序，一般是以左桌为主席，右桌为次席。如果是两桌以上，则以中桌为主席，其余的依次从左至右为序。

5. 各桌座次

关于各桌席上的具体座次，“上座”（首座）一般靠近正对大门的室壁，通常由尊者、长者或主宾就座；“下座”（末座）通常由主人或主人的亲属晚辈就座，在宴席上负责接菜递盘、把盏倒酒，习惯上以首座对面的座位下座。其他客人则以首座为中心，依次分坐左右两边。

6. 座位图和桌签

安排座位时可以请酒店提供座位图，在迎宾的时候，可以把座位图和按桌列印的来宾名单准备多份，并在餐桌上放上精致的桌签，方便来宾入座，也显出主人的细致和周到。在大型婚宴上，所有宾客及参加婚礼的人都应当有自己的座位卡和所坐餐桌的编号，如果不是那么正式的婚宴，也应该有座位卡标示出新人专属的座位。

（二）中式婚宴菜式安排礼仪

1. 中式婚宴斟酒、上菜时要遵循以下礼仪顺序

中式婚宴菜式安排遵从一般的中餐礼仪，在斟酒、上菜时要遵循以下礼仪顺序：

（1）斟酒上菜的起始。斟酒上菜由宾客右侧进行，先主宾，后主人，先女宾，后男宾。酒斟八分，不可过满。

（2）上菜的顺序。先冷后热。热菜应从主宾对面席位的左侧上，上单份菜或配菜西点和小吃时要先宾后主。

（3）上菜的方位。上全鸡、全鸭、全鱼等整形菜，不能头尾朝向正主位。

遵循这些程序可以使整个婚宴过程和谐有序。

2. 中式婚宴的菜单设计

中式婚宴的菜单设计是非常重要的礼仪，主要有以下几个具体要求：

（1）婚宴菜式原料。婚宴的菜式的原料不要求十分名贵，但要分量稍多，口感适合，尽量与酒水相配，菜品原料的选择一定要根据习俗，注意禁忌。

（2）婚宴菜品。中式婚宴菜品中原料必须有鸡，象征吉祥喜庆；必须有鱼，象征年年有余，而且一般作为压尾的荤菜来上桌；菜品一般要有大枣、花生、桂圆、莲子，取其谐音，祝福新人早生贵子。

（3）婚宴菜肴色调。婚宴中的大部分菜肴以红色调为主，给宾客带来喜庆的感觉，一般有“酱红、棕红、橘红、胭脂红等”。四川地区传统的婚宴中会出现红烧肉和甜菜（如甜烧白菜），东北地区的婚宴一般都要上“四喜丸子”象征喜庆。

(4) 婚宴菜肴禁忌。我国是一个多民族的国家，每个民族均有自己独特的风俗习惯和饮食禁忌，在设计婚宴菜单的时候应先了解宾客的民族、宗教、职业、嗜好和忌讳，灵活掌握搭配出宾客满意的菜单。例如信奉清真的人是不吃猪肉的，清真婚宴的"八大碗"、"十大碗"中通常以牛羊肉为主，讲究一点的配上土鸡、土鸭、鱼等菜肴，有着丰富的民族特色。

(5) 婚宴水果。婚宴中的水果也扮演着重要的角色，水果一般选用石榴（因其籽儿较多，有多子之意）、西瓜、杨梅、蜜桃（取意今后生活甜蜜美满）。

(6) 婚宴菜肴的数目。婚宴菜肴数目通常以八个菜象征发财，以十个菜象征十全十美，以十二个菜象征月月幸福。比如在江南地区流行的"八大发席"，全席由八道冷菜、八道热菜组成。而且举办婚礼的日子也通常多选择农历双月的初八、十八、二十八，暗扣"要得发，不离八、八上加八、发了又发"的吉祥寓意。

(7) 婚宴菜肴的命名。菜肴一般以吉祥语来命名，主要是为了寄托对新人的美好祝愿，烘托气氛，愉悦宾客。婚宴中的菜品如果是色、料、味成双成对，通常以鸳鸯命名。如，鸳鸯鱼片、鸳鸯鸡蛋、鸳鸯酥等来寄托对新人和谐美满的祝愿。例如珍珠双虾可以取名为"比翼双飞"，奶汤鱼圆可以取名为"鱼水相依"，红枣桂圆莲子花生羹可以取名为"早生贵子"。

【导入阅读】典型的中式婚宴菜单：

八冷碟：鸳鸯彩蛋、如意鸡卷、糖水莲子、称心鱼条、大红烤肉、相敬虾饼、香酥花仁、恩爱土司

八热菜：全家欢乐——烩海八鲜、比翼双飞——酥炸鹌鹑、鱼水相依——奶汤鱼圆、琴瑟合鸣——琵琶大虾、金屋藏娇——贝心春卷、早生贵子——花仁枣羹、大鹏展翅——网油鸡翅、万里奔腾——清炖金蹄

四果点：甜甜蜜蜜——喜庆蛋糕、欢欢喜喜——夹心酥糖、热热闹闹——糖炒栗子、圆圆满满——豆沙汤团

(8) 婚宴的布置和餐具。除了婚宴菜单的设计之外婚宴环境的布置和婚宴餐具的选择也同样重要，餐具应选用红色、金色的圆盘、圆碗，用红色的桌布、红漆筷。过去还比较忌讳在婚宴上摔破餐具、茶具、酒具。

三、中式婚宴的进餐礼仪

结婚典礼结束后，酒宴开始，在酒宴上，新人要忙于敬酒，真正吃饭的时间并不多，但在这较短的时间内也应保持优雅的仪态。新人应等第一道热菜上桌后，开始动筷，以示让宾客开席。

（一）客人、长者先动筷子

进餐时，先请客人、长者动筷子。夹菜时每次少一些，离自己远的菜应少吃一些，吃饭时不要发出声音，喝汤时也不要出声响。喝汤时应用汤匙小口喝，不宜把碗端到嘴边喝，汤太热时等凉了以后再喝，不要一边吹一边喝。有的人吃饭喜欢用嘴嚼食物，特别是使劲咀嚼食物，发出很清晰的声音来，这种做法是不合适的，特别是和众人一起进餐时，就要尽量防止出现这种现象。进餐时，不要打嗝，也不要发出其他声音。如果出现打喷嚏、肠鸣等不由自主的声响时，就要说一声“真不好意思”、“对不起，请原谅”之类的话，以示歉意。

（二）夹菜用公筷

如果要给客人或长辈夹菜，最好使用公筷，也可以把离客人或长辈较远的菜肴送到他们跟前，按我们中华民族的习惯，菜是一个一个向桌上端的，如果同桌有领导、长者的话，每当上来一个新菜时就请他们先动筷子，或者轮流请他们先动筷子，以表示对他们的重视尊重。

（三）注意用筷子禁忌

筷子是进餐的工具，不能玩弄筷子，更不可以用筷子向人指指点点或打手势示意。绝对不可吸吮筷子或把筷子插在米饭中，这是大忌——因为这正好像葬礼上的香烛，被认为是不吉利的。不能用筷子在一碟菜里不停翻动，应该先用眼睛看准想取的食物。当用筷子去取一块食物时，尽量避免碰到其他食物。可能的话，用旁边的公筷和汤匙。吃完饭或取完食物后，应将筷子放回。

（四）不要随意吐残渣

当吃到鱼头、鱼刺、骨头等物时，不要往外面吐，也不要往地上扔，要慢慢用手拿到自己的碟子里，或放在紧靠自己餐桌边或放在事先准备好的纸上。

（五）注意用餐仪态

无论是用餐期间或用餐前后，都应当背部挺直，尽量往后坐椅子。用餐期间，基本上双手都在桌面以上。最好不要在餐桌上剔牙，如果要剔牙时，就要用餐巾或手挡住自己的嘴巴。

（六）注意用餐礼仪

在婚宴上，要适时抽空儿和左右的人聊几句风趣的话，以调和气氛，不要光低着头吃饭，不管别人，也不要狼吞虎咽地大吃一顿，更不要贪杯。

四、中式婚宴的敬酒礼仪

中式婚宴就是“吃喜酒”，新人在婚宴上除了接受大家的祝福之外，更要把握好敬酒的顺序和礼节。敬酒是婚宴上的重头戏，是新人和宾客互动的时机。

（一）敬酒的顺序

在敬酒时，新人应事先了解嘉宾背景，并注意敬酒的顺序，首先是主桌，先敬女方父母和男方父母，再敬其他长辈和贵宾，然后是次桌。不仅每桌都要敬到，而且桌上的宾客也要一一敬到，不可失礼。

（二）敬酒时机

通常敬酒的时机是在主桌吃完冷盘和头道菜后，新人开始逐桌敬酒。这时许多新娘会换上旗袍或中式裙褂。

（三）敬酒礼仪

敬酒时新人要亲手为客人将酒杯倒满，双手为客人端起，但不要强求客人一饮而尽，等客人放下酒杯后，新郎、新娘要说声“谢谢”，并再次为客人将酒杯添满，方可再向下一位客人敬酒。新郎新娘在婚礼宴席上应多照应客人，让亲朋好友尽兴，不要只顾自己，大吃大喝，甚至饮酒过度，当场醉倒，那就显得失礼了。但是，要是一点酒不喝，一点菜不吃，显得过于拘束、紧张，这种做法也不礼貌。对于客人的敬酒，即使酒量再有限，也要略加表示，至少要举起酒杯向客人致以谢意，并说明不能多喝的理由。在敬酒的过程中，伴郎、伴娘要捧酒瓶或饮料随行，随时斟倒。若遇到需要代酒的时候，伴郎、伴娘应主动。

（四）敬酒时长

婚宴开始后新郎新娘要针对酒席桌数安排及时敬酒，如果桌数多，每桌敬酒时间要相应缩短。可先紧后松，如全敬完，有些桌可再次敬酒、再次沟通；一定不要先松后紧，前几桌敬很长时间，后面桌的来宾可能吃得差不多了，着急想走了。婚宴上每一次敬酒时间不宜超过 3 分钟，敬酒应该避免拖沓。宾客在向新人致意时，话语中可以表达关怀、幽默风趣、率真感人，甚至可以戏谑，这些都无伤大雅。态度可以严肃，也可以机敏诙谐。

（五）伴郎在敬酒环节中的作用

伴郎在敬酒环节扮演着重要角色，他掌握敬酒节奏和过程。伴郎应熟记敬酒的次序，适时提醒新人，使敬酒过程流畅进行，也让想向新人敬酒的客人有机会敬酒。参加婚礼仪式的人员如有任何人表示要向新人敬酒，伴郎就会注意，示意他们上前敬酒。当一位客人敬酒完毕时，他对另一个人打信号，示意下一个会轮到他，此时这位客人就应该站起身来，准备敬酒。

五、中式婚宴的送客礼仪

当婚宴进行到尾声时，也就是上菜上到最后一道甜点之前，新娘需要换上送客的服装，和新郎到餐厅门口准备送客。

首先离席的通常是双方家族中的长辈，接下来亲友们纷纷告辞。这时，新郎新娘要双双立于门口中，面带微笑，和客人握手再见，新人们还可以把婚宴上的鲜花和喜糖等小礼物送给宾客们，宾客们手拿新人送上的小礼物，也把对婚礼美好的记忆带回家。

新人应使用发自内心的敬语如“谢谢光临”、“请慢走”之类的话。然后目送宾客离开，以示尊重，等客人全部离去后新人才能离开。

知识点二　西式婚宴礼仪

西式婚宴在历史的发展过程中逐渐形成了自己的风格、特点，在婚宴安排、座次等方面上都有自己的鲜明特色。

一、西式婚宴的基本特点和要求

西式婚宴无论在形式、内容上，还是在礼仪要求上较中式婚礼迥然不同，具有自己的特点和要求。

（一）婚礼流程上呈单独单元

西式婚宴在西式婚礼完整流程上，与婚礼仪式严格分开，呈单独一个单元。婚礼仪式根据新娘、新郎以及家人的宗教信仰不同，选择不同的地点，教堂、俱乐部、自家庭院等地举行。而婚宴远比仪式要复杂得多。在仪式举行之前，就开始筹备婚宴，根据婚礼风格的不同，确定不同风格的婚宴形式，根据形式进行布置。待婚礼仪式结束之后，嘉宾将参加已经布置好的婚宴。

（二）与婚礼风格保持一致

婚礼风格根据个人偏好决定，但就正规程度而言，可分为正规、半正规、非正规三种形式。

其中正规风格，其婚宴通常为非自助性的晚餐或半自助晚餐，装饰风格也很精致。如果有舞会，乐曲由管弦乐队或全套乐队演奏。一般聘请高级豪华小客车来接送婚礼嘉宾。

半正规，其婚宴主要是自助餐或鸡尾酒自助餐。音乐由小型乐队或 DJ 提供。

非正规，其婚宴主要是自助餐或简单的开胃小吃及婚礼蛋糕。音乐由小型合唱团、一名乐师或一名 DJ 音乐节目婚礼主持人提供①。

---

①　佩吉·波斯特著，李明媚译．礼仪圣经［M］．北京：群言出版社．2008，5，593

当然，这也不是绝对的，因为现在婚礼形式的发展非常迅速，新风格、新形式不断涌现。婚宴的正式与否，直接与婚礼风格有关。婚礼风格正式一些，则婚宴选择非自助性晚餐形式即正式宴会，婚礼风格非正式一些，则婚宴选择自助餐形式即非正式宴会。

（三）遵循基本西餐礼仪

西式宴请分为正式宴会与非正式宴会。所谓正式与非正式，主要取决于两点：一是客人是否有规定的位置；二是整个宴会是否由服务生或者侍者进行全程服务。

如果客人就座是按照被规定的位置就座，且宴会由服务生或者侍者进行全部服务的宴会就可被认为是正式宴会，也称座位餐宴。西式婚宴在形式为自助餐或者非自助性晚餐。前者属于非正式宴会，相对比较随意，礼仪要求少一些；后者属于正式宴会，相对严谨、礼仪要求多一些，正规许多。但无论是非正式或者正式宴会，都遵循基本的西方礼仪与待客之道。

二、西式婚宴座次和菜式安排礼仪

西式婚宴同中式婚宴相同，在座次、菜式安排上都有一套成熟的规范与准则。只是西式婚宴在细节处埋上较当前的中式婚宴更周到一些，菜式安排上呈现西方特点的饮食习惯与文化。

（一）座次安排礼仪

1. 座位卡

一般而言，非正式宴会或者正式宴会新人都可以为客人指定座位。安排座位时需要精明、周到，但是又不缺乏幽默。对于20人以上或者正式宴会，一般需要准备座位卡。座位卡按照客人的姓氏字母顺序排列，餐桌上标注编号。每位客人的餐桌编号都写在客人手上的座位卡上。座位卡放在靠近宴会厅入口处的桌子上。在这里必须注意的是，在非正式的宴会上，一般只为陪伴新娘的嘉宾或者父母的桌子安排座位卡，其他客人可以随意就座。

2. 父母的座位

西式婚宴在父母座位的安排上与中式婚宴完全不同。西式婚宴上，父母是单独安排就座的。通常情况下，为新郎新娘双方各自的父母安排一张桌子，与家庭其他成员或者亲密的朋友坐在一起。在宾客少的情况下，双方父母可以被安排在同一张桌子上。如果父母属于离异情况，则需要为离异的父母和各自的家庭准备一张桌子。

3. 新娘的座位

实际上是新娘与新郎的专用餐桌。习惯上，称这张桌子为新娘专座餐桌。她的桌子是U字形或者是长方形的，其位置在宴会厅最里面的一端。新娘与新郎坐在中央位置，其对面不安排任何人就座。新娘坐在新郎的右边，男傧相紧挨着新娘坐，而首席女傧相或者已婚的女傧相则坐在新郎的旁边。如果让儿童坐在新娘的桌上，则儿童的父母也必须安排在新娘桌上。如果新娘的嘉宾人数多，则安排两张圆桌。新娘、新郎、男傧相、首席女傧相、已婚女傧相及其家人坐在一桌，其余人另外一桌。如果举行的是非正式宴会，以自助餐形式举行，新娘、新郎愿意随意走动，不愿意设置新娘专座餐桌，也要为新娘与新郎的傧相们准备一张桌子①。

4. 来宾的座位

西式婚宴在新娘、傧相、父母座位安排妥当后，其他来宾的座位安排遵循这样几个原则：一是背对门的位子是最低的，面对门的位子是上位；二是排座位时，男女间隔而坐，用意是男士可以随时为身边的女士服务。

（二）菜式安排礼仪

西式婚宴主要是自助餐形式或者非自助餐形式，自助餐形式的菜式安排比较随意，一是考虑节省开支，二是考虑来宾们的饮食习惯，尽可能地照顾到大多数宾客的习惯即可。这里重点介绍非自助餐形式的宴会菜式安排礼仪。

非自助餐式的宴会属于正式宴会之一，也称座位餐宴。该餐宴礼仪应该包括两个部分，一是餐桌的布置，二是上菜的顺序。

1. 餐桌的布置

正式宴会的餐桌布置与非正式宴会的餐桌布置基本一致，只是较非正

① 佩吉·波斯特著，李明媚译．礼仪圣经［M］．北京：群言出版社．2008，5

式宴会，多了一些餐具，但是最多不超过三副。餐具之间的距离相等，均匀摆放。餐具以外的花和装饰可以随意摆放。公共餐盘放在面前正中央位置，作为主餐盘的底盘，主餐盘根据菜肴可以更换，而公共餐盘一直摆着，不作更换。叉子放在主餐盘或公共餐盘的左边。从紧挨主餐盘或公共餐盘的位置往左，依次是沙拉叉、晚餐叉（晚餐中最大的叉子）、鱼叉（这个叉子放在最左边）。从紧挨主餐盘或公共餐盘的位置往右，依次是晚餐刀、鱼刀、汤勺或水果勺。如果菜肴中有牡蛎，那么牡蛎叉需要放在水果勺的最右边，不受餐桌上只能放三副刀叉的要求限制。奶油盘放在餐叉的上方，奶油刀与奶油盘呈45度角的形式放在奶油盘上。玻璃杯放在餐刀的上方，从左至右分别放置雪莉酒杯、香槟杯、水杯、红酒杯、白酒杯。刀锋必须朝着主餐盘，甜点勺放在主餐盘的正上方或者在最后的时候随甜点一起上。餐巾放在主餐盘的正中央①。

2. 上菜的顺序

西式婚宴中的正式宴会，一般三道菜即色拉或开胃小吃、主菜、甜点。其中主菜主要用蔬菜制成，也可以任选。其上菜的顺序是开胃菜、汤、主菜、甜点。如果菜肴丰富一些，则是开胃菜、汤、主菜、面包、色拉、配菜、甜点、咖啡或茶②。

三、西式婚宴的进餐礼仪

西式宴会尤其是在正式宴会上，比较重视仪态。在这里主要介绍餐具的使用，用餐中、用餐后的餐具位置，餐巾的使用，用餐中的仪态。

（一）餐具的使用

西餐在餐具中有一条最基本的原则即“左叉右刀”，“由外至内”的使用。具体地说就是左手持叉，右手持刀。使用最外面的餐具，再逐一向内。

在餐具使用上，有两种类型即大陆类型、美国类型。无论哪种类型，

---

① 佩吉·波斯特著，李明媚译．礼仪圣经［M］．北京：群言出版社．2008，5，391

② 林莹，毛永年．西餐礼仪［M］．北京：中央编译出版社 2010，1，50

除了遵循基本原则外，还有一条原则是餐叉、餐勺的使用原则。一般将餐叉或餐勺搭在中指上，用大拇指和食指抓住叉柄或叉勺。两种类型切食物的方法都一样。右手持刀，食指按住刀柄和刀锋的交会处下面。左手拿叉，尖朝下，刺向食物使其稳定，食指按住叉柄顶部。切食物时，肘部略高于桌面——不要高抬和向外撇。此外，两者在吃法上有一些差异。美国吃法是，食物切下后，将餐刀平放餐盘边上，不要支在餐盘边上，餐叉从左手换到右手，举起，尖朝下，送进嘴里。大陆吃法是，食物一旦切下后，餐刀就一直在手里或平放在餐盘上，用另一只手拿起餐叉，放进嘴里。餐叉尖朝下，食指接触叉柄的颈部。餐刀一直在左手。

（二）用餐中、用餐后的餐具位置

用餐中或者用餐后，餐具不能直接放在餐桌上，而要与餐盘成45度角放在餐盘上。停下来喝饮料或与人交谈时，餐刀和餐叉放在餐盘中心附近，成倒立的V字形，餐刀与餐叉尖相对。也可以将餐刀放在餐盘右上角，略成45度角，餐叉放旁边，尖朝上。

结束时，将餐刀和餐叉并排放在餐盘上，成45度角。刀锋朝内，叉尖可朝上也可朝下。这个位置是告诉服务生你已经吃完了。

（三）餐巾的使用

就座后，将餐巾慢慢打开，不要用腕将其抖开并发出声音。餐巾打开后，放在大腿上。用餐时，经常用餐巾轻敷或轻拍嘴唇（不是轻擦）。喝饮料前轻敷嘴唇。吃完后或离开座位时，将餐巾放在餐盘左边。不要折叠也不要弄皱餐巾，将弄脏的部分掩盖住，松散的放着就好。用餐结束时，餐巾放餐盘左边，如果餐盘已经撤走，放餐具中央。

（四）用餐中的仪态

在餐桌旁，不要将肩膀弯向餐盘，不要将背部向后靠在椅背上。开始用餐时，不要将肘部支在桌子上，也不要将肘部朝外翻。等待上菜时或用餐完毕后，不要乱摆餐具。不要用手敲击及轻轻摇晃膝盖，或者坐立不安，不要用手摸头发。

切食物时，一次只切一两块，一口一口地吃。给食物撒调味品时，一定要先品尝食物，然后再撒。如果一上来就撒调味品，意味着厨师的技艺需要改进。咀嚼食物时，不要发出声音。一口就一口的量。需要讲话时，把嘴里的食物吞下去，将餐叉放在餐盘上之后再说。拿取食物时，以自己一臂的距离为准，不要越过别人，如果距离比较远，则请别人帮忙递取，并致谢。涮指碗的使用，一般在吃完龙虾或者甜点时使用。在水里蘸蘸手指，然后用餐巾擦干。

需要提示的是，餐巾主要用来轻敷嘴唇，必要时才用它擦手指。如果总拿不起一块食物，用面包或餐刀做助推器，而不是用手将其推到叉尖上。只用插在餐叉末端的面包去蘸额外的肉汁或酱料，之后，将浸透的面包用餐叉放进嘴里。吃完时，不要推开餐盘。也不要高声宣布“我吃完了”或者“我饱了”。

四、西式婚宴的敬酒礼仪

西式婚宴中，敬酒的礼仪重视的是对新婚夫妇的祝福。这点与中式婚宴中，新婚夫妇一方面要接受祝福以外，同时还要去各桌进行答谢敬酒有所不同。

香槟酒是传统的庆祝饮料。晚餐就座后，客人就要一一斟倒香槟酒。斟倒香槟酒后，由男傧相进行祝酒词，然后敬酒。婚礼嘉宾则紧接着献上祝福。新婚夫妇也可以互相祝贺，父母也要祝贺他们的子女，并向新家庭的所有成员表示欢迎。客人入座后，每个人都要站起来敬酒——但是接受祝福的人不必起立。比如，对新娘敬酒时，新娘坐着，新郎起立。不管是接受祝福或者是祝福的人，都不应该一饮而尽。

除此之外，斟酒是有一定的规矩的。啤酒，让泡沫满溢至杯口；香槟酒斟至七八分，并让泡沫至杯口；甜酒倒至八成满；红酒、白酒和玫瑰酒若用大酒杯，1/4 或 1/3 即可，若用小的葡萄酒杯，八分满；白兰地等烈性酒以一盎司为单位，只为 1/10 的量。

斟酒时，酒瓶口不要碰触酒杯口。斟酒顺序先主宾、再次宾，先女宾、再男宾。不要劝酒，互相敬酒时，可以不喝酒，只沾唇。别人敬酒时，不会喝酒可以喝饮料或者果汁，不能东躲西藏。敬酒时，杯子高度高至眉眼就好。敬酒不一定要碰杯，碰杯时轻轻的就好。

五、西式婚宴的送客礼仪

习惯上，嘉宾应在婚宴停留至新婚夫妇切蛋糕或者第一支舞曲结束之时。如果有舞会，新婚夫妇待到最后结束时，送嘉宾离开。实际上，嘉宾可以选择自己认为合适的时间离开，但是前提是必须感谢新人及其父母之后，再行离开。

【教学任务】

任务一　中式婚宴礼仪实训

中式婚宴礼仪复杂，讲究周到、细致，在座次安排和斟酒上菜等环节有较为严格的规定和一定的顺序。

活动一　中式婚宴的座次和菜式安排礼仪实训

（一）教师讲解实训课教学内容、教学目的

（二）中式婚宴的座次和菜式安排礼仪的基本要求

1. 座次总体要按照长幼尊卑来安排。

2. 斟酒、上菜时要遵循一定顺序。

3. 菜单设计要注意原料、菜品、色调、数目等。

（三）教师示范

教师示范安排座次、斟酒上菜次序、菜单设计技巧等。

（四）学生训练、教师巡查

1. 学生按照两人一组，演练安排座次、斟酒上菜次序、菜单设计等。然后互换角色，相互点评。

2. 教师随时巡查，指导学生。

(五) 实训检测表记分

表 8－1　　中式婚宴的座次和菜式安排礼仪实训检测表

考核项目	考核内容	分值	自评分（20%）	小组评分（30%）	教师评分（50%）	实得分
座次安排						
斟酒顺序						
上菜顺序						
菜单设计						
总分						

活动二　中式婚宴的进餐仪态实训

(一) 教师讲解实训课教学内容、教学目的

(二) 中式婚宴进餐礼仪的基本要求

1. 进餐先请客人、长者动筷。
2. 使用公筷夹菜，注意用筷礼节。
3. 坐姿端正。

(三) 教师示范

教师示范进餐时用筷礼节、基本坐姿。

(四) 学生训练、教师巡查

1. 学生按照两人一组，演练用筷礼节、基本坐姿等，然后相互点评。
2. 教师随时巡查，指导学生。

(五) 实训检测表记分

表 8－2　　中式婚宴的进餐仪态实训检测表

考核项目	考核内容	分值	自评分（20%）	小组评分（30%）	教师评分（50%）	实得分
用筷礼仪						
坐姿礼仪						
总分						

活动三　中式婚宴的敬酒礼仪实训

（一）教师讲解实训课教学内容、教学目的

（二）中式婚宴敬酒礼仪的基本要求

1. 注意敬酒顺序。

2. 掌握敬酒时机。

3. 注意敬酒礼仪。

4. 合理安排敬酒时长。

（三）教师示范

教师示范敬酒顺序、敬酒礼仪、敬酒时机、敬酒时长。

（四）学生训练、教师巡查

1. 学生按照两人一组，演练敬酒顺序、敬酒礼仪、敬酒时机、敬酒时长等。然后相互点评。

2. 教师随时巡查，指导学生。

（五）实训检测表记分

表 8－3　　中式婚宴的敬酒礼仪实训检测表

考核项目	考核内容	分值	自评分（20%）	小组评分（30%）	教师评分（50%）	实得分
敬酒顺序						
敬酒时机						
敬酒礼仪						
敬酒时长						
总分						

活动四　中式婚宴的送客礼仪实训

（一）教师讲解实训课教学内容、教学目的

（二）中式婚宴送客礼仪的基本要求

1. 注意送客时机。

2. 掌握送客立姿和送客语言。

（三）教师示范

教师示范送客立姿和送客语言。

（四）学生训练、教师巡查

1. 学生按照两人一组，演练送客立姿和送客语言等。然后相互点评。

2. 教师随时巡查，指导学生。

（五）实训检测表记分

表 8－4　　中式婚宴的送客礼仪实训检测表

考核项目	考核内容	分值	自评分（20%）	小组评分（30%）	教师评分（50%）	实得分
送客立姿						
送客语言						
总分						

任务二　西式婚宴礼仪实训

西式婚宴礼仪内容丰富，在礼仪实践上要求更高，体现的是尊重、平等、人情味十足的要求，同时要求技巧上的熟练与程序上的熟悉。

活动一　西式婚宴的座次和菜式安排礼仪实训

（一）教师讲解实训课教学内容、教学目的

（二）西式婚宴的座次和菜式安排

1. 座次安排准确。

2. 领位正确。

3. 菜式安排准确。

4. 上菜程序正确。

（三）教师示范

1. 教师模拟婚宴负责人进行座次和菜式安排。

2. 抽选一名学生做实操训练，进行座次和菜式安排。

（四）学生训练、教师巡查

1. 学生按照两人一组，分为婚宴负责人和新郎或者新娘，然后互换角色，相互点评。

2. 教师随时巡查，指导学生。

（五）实训检测表记分

表 8 – 5　　西式婚宴的座次和菜式安排实训检测表

考核项目	考核内容	分值	自评分（20%）	小组评分（30%）	教师评分（50%）	实得分
座次安排						
领位						
菜式安排						
上菜						
总分						

活动二　西式婚宴的进餐仪态实训

（一）教师讲解教学内容、教学目的

（二）西式婚宴的进餐仪态

1. 餐具的使用熟练。

2. 餐中、餐后的餐具摆放位置正确。

3. 餐巾的使用正确。

4. 切食时，方法正确，仪态准确。

（三）教师示范

1. 教师模拟场景，进行餐具摆放，以及演示进餐礼仪。

2. 抽选一名学生做实操训练，进行演示。

（四）学生训练、教师巡查

1. 学生按照两人一组，分为婚宴负责人和新郎或者新娘，然后互换角色，相互点评。

2. 教师随时巡查，指导学生。

（五）实训检测表记分

表 8－6　　西式婚宴的进餐仪态实训检测表

考核项目	考核内容	分值	自评分（20%）	小组评分（30%）	教师评分（50%）	实得分
餐具摆放						
餐具使用						
餐巾使用						
切食手法						
总分						

活动三　西式婚宴的敬酒礼仪实训

（一）教师讲解教学内容、教学目的

（二）西式婚宴的敬酒仪态

1. 香槟酒、红酒、白兰地酒的辨别。

2. 斟酒的手法。

（三）教师示范

1. 教师模拟场景，进行斟酒演示。

2. 抽选一名学生做实操训练，进行演示。

（四）学生训练、教师巡查

1. 学生按照两人一组，分为婚宴负责人和新郎或者新娘、男女傧相，然后互换角色，相互点评。

2. 教师随时巡查，指导学生。

（五）实训检测表记分

表 8－7　　西式婚宴的进餐仪态实训检测表

考核项目	考核内容	分值	自评分（20%）	小组评分（30%）	教师评分（50%）	实得分
酒的识别						
酒杯使用						
斟酒手法						
总分						

活动四 西式婚宴的送客礼仪实训

（一）教师讲解教学内容、教学目的

（二）西式婚宴的送客礼仪

1. 送客的时间安排。

2. 送客时的礼仪。

（三）教师示范

1. 教师模拟场景，进行送客演示。

2. 抽选一名学生做实操训练，进行演示。

（四）学生训练、教师巡查

1. 学生按照两人一组，分为婚宴负责人和新郎或者新娘、男女傧相，然后互换角色，相互点评。

2. 教师随时巡查，指导学生。

（五）实训检测表记分

表 8－8　　西式婚宴的进餐仪态实训检测表

考核项目	考核内容	分值	自评分（20%）	小组评分（30%）	教师评分（50%）	实得分
送客时间						
送客礼仪						
总分						

【本章小结】

1. 中式婚宴的基本特点和要求主要有以下几个方面：（1）中式婚宴的基本特点是仪式古朴，礼节周全，气氛喜庆、热烈。（2）中式婚宴礼仪烦琐而讲究，从入席到上菜，从菜品组成到进餐礼节，乃至席桌的布置，菜品的摆放，等等，都有一整套规矩。（3）中式婚宴环境的布置要突出喜庆、祥和、热闹。我国素有婚礼“不闹不发、大闹大发”的说法，在婚宴过程中，穿插诙谐的结婚趣话、婚宴俗语和婚宴小品，让精心设计的一些新人喜庆游戏把婚宴气氛引到温馨热烈的氛围中。（4）中式婚宴的主色彩

是红色，在菜肴数量上讲究双数。

2. 中式婚宴座次和菜式安排礼仪包括：（1）中式婚宴座次礼仪：长幼有序，专人引领，酒桌摆法，席位安排，各桌座次，座位图和桌签。（2）中式婚宴菜式安排礼仪 ：中式婚宴斟酒、上菜时顺序，中式婚宴的菜单设计。（3）婚宴的布置和餐具。

3. 进餐礼仪包括：进餐时，先请客人、长者动筷子；如果要给客人或长辈夹菜，最好用公筷；不能玩弄筷子；当吃到鱼头、鱼刺、骨头等物时，不要往外面吐，也不要往地上扔；无论是用餐期间或用餐前后，都应当背部挺直，尽量往后坐椅子；在婚宴上，要适时抽空和左右的人聊几句风趣的话，以调和气氛，不要光低着头吃饭，不管别人，也不要狼吞虎咽地大吃一顿，更不要贪杯。

4. 敬酒礼仪包括：（1）敬酒的顺序；（2）敬酒时机；（3）敬酒礼仪；（4）敬酒的时间。

5. 送客礼仪。当婚宴进行到尾声时，也就是上菜上到最后一道甜点之前，新娘需要换上送客的服装，和新郎到餐厅门口准备送客。首先离席的通常是双方家族中的长辈，接下来亲友们纷纷告辞。这时，新郎新娘要双双立于门口中，面带微笑，和客人握手再见，新人们还可以把婚宴上的鲜花和喜糖等小礼物送给宾客们，宾客们手拿新人送上的小礼物，也把对婚礼美好的记忆带回家。

6. 西式婚宴的基本特点和要求包括：（1）婚礼流程上呈单独单元；（2）与婚礼风格保持一致；（3）遵循基本西餐礼仪。

7. 西式婚宴座次和菜式安排礼仪：（1）座次安排礼仪：座位卡，父母的座位，新娘的座位，来宾的座位。（2）菜式安排礼仪包括两个部分，一是餐桌的布置，二是上菜的顺序。（3）进餐仪态礼仪：餐具的使用，用餐中、用餐后的餐具位置，餐巾的使用，用餐中的仪态。（4）敬酒礼仪。（5）送客礼仪。

【核心概念】

中式婚宴　西式婚宴　中式婚宴菜式　西式婚宴菜式

【能力检测】

1. 简述中式婚宴和西式婚宴的基本特点和要求。
2. 简述中式婚宴、西式婚宴的进餐礼仪。
3. 比较中式婚宴与西式婚宴的敬酒礼仪的不同。
4. 简述新人的送客礼仪。

参考文献

[1] 徐明月，尚论聪．中国婚俗文化［M］．北京：外文出版社，2010.

[2] 万建中．民间婚俗［M］．天津：天津人民出版社，2010.

[3] 完颜绍元．婚嫁趣谈［M］．上海：上海古籍出版社，2003.

[4] 【美】波斯特．婚嫁礼仪［M］．北京：外语教学与研究出版社，1997.

[5] Beverly clark（1995）. Planning a wedding to remember. wilshire publication.

[6] 康石．结婚礼仪完全手册［M］．吉林：吉林科学技术出版社，2009.

[7] 刘跟科．社交礼仪［M］．北京：中国商业出版社，2011.

[8] 罗元，张兰平．商务礼仪实训指导［M］．北京：化学工业出版社，2011.

[9] 谷玉芬．旅游服务礼仪实训教程［M］．北京：旅游教育出版社，2009.

[10] 郑向敏．旅游服务学［M］．天津：南开大学出版社，2007.

[11] 陆燕屏．中国婚庆培训教程［M］．山西：山西科学技术出版社，2010.

[12] 王晓玫．婚姻庆典服务概论［M］．北京：中国社会出版社，2010.

[13] 王晓玫．婚礼策划实务［M］．北京：中国社会出版社，2012.